부자는 사회주의를 꿈꾼다

부자는 사회주의를 꿈꾼다

초판 1쇄 발행 2022. 2. 2

지은이 윤일원
펴낸이 박상욱
출판기획 이향숙
북디자인 이신희
펴낸곳 도서출판 피서산장
등록번호 제 2022-000002 호
주소 대구광역시 중구 이천로 222-51
전화 070-7464-0798
팩스 053-321-9979
홈페이지 www.badakin.co.kr
메일 badakin@hanmail.net

ISBN 979-11-966213-9-1 03300

'역사의 변곡점에서 찾은 국부의 비밀'

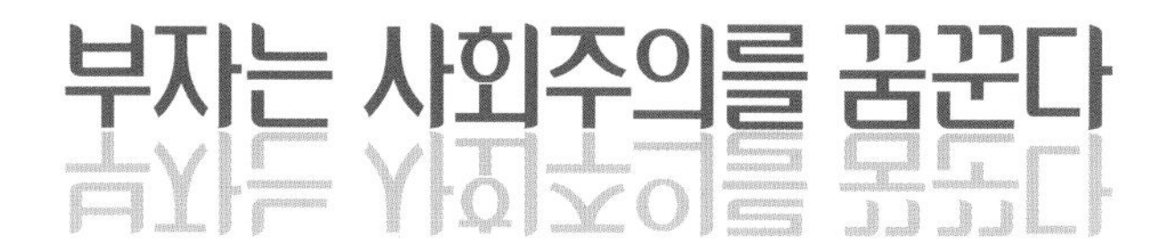

부자는 사회주의를 꿈꾼다

CONTENTS

부자는 사회주의를 꿈꾼다

역사의 변곡점에서 찾은 국부의 비밀

서문

말똥구리는 자신의 말똥을 사랑하여 여룡(驪龍)의 구슬(如意珠)을 부러워하지 않고, 여룡은 자신의 구슬이 뛰어나다고 말똥구리의 말똥을 비웃지 않는다.

어느 날 아내가 "자기는 중앙부처 과장에 박사로 상위 1%〈2020 인사혁신통계연보, 국가직공무원 총원 681,049명, 4급 6,334명〉에 든다고 하는데 왜 이렇게 사느냐?"고 훅 질문을 던진다. 당연히 남들보다 더 잘살아야 하는데 인왕산 여명이 날이면 날마다 너무나 잘 보이는 아파트에 사니, 남들은 풍경이 좋다고 하지만, 좋아서 좋다고 한 말이 아니라는 것을 잘 안다. 공감한다. 그렇지만, 왜 이렇게 부가 상위 계층에만 몰려있지 않고 전 계층으로 확산하였는지 얼른 답이 나오지 않았다. 만약에 시간을 거슬러 230년 전으로 돌아가 벼슬을 하였다면 최소한 상위 1%에 드는 부를 축적하지 않았을까?

이것이 내가 책을 쓰게 된 동기다. 우리의 삶을 결정하는 것은 개인이지만, 개인은 경제를 바탕으로 살아가고, 경제는 전통과 관습은 물론 나라의 방향을 이끄는 사람의 인식에 따라 크게 변한다. 결국, 매우 느리게 변하는 시간에서는 옛것의 가치에 따르거나 옛것을 조금만 변화시켜도 살아갈 수 있지만, 역사의 시간이 단층을 그으면서 불연속으로 변할 때는 과거의 지식을 송두리째 벗어 던져야 살아갈 수 있다.

여태까지 목숨보다 더 소중하게 여겼던 가치와 신념을 버리는 일은 매우 어렵다. 구한말 단발령에 의병이 전국에서 일어난 것을 보면 잘 알 수 있다. 그럼에도 변곡점을 지나는 역사의 시간에서는 그런 사람이 살아남았고, 그런 나라가 지금의 강대국이 되었다. 변화에 능동적으로 대응하는 사람, 능동적으로 변화되도록 만들어 가는 사회, 능동적으로 변화된 사람만이 진정 강자다.

나는 세계사를 산업혁명 전(前)과 산업혁명 후(後)로 나누기를 좋아한다. 관점은 단 하나, 인류가 천형(天刑, 하늘이 내리는 큰 벌)처럼 여겼던 가난과 단명(短命)이라는 굴레를 벗어던진 시점이 바로 산업혁명이기 때문이다.

지금도 여전히 1차 산업혁명이 진행 중인 나라가 있는가 하면 새로운 산업혁명을 준비하고 있는 나라도 있다. 물론 1차 산업혁명은 한 시점이 아니라 백 년 가까이 진행된 느린 변화이지만, 인류 역사 250만 년과 비교할 때 순간의 시점이다. 인류가 그토록 뚫기 어려운 단단한 벽을 허물고 돌파구를 마련한 사람의 이야기, 국가 이성과 개인 감성의 충돌, 그리고 거대한 쓰나미의 물결처럼 그 벽을 향하여 돌진한 역사, 문화, 경제, 기술의 이야기다. 우리의 부국강병 역사다. 이야기의 중심은 '우리'이지만, 우리를 둘러싸고 시나브로 몰려오는 물결은 '외부'다.

〈한비자〉에 양포(楊布)가 흰옷을 입고 밖에 나갔다가 비가 오자 흰옷을 벗고 검은 옷으로 갈아입고 돌아오자 개가 주인을 알아보지 못하고 짖었다. 양포가 노하여 개를 때리려 하자, 양주(楊朱)가 동생에게 "때리지 마라, 너라도 마찬가지가 아니겠느냐. 저 개가 나갈 때는 흰색 털이었는데 돌아올 때는 검은색 털이라면, 너도 의심하지 않겠느냐"고 말하였다.

역사를 해석함에 사람 중심 해석이 인과관계가 분명하고 단순하여 그렇게 기술한다. 이런 글은 근본적 귀인 오류(fundamental attribution error)를 내포하고 있다. 근본적 귀인 오류란 어떤 사건이 발생하였을 때 그 원인을 환경적 요인이나 특수한 외적 요인에서 찾지 않고, 개인의 기질이나 성격 등 내적 요인에서 찾으려는 경향을 말한다. 그 결과 사건에서 사람이 미치는 영향을 과대평가하고, 상대적으로 외부 요인과 상황적인 논리를 과소평가하게 된다. 이 책도 그렇다.

1부는 거대한 물결이다.

첫머리는 열하일기이다. 왜 열하일기인가? 1780년이기 때문이다. 1780년부터 서양이 동양을 앞서기 시작했고, 세상은 서양의 세상으로 바뀌었다. 그럴 즈음 그 나라의 최고 지식인은 무슨 생각을 하였을까? 무슨 생각을 하면서 호북구(虎北口) 장성을 넘었을까? 그 낌새를 알기위해서는 톈산산맥을 넘는 칭기즈칸의 기마병과 이집트 병목의 오스만제국, 대항해를 시작한 포르투갈과 스페인, 네덜란드, 영국을 알아야 한다. 영국은 대서양 삼각무역과 인도양수평무역을 완성하고 그 단단한 산업혁명의 벽을 뚫은 후 조선의 한 사내가 호북구 장성을 넘은 지 12년 만에 백작을 황제에게 보낸다.

2부는 지독한 이념에 갇힌 나라 조선이다.

어떻게 한 나라가 전쟁이나 굶주림을 통해서 이념화되는지 그 과정을 살펴본다. 전 인구의 25~33%가 굶어 죽어도 "더러운 오랑캐의 쌀은 먹지 않겠다"라는 을병대기근, 숙종 때 시작하여 영조 때 완성한 '대보단(大報壇)', 왕은 명나라 황제를 위해 궁궐에서 제사를 지내고, 사대부는 괴산에서 '만동묘(萬東廟)'를 지어 제사를 지내게 한다. 제사는 이념을 완성시키고 고착화시킨다. 지독한 이념에 갇힌 나라, 사서삼경 이외는 잡학(雜學)으로 취급되어 한 발자국도 나아가지 못한다.

3부는 북학파 실학자의 꿈이다.

무언가 거대한 물결이 청과 일본을 통해서 들어와 어렴풋이 낌새를 알아차리긴 했으나 그 괴물 같은 실체에 접근하지는 못했다. 왜 그랬을까? 세상을 바라보는 구멍이 없었기 때문이다. 바늘 틈이라도 있어야 하지만 그렇지 못했다. 바다를 통해 간간이 들어오는 서양 소식만으로는 거대한 이데올로기를 바꿀 만한 동력을 얻지 못했다. 시작은 백탑(白塔)의 아름다운 인연이지만 끝은 증기 군함의 아편전쟁이다. 새로운 사상으로 새로운 부가 축적되지 않아 새로운 계층이 만들어지지 않았다. 그들의 꿈은 정조가 죽자 슬그머니 소멸한다.

4부는 망국의 징조다.

아편전쟁 이후 구한말 망국의 징조와 일본의 찬란한 여명을 이야기한다. 망국의 징조, 망하지 않으면 이상한 나라 조선. 그 슬픈 이야기를 외국인 선교사의 눈을 통해서 담는다. 열강의 먹잇감으로 전락한 나라, 먹잇감을 더 많이 차지하려는 이이제이(以夷制夷)가 난무한다. 그 와중에 우리나라에서 벌어진 전쟁이지만 우리나라 전쟁이 아니라고 애써 외면한 청일전쟁과 러일전쟁까지만 이야기한다. 눈물이 날 만큼 안타깝고 안타깝지만 여기서 이야기를 멈출 수 없다.

5부는 한강의 기적이다.

한반도에 문자로 역사가 기록된 이후 처음으로 '중국'이라는 중력에 벗어난 한국은 그야말로 물 만난 고기처럼 하늘을 날아다녔다. 대륙으로 향하는 길이 끊기자 오히려 바다가 기회를 제공한다. 6.25 전쟁을 통하여 본격적으로 좌우 대결이 시작되고, 공산화를 막기 위한 모든 에너지를 단 한 곳으로 집중한다. 바로 '가난'의 탈출이다. 그 지독한 가난에서 민주화가 꽃피기 시작한다. 그 싹은 이승만이 채택한 자유민주주의, 시장경제이고 그 열매는 박정희가 기획하고 기업가가 연출한 '한강의 기적'이다. 한강의 기적이 없었다면 민주주의는 없었고, 다이어트로 굶어 죽는 세상이 되지 않았다. 역사 이야기는 박정희 시대에서 끝을 맺는다.

6부는 디지털 대변혁(DX)이다.

아무리 얼렁뚱땅 사유해도 연암이 호북구 장성을 넘어가던 그 시절처럼 지금도 역사의 변곡점을 지나고 있다. 디지털 트렌스포메인션 시대. 인공지능과 빅데이터, 자율주행 로봇, 사이버 공격, 메타버스 그리고 충격과 공포의 전쟁, 이것이 가까운 미래 혹은 먼 미래의 우리 모습이다. 그럼에도, 우리는 조총으로 장렬하게 싸우다 전사한 선조들을 답습하려 한다. AI로 무장한 군대와 AI로 무장되지 않는 군대와의 전쟁은 활과 창으로 싸우는 군대와 기관총과 대포로 싸우는 군대와 같다. 학살을 하든지 학살을 당하든지 둘 중 하나다. 가장 큰 불평등은 전쟁에서 발생하고 그다음은 경제로 이어진다.

지금 준비하지 않으면 다시 한번 더 구한말처럼 굴욕을 당한다. "여기도 부국강병 이야기는 없고, 저기도 부국강병 이야기는 없다. 여기는 천만 원을 준다, 저기는 일억원을 준다."라는 극단의 포퓰리즘만이 성행한다. 그토록 아우라 넘치던 한강의 기적 후예들은 어디로 갔는가?

국가가 쇠락하려는 징후들이 보인다. 분배 없이 성장만으로 문제를 해결할 수 없고, 성장 없이 분배만으로는 문제를 더욱 해결할 수 없다. 나는 부국강병이 국가의 존재 이유라 생각한다. 그 과정에서 필연적으로 만나는 창조적 파괴, 그것을 두려워한다면, 두려워한 만큼 퇴보한다. 이 책이 그 길을 가는 작은 디딤돌이었으면 한다. 할(喝)!

인왕산 아래 천고(千古) 서재에서

감사의 글

제 집필에 도움을 주신 수많은 분이 있다. 뉴턴의 말처럼 "내가 더 멀리 보았다면 이는 거인들의 어깨 위에 서 있었기 때문이다"에 매우 공감한다. 가만히 생각해보면, 거인들은 대부분 돌아가셨지만, 살아 계신 분도 무수히 많다.

이 글에 사용한 그림은 유튜버 [rosaTV]로 미술을 이야기하시는 이상랑 작가님이 골라주셨다. 이상랑 작가님은 프랑스 Université de Tours 대학교에서 Histoire de l 'art (서양미술사)를 전공하였으며, 동서양 미술 철학에 매우 해박한 지식을 갖고 계신다. 얽히고설킨 복잡한 사회 문제에 늘 통찰력을 주신 남민우 회장님, 글이 막혀 한 치 앞으로 내달을 수 없을 때 시도 때도 없이 토론해주신 소만사 김대환 대표님, 원고를 꼼꼼히 검토해주시고 아낌없는 토론을 해주신 공군 전투기 조종사 홍붕선 대령님, 그 밖에도 제 글의 모태인 페이스북의 〈삼선 이야기〉에 뵌 적이 없지만 수많은 댓글로 토론에 참여해주신, 가갑손님, 강범두님, 강동규님, 강종백님, 구본현님, 김봉중님, 김종목님, 김현주님, 박상형님, 박정미님, 박용여님, 박인희님, 신창호님, 유정자님, 이병철님, 이승은님, 이재연님, 이홍규님, 임미옥

님, 임영빈님, 장시정님, 정홍상님, 주은식님 등등이 계신다. 또한 내게 학문의 폭과 깊이가 어느 만큼인지를 보여주신 카이스트(KAIST) 이병태 교수님, 흔들릴 때마다 마음을 다잡아 주신 강민구 판사님, 언제나 최초의 생각을 창발시켜 준 두줄아카데미의 이동규 교수님께 감사를 드리지 않는다면, 글의 예의가 아니다.

무엇보다도, 집필에 동기를 준 아내 이혜진, 해병대를 전역한 후 묵묵히 공직생활을 하는 큰아들 병일, 예비 공직자인 둘째아들 병현, 그리고 시골에 계시는 어머님, 늘 그 자리 그곳에 계셔주셔서 고맙습니다.

아무리 얇은 종이라도 양면성이 있으며, 종이가 얇으면 얇을수록 그 종이에 잘 베인다. 그렇다. 모든 사물에는 양면성이 있다. 그 양면성 가운데 내 생각을 표현하고 내 견해를 기록하는 글쓰기가 얼마나 두려운지, 학위논문을 쓸 때만큼이나 자신이 발가벗겨져 있음을 느낀다.

1부 거대한 물결

<사진 1> 몽골, 테를리지 국립공원(Terelj National Park), 2012.7.20. "인류는 제국이 무너진 후 혼란이 이어졌으며, 수십 년, 수백 년 동안 전쟁은 계속되었으며, 서로가 서로를 죽인 후 서로를 인정해야만 살아갈 수 있다는 사실을 깨달았다."

새싹이 트다

인간은 아프리카 사바나에서 탄생한 이후 홍해를 건너 유라시아 대륙을 점령하고 얼어붙은 베링해협을 따라 아메리카 대륙을 건넌 후에도 긴 어둠의 시간을 보냈다. 몽골 초원의 한 사내가 부족을 통일하고, 유라시아 대륙을 점령한 후, 동서양의 길을 완성한다. 1492년 이탈리아의 한 사내가 새로운 길을 찾기 위해 대서양으로 출발하였지만, 거기서 만난 것은 새로운 대륙이었다. 그곳에는 빙하기 때 건너간 또 다른 인류를 만나게 되고, 그때부터 인류 역사는 점령 전쟁과 이민족 학살, 노예무역, 가혹한 노동, 향신료 전쟁, 종교 전쟁, 식민지 건설, 무역 전쟁 등으로 요동을 치기 시작한다. 그리고 서서히 영국의 작은 도시 맨체스터 굴뚝에서 자욱한 검은 연기를 내뿜고 시커멓게 오염된 강물을 쏟아 낸 후 드디어 인류는 국부의 비밀을 찾는다. 그리고, 다시 인도를 지나 만리장성을 넘게 된다.

만리장성을 넘는 한 사내

1780년, 정조 4년, 한 사내가 만리장성을 넘고 있다. 그의 나이 만 43세, 기대수명이 40세도 채 되지 않은 시대임을 감안하면 젊지 않은 나이였다. 그는 스스로 과거시험을 포기한다. 거세(去勢)를 할 만큼 어려운 결정이었고, 그 결과 몸은 자유로울 수 있었지만, 마음만은 그렇지 못했다. 만리장성을 넘어야 한다. 하고 싶은 일이 있었고, 해야만 할 일이 있었다. 그에게는 걸어서 넘어야 하는 장성도 있었지만, 마음의 장성도 있었다. 반드시 이 거대한 장성을 넘어야 했다.

"하룻밤을 자도 만리장성을 쌓는다."라는 말이 있다. 잠시 만난 사이라도 정의(情誼)를 두텁게 하란 말이지만, 일시적인 일이라도 확실하게 매듭을 지으라는 뜻도 있다.

만리장성은 중국의 상징 같은 존재이며, 대부분 왕조는 만리장성 아래에 수도를 두었다. 진나라는 시안(長安)이며, 한나라는 시안(長安)과 뤄양(洛陽)이며, 송나라만 카이펑(開封)과 항저우(杭州)이며, 원나라, 명나라, 청나라, 현 중화인민공화국은 모두 베이징(北京)이다.

왜 만리장성을 쌓았을까? 유목 민족의 침략이 두려워서인가? 초원으로 도망가려는 자국민을 막으려는 이유인가? 알 수는 없지만, 분명한 사실은 모든 병력의 80%가 만리장성 아래에 주둔하였다. 이 때문에 황제는 군부를 통제하기 위해 수도를 만리장성 근처에 두어야 했다. 어쩌면 만리장성은 중국인을 보호하기 위한 것이 아니라, 중국인이 초원을 빼앗은 후 이를 지키기 위해서 만들었다. 적극적 공격이지 방어적 수비가 아니다. 중국은 유목민에게 약탈당한 희생자가 아니며, 유목민은 중국을 약탈한 야만 민족은 더 아니다.

1780년, 그 해는 세계사에서 커다란 불연속 변곡점을 향해 치닫고 있는 해였다. 이언 모리스는 〈왜 서양이 지배하는가〉에서 1773년, 케네스 포메란츠는 〈대분기〉에서 1750년을 서양이 동양을 완전 앞선 시기로 산정했다. 둘 다 산업혁명이 막 태동한 유럽의 시기와 일치한다.

불연속 변곡점이다. 시대정신(Zeitgeist)의 변화가 아니라 새로운 패러다임의 시작이다. 시대정신이란 그 시대를 관통하는 지배적 가치이지만, 패러다임이란 지배적 가치를 송두리째 버리고 새로운 가치로 대체하는 시기다. 새로운 패러다임은 그 시대의 한복판에서는 결코 알아차리기가 힘들다. 사막이 끝나야 사막이 보이고, 숲이 끝나야 숲이 보이듯이 그 시대를 지나 봐야 분명히 알 수 있다.

그 사내가 걸었던 길은 그의 선배 홍대용(洪大容, 1731~783년)이 13년 전에 걸었던 길이며, 그의 후배 이덕무(李德懋, 1741~1793년)와 박제가(朴齊家, 1750~1805년)가 2년 전에 걸었던 길이다. 그들은 그 길에서 무엇을 보았으며, 무엇을 사유하고, 무엇을 인식하였을까?

그들이 성지순례처럼 찾은 곳이 있다. 바로 유리창이다. 거대한 낌새를 알아차리기 위해서다. 유리창은 서책과 종이, 서화와 골동품을 판매하는 거리로 좌우 10여 리나 이어졌으며, 천하의 지식인이 드나들던 곳이다. 그들의 눈을 거치지 않은 조선의 서책은 없었는데 유리창의 방대한 서적을 보고 경악하지 않을 수 없었다.

일본은 어떠했을까? 신유한(申維翰)의 〈해유록(海游錄)〉에 "대판(大阪, 오사카)의 제일 장관은 서점이다" 할 만큼 많은 책이 유통되었으며, 겸가당(蒹葭堂) 주인 목세숙(木世肅)이 3만 권의 책을 비장할 정도였다. 네덜란드 의학과 과학을 받아들인 난학(蘭学)과 근대화 여명에서 싹튼 '국학'이 책의 풍요를 가져왔다. 민족이 스스로 자각을 하고 부강의 길을 걷게 되면 국학이 반드시 만발하게 된다.

그들은 왜 이토록 시대정신을 거슬러 청에 열광하였는가? 이념에 노예가 되면 생각도 노예가 된다. 정조 시절은 학문의 자유와 토론이 있었지만, '호

(胡)' 즉 오랑캐라는 한 글자로 천하를 말살하려는 시대였다. 박제가는 「만필(漫筆)」에서 "만주 사람의 말소리란 것이 꼭 개 짖는 소리 같고, 음식도 냄새가 나서 도무지 가까이 할 수가 없다. 뱀을 시루에 쪄서 먹고, 황제의 누이가 역졸과 붙어먹어 종종 정을 통하는 일이 일어나곤 한다"(《정유각집(하)》 돌베개 p.443)라고 말하면 기뻐하며 손뼉을 치고 좋아하는 세상이 되었다고 한탄한다. 그런 세상에서 왜 그들은 거꾸로 방향을 돌려 청을 배워야 한다며 세상의 비난을 자초하였는가?

그들은 천하를 보았다. 끝없이 펼쳐진 지평선도 보았고, 웅장한 건축물도 보았다. 그들이 본 요동 벌판, 백탑, 대로, 점포, 노구교, 산해관, 망해정, 조가패루, 유리창, 통주, 서산의 누대, 천주당, 자금성, 호권, 상방, 동악묘 등은 성에 차지 않았다. 그들이 숨이 멎을 듯 바라본 것은 '깨진 기와 조각'과 '버려진 똥 덩어리'였다.

피터 드러커는 "측정 가능해야 관리할 수 있다."고 했다. 측정할 수 없는 '정덕(正德, 정의와 도덕)'은 부국강병의 길이 아니다. 부국강병은 이용후생이며, 수레의 유통 혁신이며, 농기구 제작 기술이며, 먼바다를 항해할 수 있는 선박이며 무엇보다도 이념에 빠진 조선을 변화시키는 일이다.

최초의 동서양 충돌, 열하로 가는 영국 백작

1792년, 한 사내가 만리장성은 넘은 후 정확히 12년 후 또 다른 한 사내가 수레에 작고 누런 깃발에 '진공(進貢)'이라는 글자를 달고 열하로 찾아들었다.

그는 이방인으로 얼굴과 모양새, 그리고 주눅이 들지 않은 당당함으로 찾아온 목적이 달랐다. 영국 조지 3세의 명을 받은 조지 매카트니(George Macartney) 백작이다. 그는 무장 군인 62명과 호위 선박 두 척을 거느리고 700여 명에 달하는 무역 대표단을 이끌고 중국으로 향했다. 중국에 도착한 그는 황제가 머무는 열하에서 통상하기를 간절히 바라며 그들이 만든 첨단 제품을 선보인다. 대표단이 갖고 간 물건에는 망원경과 시계, 기압계, 스프링 서스펜션이 장착된 마차, 공기총 등이었다.

1793년 그토록 바라던 건륭제와의 면담이 성사되었으나, 청의 관료는 황제에게 삼배구고두(三拜九叩頭)의 예의를 요구하며 또다시 한 달 이상 지체한 후, 드디어 건륭제를 알현하였으나, "청은 지대물박(地大物博)의 나라라 교역할 필요가 없다."는 말을 들었다. 결국 신시대 새로운 패러다임의 대표 주자인 영국과 구시대 농경시대의 대표 주자인 청의 충돌은 그렇게 싱겁게 끝이 났지만, 그렇게 쉽게 끝날 충돌이 아니었다.

"우리는 너희가 보낸 발명품의 가치를 느끼지 못하며 너희가 만든 제품이 필요하지도 않다. 따라서 연경(북경)에 너희 사절을 두는 것은 천조(天朝, 하늘이 내린 왕조라는 뜻으로 중국 왕실만이 쓸 수 있는 용어)가 정한 규정과 부합하지 않을뿐더러 너의 이익에도 전혀 도움이 되지 않을 것이다." (마틴 자크 지음 〈중국이 세계를 지배하면〉 부키 p.101)

최초의 동서양 충돌, 한쪽은 중국이 천하제일이니 영국은 중국의 질서인 조공 국가가 되어 삼배구고두의 의례 하기를 요구했고, 다른 한쪽은 영국이 천하제일이니 영국의 질서인 베스트팔렌조약에 따라 행동하기를 원했다.

어떤 사람을 이해하려면 청소년기를 어떻게 보냈느냐를 알아야 하는 것처럼, 국제 관계를 이해하려면 반드시 베스트팔렌조약을 알아야 한다.

국가 간 균형 때문에 질서가 생기는 것은 아니다. 제국의 질서가 붕괴할 때, 그 변방에서 질서가 무너지고 전쟁이 발생한다. 즉 제국이 붕괴하여 여러 나라로 분할되고, 분할된 그 나라가 서로 균형을 잡으려 할 때 전쟁이 일어난다. 평화란 제국의 세력이 미치는 범위와 동일하며, 전쟁이란 새로운 균형을 찾으려 할 때 갈등이 전쟁으로 치닫는다. 우리 역사에서 전쟁이 발생한 시기는 중국의 정권교체기와 일치한다.

중세 유럽은 왕 아래 귀족이 다스리는 '공국' 체제였다. 왕이 결혼을 통하여 영토를 합치고 분할하는 바람에 바람 잘 날이 없었다. 국가라는 개념도 없었으며, 당연히 중앙집권화되지 않은 정치 구조였다.

1618~1648년 사이에 발생한 유럽의 30년 전쟁은 그와 같은 명제를 어김없이 증명한 사례였다. 유럽의 중부지방에서 발생한 이 전쟁의 원인은 정치와 종교의 갈등이 뒤섞인 가운데, 어떤 정치 단위도 다른 정치 단위를 압도하여 물리칠 수 없을 때, 전쟁은 끝날 때 까지 지속되었으며, 가장 잔혹한 전쟁으로 변하였고, 인구의 25%인 800만 명이 전쟁과 질병, 기아로 목숨을 잃었다.

그 결과 만들어진 협약이 베스트팔렌 평화 조약이며, "주권국가는 자신이 갖는 국력이나 정치체제, 국교(國敎, 국가에서 법으로 정하여 온 국민이 믿도록 하는 종교)에 상관없이 본질적으로 평등하다."라는 원칙이다.

이 원칙이라면 기존 강대국인 프랑스나 오스트리아가 신생국인 스웨덴이나 네덜란드와 동등한 대우를 받아야 하며, 모든 왕을 '폐하'로 불러야 하며, 모든 대사를 '각하'로 불러야 한다. 이 원칙을 동아시아에 적용하면, 중국이나 일본, 조선은 주권국가로 동등한 대우를 받아야 하며, 동등하게 대우해 주어야 한다. 하지만, 조선은 청일전쟁이 끝나고 나서야 주권국가로 인정받게 된다.

지금 생각하면 너무나 단순하고 지극히 올바르다고 생각한 이 개념을 정착하기 위해 인류는 제국이 무너진 후 혼란이 이어졌으며, 전쟁은 수십 년 동안 계속 되었으며, 서로가 서로를 죽인 후 서로를 인정해야만 살아갈 수 있다고 체득한 결론이었다. 인간은 이성보다 경험이 제도를 고착화하는 경향이 있어, 제국이나 왕조, 종파로서는 '질서'를 유지할 수 없으며, 반드시 '국가'라는 새로운 개념이 필요했고, 국가 안에서 자신의 종교와 자신의 정치체제를 만들고, 이를 강요해서는 안 된다는 원칙을 만들었다.

이 유산을 안고 매카트니 백작은 만리장성을 넘어 건륭황제 앞에 나타났지만, 중국은 자신의 국제 질서인 조공체제로 매카트니 백작을 대하였다. 청은 영국을 단순한 서양 오랑캐 중 하나로 인식했다. 그들은 오랑캐를 다스리는 전통적인 전략 중 하나인, 한(漢)의 가의(賈誼)가 흉노의 회유책으로 제안했던 오이(五餌, 다섯까지 미끼)로 대했다. 오이는 옷감과 수레, 정교한 음식, 음악과 여인, 곡물과 노비, 항복하는 자에게 황제가 직접 연회를 베풀고 손수 술과 음식을 따라 주는 것이다. 그렇게 하면 마른 땅에 물이 스며들 듯이, 세월이 지나면 거대한 중국에 흡수될 또 하나의 이민족이 된다.

청이 말한 조공 질서란 무엇인가? 삼배구고두다. 한번 절하고 세 번 머리를 땅에 찧는 방식으로 세 번 절하는 방식으로 명나라 때 만들어진 중국식 조공체제의 상징물이다. 이 절이 우리에게 강력하게 인식된 것은 인조가 청 태종에게 삼전도 패배 의식 때 행한 의식 때문이다.

조공제도에 속한 나라는 외교권이 없으며, 군사의 숫자를 제한 당한다. 당연히 천자는 될 수 없어 왕으로 책봉되며, 이것도 황제의 승인을 받아야 한다. 조공제도에 편입되면 조공무역을 할 수 있다. 조공무역이란 진상품을 바치면 그보다 훨씬 더 많은 하사품을 준다. 이것이 원칙이다.

이제 마주 앉은 두 나라, 한 나라는 동등한 국제 관계를 요구했고, 다른 한 나라는 중화 질서에 편입된 국제 관계를 요구했다. 결국 두 세계는 충돌하였지만, 서로를 이해하기 위해서는, 더 잔인한 많은 시간이 필요했다.

중국몽(夢), 중국인의 꿈이다. 중국은 근대화에 실패하여 아편전쟁 이후 온갖 수모를 겪었다. 굴욕의 1세기, 100년이다. 중심국에서 변경국, 낙후국으로 전락하였다. 이로 인해 1820년 세계 GDP 3분의 1을 차지했던 중국경제가 1950년 20분의 1에도 못 미치는 수준으로 떨어졌다.

덩샤오핑은 중국 굴기(崛起)를 위해 서방의 자본과 기술 없이는 불가능하다고 여겨 도광양회(韜光養晦)와 유소작위(有所作爲)의 전략을 구사한다. 도광양회는 "재능을 감추고 드러내지 않으면서 때를 기다리며", 유소작위는 "관여할 부분이 있으면 자신의 역할을 하겠다"라는 전략이다. 하지만, 시진핑은 경제 성장을 바탕으로 중국몽(夢)을 공식적으로 드러냈고 일대일로(一帶一路) 전략을 추구하여 미국 질서에 대항하는 중이다. 미국의 국제질서는 베스트팔렌조약이며 중국의 세계질서는 여전히 조공체제다. 바야흐로, 두 질서가 다시 한번 충돌하려 한다. 끝난 게 끝난 전쟁이 아니다. 우리는 어느 질서에 있어야 생존 가능한가?

말발굽이 톈산산맥을 넘어 시나이반도에서 멈추다

1218년 초원을 통일한 칭기즈칸은 톈산산맥 넘어 호라즘 제국과 무역협정을 맺은 다음, 축하 사절단으로 무슬림 상인 450명이 낙타 500마리에 값비싼 선물을 싣고 떠났다. 하지만 국경 넘어 오트라르(중세 투르키스탄의 도시)의 성주가 대 상단과 사신을 첩자로 의심하여 호라즘의 술탄인 '샤'(알라 앗딘 무함마드, Ala al-Din Muhammad, 재위 1200~1220)에게 처형을 요청한 후 모두 죽인다. 마부 하나가 겨우 살아남아 이 사실을 칭기즈칸에게 알린다.

칭기즈칸은 아직은 전쟁할 시기가 아니라 판단하고 다시 한번 더 무슬림 한 명과 몽골인 두 명으로 사신을 보내 화평을 요청하면서 오트라르 성주의 처벌을 요구한다. 호라즘의 술탄인 '샤'는 칭기즈칸의 요구를 거절하면서 무슬림 한 명을 살해하고 사신의 수염을 자른 후 돌려보낸다. 수염을 자른 행위에 모욕을 당했다고 느낀 칭기즈칸은 드디어 작전 거리 3,500킬로의 톈산산맥과 파미르고원을 넘는 침공을 계획한다. 총작전은 수부타이에게 맡겼다.

그해 여름 칭기즈칸은 이르티시강둑(irtysh, 몽골에서 시작하여 중국을 지나 카자흐스탄으로 흐르는 강)에서 약 10만 대군의 소집을 명하고 네 방향으로 사마르칸트 후방 500킬로 떨어진 '부하라'를 공격하기로 결정한다. 늦가을에 몽골을 떠나면 한겨울에 톈산산맥을 넘고 초원이 푸른 봄에 공격할 수 있다. 몽골은 늦가을, 하늘이 청명할 때 공격을 시작한다. 땅이 얼어 말이 진흙에 빠질 염려가 없고, 쇠파리가 달려들지 않아 기동력을 살릴 수 있다. 또한 공격 시점에는 말이 배불리 먹을 수 있어 전투력을 최상으로 끌어 올릴 수 있다. 행군은 대부분 황량한 사막과 만년설이 뒤덮인 4,000m 이상의 톈산산맥이다.

이 전투는 칭기즈칸이 직접 참가한 전투 중 하나다. 본대는 칭기즈칸이 직접 이끌고 톈산산맥을 넘어 아랄해와 카스피해 사이의 사막 가장자리를 따라 부하라로 향한다. 두 번째 방향은 첫째 아들 주치가 톈산산맥 아래쪽을 넘어 사마르칸트로 향한다. 세 번째 방향은 둘째 아들 차카타이가 톈산산맥 위쪽을 넘어 사마르칸트를 향한다. 마지막은 제베가 파미르 고원을 지나 사마르칸트를 향한다.

적군의 가장 허술한 곳을 찾아 본대가 도착하기 전에 교란 작전을 펼칠 3만의 제베의 작전은 알프스산맥을 넘어 전쟁을 치른 한니발을 초라하게 만들었다.

"몽골군 행렬은 극심한 추위 속에서 때로 1.5~2m 높이만큼 쌓인 눈을 헤치며 파미르고원과 톈산산맥 사이에 갈라진 틈으로 들어갔다. 극심한 추위에 언 말 다리는 동상에 걸리지 않도록 야크 가죽으로 감싸주어야 했다. 몽골 말들은 말발굽으로 눈을 파내 그 아래에 있는 풀을 찾아 먹기도 하고 교목이나 관목 이파리를 먹기도 했다. 몽골군은 두 겹으로 된 양피 외투인 다차로 몸을 감싸 추위를 견디며 높이가 약 4,000m나 되는 키질-아르크 고개와 테레크-다반 고개를 지났다." (리처드 A. 가브리엘 지음 〈수부타이〉 글항아리 p.121)

전쟁의 결과는 참혹했지만, 작전은 너무나 황홀했다. 첫 공격 목표를 사마르칸트보다 500km 떨어진 후방으로 정하고 이른 봄날 사막 한가운데서 대군이 불쑥 나타나 공격을 시작한다. 공포에 빠진 부하라 주민이 대거 사마르칸트로 몰려들었다. 이제 세 방향에서 서서히 공격을 시작한다. 호라즘 제국의 군대는 힌두쿠시산맥을 따라 제베와 주치의 공격을 막고 있어 수도인 사마르칸트의 방어는 허술했다. 무엇보다도 작전 거리 3,500km는 지금도 달성하기 어려운 작전인데 정확히 공격 시점을 맞추어 작전을 수행했다.

호라즘 제국은 처참하게 파괴되었다. 인구의 80%가 학살당했다. 이 정도의 참상은 그 이후 800년 지난 나치의 대학살이 올 때까지 기다려야 할 정도였다. 호라즘 작전의 총지휘관인 수부타이는 몽골의 전통에 따라 짐승을 추격하듯 샤를 추격한다.

사마르칸트에서 출발하여 아프가니스탄과 이란을 지나 카스피해까지 추격하고, 다시 방향을 북쪽으로 틀어 캅카스산맥을 넘어 흑해에 도달한 후 돈강을 따라 러시아 대평원과 헝가리까지 침공한다. 헝가리 대평원에서 정예 기사단 5만 명을 전멸시키고, 헝가리 인구의 절반을 학살한 다음, 잠든 유럽을 충격과 공포에 빠트린다. 이제야 유럽은 깨어난다.

그 후 러시아는 300년 동안 몽골의 지배를 받게 되며, 페르시아 문명 중심지인 바그다드가 불타고, 이집트로 향한 몽골의 말발굽이 맘루크(Mamluk)에 의해 시나이반도에서 멈추어 선 게 그나마 이슬람 문명을 위해서 다행이었다. 맘루크(Mamluk)는 중앙아시아 초원지대에서 어린 소년을 데려와 최정예로 병사로 키운 노예군대를 말한다. 이슬람 세계는 부족중심 체제가 너무 강하여 왕이 직접 통치하는 군대를 만들 수 없었기 때문이다. 맘루크는 핏줄로 몽골의 사촌 격이므로 이들이 자신의 할아버지 군대를 막아 아랍 문명을 이을 수 있게 하였으니 이 얼마나 역설적인 운명인가?

나는 세상을 바꾼 전쟁 세 개를 말하라 하면 서슴없이, 1218년 칭기즈칸의 호라즘 전투와 1453년 오스만제국 메흐메트 2세의 비잔틴 침공, 그리고 1812년 나폴레옹의 러시아 원정이라 말한다.

칭기즈칸이 초원을 넘어 유라시아 전체를 점령하고 실크로드를 완성한 계기가 바로 이 전투이며, 메흐메트 2세가 1,000년의 비잔틴 제국을 멸망시키고 실크로드의 무역을 독점함으로써 서유럽이 대항해 시대를 가져왔으며, 나폴레옹이 러시아 원정에 실패함으로써 러시아가 몽골 지배의 악몽에서 벗어날 수 있게 하였고, 나폴레옹을 따라 파리를 점령함으로써 유럽 역사에 깊숙이 개입하여 결국 1차, 2차 세계 대전에 참전하고 냉전 시대 중심국가가 된다.

몽골 사신의 수염을 자른 오트라르에서 발생한 우연한 한 사건은 몽골이 자신만의 초원지대를 벗어나 톈산산맥 넘어 또 다른 세계에 영향을 미친 전쟁으로 바뀌었고 그 결과 서양은 새로운 무역항로를 개척하기 위해 대서양으로 향하고 그 결과 세계사 전체의 흐름이 바뀌었다.

초원길은 다시 돌고 돌아 대륙에 청이 들어서고, 자신의 선조인 후금(後金)을 멸망시킨 종족이 몽골이라는 사실에 두려움을 느껴 그들의 후예인 준가르 제국을 멸망시킨다. 그리고 몽골이 다시 일어설 수 없게 초원길을 폐쇄한다. 그 결과 바닷길과 초원길이 모두 막힌 청은 콜럼버스가 신대륙을 발견하고 300년 후에 찾아온 매카트니(Macartney) 백작의 무역사절단을 도저히 이해할 수 없었다.

[뒤어가기]

흙탕물의 맹세, 뷰카의 세계로 뛰어들다

작은 나라가 큰 나라를 이기는 법은 무엇인가? 그들에게는 어떤 비결이 있길래 그것이 가능한가? 몽골 전문가가 "인구 100만에 10만의 군사로 유라시아 대륙 전체를 다 차지한 비결이 무엇인가?"라고 묻는 것이다.

서울대 이정동 교수의 〈축적의 시간〉은 그토록 짧은 시간에 놀라운 기적을 이룬 우리나라가 중진국의 함정에 갇혔다고 진단한다. 중진국 함정이란 과거의 성장 모델이 오히려 지금의 성장에 방해가 되어 과거의 성공 모델에 집착하면 할수록 더 깊은 수렁에 빠지는 딜레마이다.

이들은 한결같이 '창조적 개념설계' 역량의 부족을 원인으로 진단한다. 창조적 개념설계 역량은 시행착오를 겪으면서 탄생한다. 시행착오의 경험을 축적하지 않으면, 중진국 함정에서 빠져나갈 수도, 헤어날 수도 없다. 무엇보다도 창조적 실패 축적을 지향하는 국가를 만들어야 한다.

이는 새로운 방식의 도전이다. 상명하복식 딱딱한 죽음의 세계가 아니라 올바른 시행착오의 유연한 세계다. 뷰카(VUCA)가 판을 치고, 회색 코뿔소가 춤을 춘다. 뷰카는 변동성(Volatility), 불확실성(Uncertainty), 복잡성(Complexity), 모호성(Ambiguity)을 말하며, 회색 코뿔소는 위기를 지속 경고하였지만 극복하지 못한 현상을 말한다. 괴짜들이 춤을 추고, 유쾌한 반란이 일어나며, 일이 놀이로 바뀌며, 배운 것을 버리는 세상. 그런 세상이 뷰카의 세상이고, 전쟁터이며, 변곡점의 시대다.

칭기즈칸은 의부(義父)로 모시던 옹 칸에게 첫째 아들 주치와 혼인을 요청한다. 옹 칸은 몽골의 지배자이나 떠오르는 칭기즈칸에 두려움을 느껴 혼인을 허락한다. 투키디데스의 함정일까 옹 칸은 칭기즈칸을 죽이려 음모를 꾸민다. 혼인을 승낙받은 칭기즈칸은 소수의 인원을 데리고 결혼식 장소로 떠난다. 하지만 혼인 장소의 하루거리에서 비밀이 탄로가 나고 초원의 전통에 따라 살아남기 위해 달아난다. 하지만 옹 칸의 군대가 사냥감을 쫓듯 그들을 추격하고 그들은 목숨을 건 긴 탈출을 감행한다. 며칠을 달렸는지 알 수가 없다. 탁 트인 초원에서 흔적도 없이 도망가는 일은 매우 어려운 일이다. 적보다 빨리 달리고 적보다 더 먼 곳에 이르는 길이 살 수 있는 유일한 방법이다.

진흙탕 호숫가에 다다랐다. 그는 몇 명이 살았는지 주위를 둘러보았을 때, 겨우 19명만이 살아남았다는 것을 알았다. 살아남은 이들조차 머나먼 초원의 한구석에서 굶어 죽을 판이었다. 갑자기 야생마가 나타났다. 칭기즈칸의 동생 카사르가 말을 쫓기 시작한다. 카사르는 말을 잡고 부하들은 가죽을 벗겼다. 고기를 구울 장작도 삶을 단지도 없었다. 그들은 초원의 전통 방식에 따라 말고기를 먹었다. 고기를 먹은 뒤라 목이 말랐다. 그들이 마실 물이라고는 흙탕물밖에 없었다. 칭기즈칸은 하늘을 향하여 한 손을 들어 올리고, 다른 한 손은 축배를 들듯 흙탕물을 들어 올리고 부하들의 충성에 감사하면서 그들의 진심을 잊지 않겠다고 맹세한다. 부하들도 흙탕물을 함께 마시며 끝까지 충성하겠다고 맹세한다.

이 사건을 몽골 비사에서는 '발주나 맹약'이라는 부른다. 발주나 맹약에는 19명이 있었으며, 동생을 제외하고 핏줄은 없었다. 모두가 서로 다른 부족 출신이다. 이들은 기독교, 이슬람교, 불교, 샤머니즘 등 다양한 종교를 믿었으며 이후로 몽골은 친족, 인종, 종교를 떠나 능력 중심, 관용 중심으로 하나가 되어 뷰카(VUCA)의 세계로 뛰어들었다.

발주나 맹약에 참여한 19명은 코미타투스(Comitatus)라 불리는 친위대가 되어 몽골을 이끄는 핵심 세력으로 성장한다. 코미타투스는 주군(主君)을 한번 정하면 목숨을 걸고 충성을 하며, 절대로 배신하지 않는다. 이는 유목 민족의 전통이며, 고구려 건국 신화에 나오는 주몽의 오이, 마리, 협보에서부터 북한의 김정은 핵심 친위대에 이르기까지 끈질기게 생명을 유지하며 이어지고 있다. 이러한 주종 간의 충성은 아랍에 전파되어 강력한 노예

군대인 맘루크와 예니체리의 원천이 되었다.

교토대 오구라 교수는 지금 우리나라를 '도덕'으로 평가받는 나라라고 진단한다. 겉으로는 다원적 사회로 보이지만 안으로는 유교적 사고방식이 지배하고 있다는 뜻이다. 끝없는 '공정'과 '정의'의 싸움으로 이용 후생과 실용이 들어설 틈조차 없다. 시대정신이 '괴짜가 춤추는' 나라에서 '공정과 정의'가 춤추는 나라로 바뀌었다. 하지만 공정과 정의를 외치면 외칠수록 점점 더 공정과 정의와 거리가 멀어지는 딜레마에 빠진다. 지독하게 도덕을 추구했던 조선이 지독한 도덕의 나라가 되지 못했고, 지독히 종교를 추구한 중동이 지독한 종교의 나라가 되지 못한 이유와 같다. 반면에 지독히 세속을 추구했던 유럽은 지독한 세속국가 되지 않고, 가장 공정하고 정의로운 나라가 되었다. 무엇 때문인가? 국가의 하부구조 개선 없이는 상위개념인 공정과 정의를 달성할 수 없다. 하부구조란 단단한 안보, 빈틈없는 경제, 잘 구축된 교육제도, 막힘없는 국가 인프라 등이며, 무엇보다도 창의적 벤처, 위대한 기업을 말한다.

유럽은 이집트 병목에 시달리고

인간의 상상력을 무한대로 자극하는 향신료와 노예 그리고 비단, 전혀 어울릴 것 같지 않은 이미지가 앙상블이 되어 부국강병의 혼돈 속에서 커다란 역사의 변곡점을 만든다. 이것은 상상이며 상상이 현실이 된 세상에서 새로운 무역 루트를 개척하고 국부를 이루었으니 정말 세계사의 멋진 장면이다.

13세기 흑해와 지중해, 홍해로 이어지는 무역 루트는 서양과 이슬람이 패권 전쟁을 벌이는 계기를 만들었고, 결국 이슬람이 승리하여 이 지역을 공고히 한다. 하지만, 서양은 흑해에서 출발하여 지중해를 거쳐 알렉산드리아, 홍해로 이어지는 이집트 무역로와 지중해를 거쳐 시리아 사막을 지나는 신드바드 무역로의 통제권을 잃고, 이슬람의 세력을 피해 새로운 무역항로를 개척함으로써 궁극적인 승리를 가져올 뿐만 아니라 다가올 대항해 시대의 선두주자로 나선다. 신드바드 길은 지중해를 건너 시리아 사막을 지나고 티그리스강이나 유프라테스강을 따라 하류로 내려가서 페르시아만을 빠져나가 인도양에 이르는 길을 말한다.

서양은 대항해 시대에서 발생한 300년간 전쟁으로 군사혁명을 가져오고, 어느 나라가 더 오랫동안 더 멀리 전쟁을 할 수 있느냐가 향후 부국강병의 초석이 되었다. 오랫동안 전쟁을 하기 위한 재정 개혁, 더 많은 징병을 위한 대의민주주의, 새로운 무역항로 개척을 위한 동인도회사, 이질적 문화의 지속적 관계 유지를 위한 계약문화 정착, 이 모든 것을 압제할 수 있는 군사력 등 서구의 패권이 막 움튼 변곡점의 한 가운데가 바로 13세기였다.

중동은 언제나 화약고였다. 종교 이데올로기 확산을 위해 전쟁을 하였고, 동방과의 무역 루트를 지키기 위해 전쟁을 하였으며, 이제는 산업혁명으로 촉발된 검은 에너지원으로 세계의 화약고가 되었다. 13세기의 중동은 무역항로를 두고 서양과 벌인 전쟁이며, 그 시초에는 몽골 전사들이 톈산산맥을 넘어 바그다드를 점령하고 그 여세로 시나이반도를 지나 이집트로 향하고 있었으니 문명의 거친 경계면을 가장 극명하게 보여주고 있었다.

"1250년 맘루크조가 설립되었고, 같은 해에 프랑스의 루이 9세가 이집트를 침공하는 재앙과도 같은 사건이 일어났다. 1258년 몽골군이 바그다드를 함락했고, 1260년 이집트의 맘루크가 아인 잘루트(오늘날 이스라엘 근처로 추정)에서 훌라구의 일한국 몽골군을 꺾었다. 1261년에 4차 십자군 원정 이후 베네치아인과 프랑크인이 세운 라틴제국이 멸망했다." (윌리엄 번스타인 지음 〈무역의 세계사〉 라이팅하우스 p.200)

유럽인이 그토록 간절히 원하는 향신료는 모두 보르네오와 뉴기니 사이에 있는 작은 섬 향신료 제도(諸島)에서만 생산되었으며, 그 향신료는 다시 인도양을 거쳐 홍해를 지나 이집트 알렉산드리아에 집결되었다. 알렉산드리아에 집결된 향신료는 베네치아 상인의 손을 거쳐 유럽 전역에 운반되는 루트였다. 이 길이 막히거나 원활하지 못할 때는 신드바드 길을 선택하였다. 하지만 장사꾼이 빈 배로 이집트의 알렉산드리아로 항해하는 일은 없었다. 무엇인가를 싣고 가야 할 물건이 필요했지만, 유럽인의 능력으로 만들어낼 물건은 영국이 섬유를 생산하기 시작한 18세기 전까지 단 하나의 제품도 없었다.

이들이 싣고 간 것은 물건이 아니라 사람이었다. '노예', 노예를 싣고 흑해에서 보스포루스 해협을 지나 지중해를 거쳐 최종 목적지는 알렉산드리아였다. 노예무역은 위험을 감수하는 항로다. 이 일을 할 수 있는 상인은 베네치아인이며 흑해와 지중해 사이의 점점이 연결된 항구를 식민지로 하고 요새화하여 무역항로를 장악하고 부를 거머쥐었다.

인식의 지평선을 넓히지 못하면 부국강병은 없다. 검은 피부의 노예는 아메리카 대륙의 목화밭과 카리브해의 사탕수수 농장이 전부가 아니다. 노예란 로마제국부터 이어져 온 인류 역사 곳곳에 등장한다. 노예는 전쟁에 패배하여 노예로 예속되는 경우도 있지만, 특수한 목적으로 노예를 조직적으로 사들이는 행위도 있다. 이슬람 제국은 노예로 군대를 양성했으니 바로 맘루크(mamluk)와 예니체리(yeniçeri)다. 처음에 이들은 초원의 칭기즈칸 후예를 노예로 삼았으나, 나중에는 발칸 반도의 백인을 노예로 잡아 군대를 양성하였다.

맘루크는 이집트에 자리 잡은 왕국으로 제국이 성장함에 따라 군대의 숫자가 늘어나야 하지만, 근본적으로 이슬람의 율법에 따라 이슬람을 믿는 자국민을 군인으로 만들 수는 없었다. 따라서 어디에선가 사람을 데려다 '노예'라는 직위를 부여하고 군대를 양성해야만 했다. 군사로서 노예 조건은 척박한 산악지역에서 자라 집단으로 생활을 하며 상하 위계질서 및 유대감이 강해야 한다. 이러한 조건에 가장 알맞은 지역이 몽골이 지배하는 킵차크한국이다. 킵차크한국은 몽골의 제국 중 하나로 칭기즈칸의 맏아들 주치의 일 한국에서 분파된 울루스(ulus, 나라는 뜻)다.

몽골 울루스는 강력한 중앙집권 체제가 아니라 조세만 있으면 자치를 허용하는 유목민의 특징에 따라 변방에서 노예를 조달하기가 쉬웠다. 특히 이 지역 캅카스의 노예가 인기가 있었던 이유는 남자는 강건한 체력을 가졌고, 여자는 아름다운 미모를 지녔기 때문이다. 노예를 실어 나르는 항구는 흑해의 크림반도의 카파(지금, 우크라이나의 테오도시)였다.

남성 노예는 훈련소와 군대로 보내져 "이교도에서 무슬림으로, 소년에서 성인 남성으로, 신병에서 준비된 병사로, 노예에서 자유인으로" 거듭났으며 자유와 부를 약속하며 술탄의 권력을 지탱하는 핵심 계층으로 자리 잡았다. 여성 노예는 가정과 하렘으로 들어가 술탄의 후궁이 되기도 하였으며, 또한 술탄을 낳았다. 이런 독특한 문화로 외척이 왕권을 뒤흔드는 일은 없었지만, 새로운 술탄이 등극될 때마다 군사 지배층이 교체되는 혼란을 겪었으며 결국 이는 제국의 붕괴를 가져오게 된다.

팍스 몽골리카(Pax Mongolica, 몽골제국)가 지배하는 유라시아 대륙에서 실크로드는 아무런 장애 없이 중국 장안(長安, 현 西安)에서 흑해 카파까지 이어지고, 다시 흑해에서 이탈리아 베네치아로 연결되어 유럽으로 이어졌다. 이 길을 따라 사람과 상품은 물론 눈에 보이지 않는 페스트균까지 여행했다. 유럽은 적게는 25%, 많게는 65%까지 죽었다. 사람이 귀해지니 일할 사람이 부족해졌다. 한정된 노동력을 어떻게 이용할 것인지 두 가지 선택을 놓고 국가는 다시 한번 변곡점 속으로 빨려 들어갔다. 두 가지 선택지란 임금을 주는 '자유' 노동자로 만들 것인가? 아니면 임금을 주지 않는 '농노'로 만들 것인가 하는 선택이었다.

이탈리아를 여행하는 많은 사람은 그들의 찬란한 문화재를 바라보고 감탄하지 않으면 오히려 이상할 정도지만, 거기에는 '후추, 계피, 육두구, 메이스, 정향'에서 거둔 향신료 이익과 캅카스산맥에서 노예를 잡아다 이집트로 실어 나른 삼각무역 체제로 건설하였다고 생각하면 깜짝 놀랄 것이다. 유럽은 축적된 부로 르네상스를 만드는 계기로 활용한 반면에 아랍은 중계무역으로 축적된 부로 노예군대를 양성하고 제국 이념을 전파하기 위해 끝없는 정복 전쟁을 했다.

이탈리아 베네치아 공국 상인은 지중해의 삼각 무역항로를 개척하였지만, 영국은 이 모델을 반면교사로 삼아 아프리카 노예를 카리브해나 아메리카 대륙에 팔고, 거기에서 생산되는 설탕과 럼주, 목화를 싣고, 다시 영국으로 돌아와 '섬유'라는 제품을 만들어 되파는 지구적 무역항로를 개척하였다.

부국강병은 길에서 시작하여 길에서 만들어진다. 길에서 발생하는 접점에서 새로운 부가 창출되며, 늘 새로운 길을 만드는 나라가 부국이며, 그 길을 단단하고 튼튼하게 지키는 것이 강병이다. 이제 또다시 디지털트렌스포메이션 시대를 맞이하여 새로운 항로를 만들려고 한다. 무엇을 선택할지도 우리의 몫이며, 선택한 결과에 책임을 지는 것도 우리의 몫이다.

주둥이 셋 달린 주머니

여기 상인 한 사람이 있다. 세상 모든 것을 다 가졌지만, 죽고 싶어도 마음대로 죽을 수 없고, 하고 싶어도 마음대로 할 수가 없다. 죽으면 땅속에 묻혀야 하나 마음대로 묻힐 수도 없으며, 툭하면 시비하는 권력자에게 굽신거려야만 살아갈 수 있었다.

약 12억 원(1500 피렌체 금화)의 결혼 지참금, 교황청 자금을 관리하는 피렌체 은행설립, 피렌체 도심의 부동산과 고향의 대토지, 비단과 양모 무역, 이 모든 재산을 합하면 백 년 뒤의 엘리자베스 1세의 연간 재정 수입보다 더 많았다.

도대체 이 많은 돈을 가진 사람이 한 푼도 자식한테 물려줄 수도 없고, 마음대로 죽을 수도 없다면, 세상을 향하여 무슨 시도를 할까? 귀족 가문과 혼인하여 신분을 세탁할까? 수도원을 설립하여 원장이 될까? 교황을 만들기 위해 추기경을 매수할까? 아니면 또 다른 그 무엇을 꿈꿀까?

농부는 식량을 생산한다. 상인은 생산된 식량을 사서 다른 곳에 판매한다. 그 과정에 누구나 신뢰할 수 있는 돈, 황금이 필요하다. 황금이 쌓이면

〈그림 1〉 베노초 고촐리(Benozzo Gozzoli), 동방박사 행렬(Journey of the Magi), 동쪽 벽(East Wall). 1459-1464년, 프로렌스 메디치 리카르디 궁(Magi Chapel of Palazzo Medici-Riccardi, Florence). "메디치 가문의 오만 속에 르네상스가 꽃피었지만, 초심이 사라진 그 자리에는 권력만 남았다."

필요한 곳에 빌려주고 이자를 받는다. 하지만, 돈놀이는 땀 흘리지 않는다. 유통이 발달하자 점점 더 많은 황금이 필요했고, 급기야 고리대금업이 성행하기 시작했다. 자고 일어나면 돈이 돈을 버는 세상이 되었다.

신학자는 고리대금업이 농업 기반 가톨릭 공동체를 무너뜨린다고 염려했다. 공정거래, 공정임금, 공정이윤이 지배하는 중세에서 고리대금을 막지 못하면 '잠만 자도 돈이 돈을 버는' 행위로 도덕이 무너지고, 정의가 사라지며, 공동체가 붕괴된다고 여겼다. 단테는 〈신곡〉「지옥편」에서 고리대금업자를 "주둥이 셋 달린 주머니를 달고 있을 잘난 기사"라고 혹평하기도 했다. 드디어 카톨릭 공동체는 정의롭고 공평한 사회를 만들기 위해 고리대금업자를 추방하는 법을 제정하기에 이른다.

1139년 제정된 교회법은 고리대금업자에게 가톨릭교회의 영성체 의식을 배제함으로써 하느님의 은총을 받을 수 있는 마지막 기회를 박탈했다. 기독교 국가에서 마지막 심판은 최후의 자선이다. 이마저 용납되지 않았다. 그 나라에서 그 나라의 종교로 장례를 치를 수 없다는 것은 고인의 명예에 가장 중요한 죽음을 모욕함으로써 '너는 하층민이다'라는 것을 극적으로 보여주는 행위였다.

우선 죽는 절차가 복잡해졌다. 고리대금업자로 의심되면 죽기 전에 반드시 성직자를 불러 참회를 해야 한다. 고리대금업으로 돈을 벌었다면 그 돈을 전부 반환하는 서명을 하고, 피해를 본 사람이 있다면 찾아서 돌려주고, 못 찾았다면 일정 금액을 성당에 예치해야 한다. 예치 후 피해자를 찾을 수 없으면 재산 일부가 교회로 예속된다. 그 절차가 다 끝나야 의사를 부를 수 있고, 장례를 치를 수 있으며, 이제야 죽을 수 있었다.

마음대로 죽을 수 없었던 그 한 사람은 누구인가? 바로 르네상스를 연 메디치 가문의 시조 조반니 디 비치(1360~1429년)이다. 그는 상인답지 않게 단기 이익에 집착하지 않고 큰 그림을 볼 줄 알았으며, 돈이 아니라 시대를 벌 줄 알았다. 그와 그의 후손은 신분 세탁을 위하여 귀족 딸과 결혼하고, 수도원을 건립하여 자식을 수도원장으로 만들었으며, 추기경을 매수하여 후손이 교황이 되게 하였으며, 무엇보다도 인문학자를 모아 르네상스를 열었다.

마키아벨리조차 "그는 모두를 사랑했다. 선을 위해 기도하였고 권력의 명예를 절대 추구하지 않았다."라고 찬양했지만, 마키아벨리는 권력에 아부하여야 살아남는 시대에 복잡한 심경으로 이 글을 그에게 헌정하였다.

세상은 누가 바꾸기를 원하는가? 죽고 싶어도 죽을 수 없는 거대한 부를 가진 상인인가? 세상에 모순을 느낀 뛰어난 천재인가? 역사는 늘 한 사람이 불씨를 만들지만, 그 불씨가 활활 태우기 위해서는 뒤이어 오는 사람이 있어야 한다. 하지만 진리는 단순하다. 사회가 변화되고 있고, 변화하고 있고, 변화해야 한다는 것을 최초로 안 사람들이다. 농경에서 상업시대로 넘어갈 때는 상인이었으며, 상업시대에서 근대로 넘어갈 때는 발명가였으며, 제조업에서 지식산업으로 넘어갈 때는 디지털 천재였다.

그들은 기존 질서에 도전하고 새로운 가치를 만들었다. 과거나 현재나 누구나 세상을 바꿀 꿈을 꾸지만, 그것을 변혁시킬 보이지 않는 '힘'이 필요하고, 그 보이지 않는 힘은 '자본'에서 나왔다. 나라를 구할 독립운동 때도 '자본'이 필요하고, 무지한 백성을 가르칠 때도 '자본'이 필요하고, 병든 자를 치료할 때도 '자본'이 필요하다.

이러한 사실을 너무나 잘 알면서도 보이지 않은 자본을 인정하기까지는 참으로 오랜 시간이 필요로 했다. 돈 많은 고리대금업이 사회악이 아니라는 것을 교회가 인정해주고, 고리대금업이 사회에서 공존할 수 있도록 만들기까지는 스페인의 박해, 네덜란드의 관용, 영국의 제도화 이후였다. 하지만, 우리는 여전히 '착한' 임대인, '착한' 수수료 하면서 자본이 수많은 사람의 노동으로 만들어진 가상의 '체계'라는 사실을 인정하면서도 '일하지 않고 돈을 번다고' 불편해한다.

거친 포르투갈의 짧은 전성시대

1453년 오스만제국의 메흐메드 2세는 비잔틴 제국의 수도 콘스탄티노플을 공격하고 있었다. 콘스탄티노플은 테오도시우스 삼중 성벽(theodosian walls)과 바다의 천혜 절벽, 좁은 해협을 연결한 강렬한 쇠사슬이 적 군함의 진입을 막는 철옹성이었다.

필요는 발명의 어머니로 메흐메드 2세는 기막힌 역발상을 한다. 그 빈틈은 오직 하나, 쇠사슬로 묶인 바다와 천혜의 절벽 사이의 작은 바다 골든 혼에 초승달 깃발이 달린 전함을 밀어 넣는 일이다. 세상에서 아무도 생각하지 못한 경이롭고 불가사의한 작전, 그 역발상은 배가 산을 넘어 바다로 가는 일이며, 그런 역발상으로 세계사는 또 한 번 요동을 친다.

"포성이 천지를 뒤흔드는 가운데 우리 군대는 먼저 갈라타 지역 뒤 야산을 온통 뒤덮은 가시덤불과 야생 포도밭을 갈아엎고 묘지를 파헤치며 거기에 평평하게 다진 길을 내었다. -바닷가로 나온 이 배들을 한 척씩 끌고 갈 황소들과 연결시켰다.- 정말로 배가 산으로 가는 건지, 아니면 산이 갑자기 바다로 변한 건지 종잡을 수 없는 순간이었다. 72척에 달하는 크고 작은 전함들이 오스만 깃발을 펄럭이며 요란한 군악대 소리에 맞추어 골든 혼으로

철썩철썩 미끄러져 내려갔다." (김형오 지음 〈술탄과 황제〉 21세기북스 p.163)

유럽은 흑사병으로 인구의 30~60%를 잃고 정신을 차리고 보니, 강성한 오스만제국이 콘스탄티노플을 점령하고, 흑해로 이어지는 보스포루스 해협과 발칸 반도마저 통제하여 실크로드를 완전히 장악하고 있었다. 또한, 시리아 사막을 지나 티그리스강이나 유프라테스강을 따라 페르시아만으로 이어지는 '신드바드 길'마저 무용지물로 만들었다.

이탈리아의 베네치아와 제노바 상인은 지중해를 건너 이집트의 알렉산드리아와 홍해를 지나 인도양으로 가는 무역항로에 향신료를 점점 의지하게 되고, 이는 '이집트 병목' 현상을 일으킨다. 이집트 병목현상은 수요와 공급의 법칙에 따라 수수료의 폭등과 횡포를 가져오며, 드디어 유럽은 새로운 무역항로의 개척에 목마름을 더해만 간다.

궁핍은 혁신의 무한 동기일까?

이베리아반도에 있는 포르투갈은 이제 막 흑사병에서 벗어나 인구 100만 명도 채 되지 않는 작은 나라에 지나지 않았다. 이집트 병목현상으로 베네치아와 제노바의 부가 서서히 저물어 갈 무렵, 먼바다로 항해할 새로운 배와 항해 기술을 만든 사람은 포르투갈, 엔히크(Infante Dom Henrique)

왕자였다. 엔히크는 대서양 탐험의 결기가 있었으며, 모험으로 한 평생을 보냈고, 평생 독신으로 살았다. 어느 역사에서도 단단한 돌파구를 열 때는 영웅이 한두 사람 존재하기 마련이다. 어쩌면 혁신에 참여한 수많은 이름 없는 사람을 대표하여 한 사람을 영웅으로 만드는 것이 역사인지 모른다.

엔히크 왕자는 선체가 둥글고 삼각돛을 단 새로운 유형의 범선을 개발하는 재정지원을 함은 물론 베네치아와 제노바의 우수한 조선 기술자, 항해 기술자, 탐험가와 지리학자, 천문학자를 불러 모아 '사그레스항해학교'를 설립하여 혁신을 일으켰지만, 그가 죽은 1460년에는 겨우 아프리카 적도까지만 항해할 수 있었다. 또 다른 한 사람이 나타나기 전까지 죽음의 희망봉을 넘는다는 것은 꿈에도 있을 수 없는 일이다.

국가의 혁신에는 3가지 요소가 필요하다. 첫째는 인재의 양성과 더불어 학제를 넘나드는 교육이며, 둘째는 기술의 재 목적(re-purpose)화의 실험이며, 셋째는 혁신을 수행할 자금이고 마지막은 이들을 이끌어 갈 변혁적 리더십이다. 이는 1860년대 일본의 사가 번(藩)의 나베시마 나리 마사(鍋島齊大, 1815-1871년), 사쓰마 번(藩)의 시마즈 나리 아키라(島津斉彬, 1809~1858년)와 같다.

엔히크 왕자가 죽음의 희망봉을 돌파하려고 시도할 무렵, 두 사내가 태어난다. 한 사내는 이탈리아 제노바 방직공의 아들로 1451년 태어난 크리스토퍼 콜럼버스다. 또 다른 한 사내는 포르투갈의 남서부 지방 사령관 셋째 아들로 1460년 태어난 바스쿠 다 가마다.

세계사의 변곡점을 만들려면 한두 사내만으로 이루어지지 않는다. 수많은 영웅이 함께 하였지만, 우리가 기억하는 사람은 단 세 사람, 엔히크와 콜럼버스, 다 가마이다.

콜럼버스는 엉뚱하고 낙관적이며 다 가마는 치밀하고 철저하다. 콜럼버스는 인도로 가는 거리를 어림짐작 계산하여 훨씬 짧게 생각하고 모험을 떠났으며, 세 번이나 신대륙을 탐방하고 나서야 겨우 여기가 인도가 아니라 할 정도이며, 다 마가는 치밀한 항해 준비와 거리를 계산하여 희망봉을 돌아 인도로 가는 항로를 최초로 개척하였으며, 치밀한 만큼 잔인하기도 했다.

1480년, 콜럼버스는 세 척의 작은 배로 서쪽으로 항해를 계속하면 대서양을 건너 아시아에 도착할 수 있다는 기발한 아이디어가 떠올렸다. 하지만 이탈리아 영주는 콜럼버스의 아이디어가 미친 사람 수준이라 생각하여 일축한다. 하지만 콜럼버스는 프랑스 공작에게, 포르투갈 왕에게, 스페인 백작에게 거절당한 후 스페인의 왕을 찾아가 탐험 지원을 요청했다. 단호한 거절이 이어진다. 결국, 콜럼버스는 카스티아 여왕 이사벨라의 도움으로 일곱 번째 시도 끝에 결국 작은 범선 세 척을 지원받는다.

1497년, 다 가마는 공포의 희망봉, 아프리카 해안을 따라 연안 항로로는 인도로 갈 수 없다고 판단한다. 인도로 가는 길은 수많은 탐험과 모험, 희생을 거친 후 발견하였는데 아프리카 대륙의 툭 튀어나온 시에라리온 지역에서 인도와 정반대 방향인 오른쪽으로 방향을 틀어 대서양 한가운데로 수천 킬로 나아간 다음 다시 크게 반원을 아래로 그려 희망봉을 지나는 항로였다. 다 가마의 탐험대는 브라질에서 불과 수백 킬로미터까지 접근한 후 방향을 틀었고 아프리카 남서 해안 세인트헬레나(Saint Helena, 나폴레옹을 유배 보낸 섬)를 찍고 희망봉을 겨우 돌았다.

왜 이 두 사내는 정반대의 방향으로 탐험을 떠났을까? 한 사내는 서쪽 대서양을 향해 나갔으며, 다른 한 사내는 정반대의 방향인 동쪽, 아프리카 대륙을 돌아 인도로 향했을까? 그리고 그 결과는 어떻게 역사의 커다란 굴곡을 남겼을까?

1494년 이베리아반도의 쌍둥이 나라인 포르투갈과 스페인은 탐험의 결과로 발생한 국부(國富)로 충돌하고 있었다. 독실한 천주교 나라인 두 나라는 교황의 중재로 스페인 중부의 작은 마을 토르데시야스(Tordesillas)에서 조약을 체결하고 대서양 카보베르데(Cabo Verde) 제도에서 서쪽으로

2,000킬로 떨어진 경도 45도를 경계선으로 아시아는 포르투갈, 신세계는 스페인의 영토로 결정한다.

이 운명의 결정으로 스페인은 거친 신대륙으로 향하고, 포르투갈을 부유한 인도로 향한다. 하지만 두 나라는 착취 기반으로 부를 축적한 결과 가진 부가 많았던 인도로 향한 포르투갈이 먼저 패권을 차지하고, 황량한 신대륙으로 향한 스페인은 볼리비아의 포토시(Potosí)에서 은광을 발견할 때까지 패권의 지위를 포르투갈에 넘겨야 했다.

포르투갈은 다 가마가 인도로 가는 항로를 개척하자마자 빠르게 거점 항구를 식민지한 후 요새화한다. 탄자니아 킬와, 인도 말라바르, 뭄베이, 고아, 말레이시아 말라카, 중국 마카오, 일본 나가사키다.

이들은 우세한 총과 대포를 앞세워 포르투갈의 리스본에서 동아프리카 식민지 요새를 시작으로 인도와 중국, 일본까지 이어진 무역항로를 개척하고 이를 통해 상품만 교역한 것이 아니라 신무기의 잔혹함과 기독교를 함께 전파한다.

왜 포르투갈은 유럽인들조차 상식에 어긋나는 잔인한 행동을 수없이 저질러 조기에 패권의 지위를 잃었을까? 인구가 100만도 안되는 작은 나라가 전 세계의 글로벌 무역항로를 유지하고 관리하는 방법이 초기에는 없었다. 어설프지만 최초로 국부(國富)의 비밀을 만든 나라가 포르투갈이며 그 가운데가 네덜란드이며 완성한 나라가 영국이다.

로널드 핀들레는 〈권력과 부〉에서 초기에는 에스타두 다 인디아(Estado da India)라는 식민지 정부를 두어 다스리게 하였으나, 지역이 넓고 통신이 발달되지 않아 운영될 수 없게 되자, 새로운 피다우구(fidalgo)라는 통치방식을 도입하였다. 최초의 부국강병 비밀이다. 조건이 같을 때는 언제나 조직혁신이 국부의 비밀이 된다.

"통치자는 귀족이나 그보다 낮은 계급 출신의 믿을 만한 개인에게 권한을 위임했다. 권한을 위임받은 사람은 공직에 종사하면서 자신뿐만 아니라 친족과 추종자까지 부양하는 전통적 생활 방식을 유지하며, 그와 동시에 군주와 국가에 대한 책임을 다했다." (에코리브르 p.245)

하지만 이런 피다우구 제도는 필연적으로 약탈이라는 유혹을 뿌리칠 수 없다. 왜냐하면, 이들이 점령한 요새나 항구는 납세 가능한 인구가 턱없이 부족했고, 호의적이지 않은 비기독교 이방인이기 때문이다. 결국, 피다우구의 귀족은 점점 약탈에 의존하여만 풍족한 생활과 지위를 유지할 수 있었지만, 잃어버린 것은 제국의 품위다.

좀 더 세련되고 품위 있는 국부의 비밀은 네덜란드의 동인도회사였고, 영국의 삼각무역이다. 이는 점차로 생산과 시장, 유통을 분리하는 네트워크를 만드는 일이었다. 이는 제국이 안정적으로 관리될 수 있는 요건을 만들었으나, 여기에 필수적으로 수반된 것은 재정 개혁과 군사 혁신이었다.

왜 눈에 빤히 보이는 부국강병의 길을 다른 나라가 따라 하지 못하느냐고 반문할 수 있다. 하지만 겉으로 드러난 현상 이면에는 거대한 시스템이 도사리고 있다. 거대한 시스템이란 정치, 경제, 군사, 교육 등을 망라한 제도이다. 늘 기술이 앞서고 그 뒤를 제도가 따라간다. 기술을 만든이는 기업이고, 제도를 만든이는 정치권이다. 이 둘 간의 간격이 좁은 나라가 기술 강대국이며, 이 둘 간의 간격이 넓은 나라가 기술 후진국이다.

부국강병은 길에서 만들어진다. 1543년 유럽의 무역항로가 나가사키와 연결되자 일본에 조총이 들어왔다. 일본은 전국시대로 피비린내 나는 통일 전쟁으로 승리를 할 수 있다면 무엇이든지 받아들이는 거대한 실험 공간이었다. 1575년 나가시노(長篠) 전투에서 노부 나가의 연합군 3만 5,000명은 다케다 군 1만 5,000명과 전투를 벌이고 있었다. 다케다 군은 무적의 기마군단의 위력을 믿었고, 기마군단 위주로 편성하여 손쉬운 승리를 장담했지만, 노부 나가는 이 전투에서 조총부대를 3열로 구성해 교대로 사격하는 새로운 진법을 선보였다. 노부 나가는 다케다 군 1만 2,000여 명을 죽임으로

써 패권의 길목에 들어섰다. 탱크를 최초로 만든 나라는 영국이지만, 작전에 최초로 성공시킨 나라는 독일이며, 항공모함을 최초로 만든 나라는 영국이지만, 작전에 최초로 성공시킨 나라는 일본이다. 조총의 신무기를 최초로 만든 나라는 유럽이지만, 작전에 최초로 성공시킨 나라는 일본이다. 기술의 재 목적화를 극명하게 증명하는 곳이 바로 전쟁터이기 때문이다.

조선은 글로벌 무역 네트워크에 연결되지 않아 새로운 국제 질서, 새로운 무기와 전술을 모르는 채 조용히 내부 권력투쟁에 몰입하고 있었다. 새로운 국제 질서란 대륙이 아니라 바다 건너 포르투갈 리스본에서 일본 나가사키까지 연결된 대항해 시대였다.

1592년 임진년 5월, 전국을 통일한 도요토미 히데요시는 엄청난 군사력과 실전으로 무장된 최정예 병사를 부산진으로 보낸다. 그들의 손에 들여진 것은 칼과 창만 아니라 새로운 무기 조총이 있었으며, 조총은 이미 전력화가 완성된 상태였다. 신립 장군이 문경새재가 아닌 충주 탄금대를 전투장소로 택한 것은 조총부대의 위력을 몰라서였고, 임진왜란의 대첩이 모두 산성에서 발생한 것은 우연의 결과가 아니다. 대륙 세력의 최강자인 명과 그의 아류인 조선이 해양 세력의 초급자인 일본과의 전쟁에서 쩔쩔맨 것을 보면 파괴적 신기술의 위용을 너무나 잘 알 수 있다.

착취로 이룬 국부, 불관용으로 쇠락한 스페인

1592년(임진왜란이 발생한 해) 영국 해군 소함대가 아조레스 제도(Azores, 대서양 중부, 포르투갈령)의 북쪽에 진을 치고 있다가 신세계로부터 귀환하는 스페인 선박을 나포하려 했지만, 걸려든 것은 리스본으로 향하는 포르투갈 국적의 '신의 어머니' 호였다. 그 배는 여태까지 영국이 한 번도 본 적이 없는 규모였고, 영국이 보유한 가장 큰 배의 세 배나 되는 크기였다. 영국이 깜짝 놀란 것은 배의 규모가 아니라 그 배 안에 들어있는 화물이었으며, 당시 영국 재무성이 보유한 총 화폐의 절반에 해당하는 액수였다.

"보석과 진주로 넘쳐나는 궤, 금화와 은화, 영국 역사보다 오래된 호박, 초고급 옷감, 궁전 하나를 꾸밀 수 있는 태피스트리(색색의 실로 수놓은 벽걸이나 실내장식용 비단), 후추 425t, 정향나무 향료 45t, 계피 35t, 메이스 3t, 육두구 3t, 벤자민(향수와 의약품의 원료로 쓰이는 방향성이 강한 송진) 2.5t, 흑양홍(아열대 기후에서 서식하는 곤충의 암컷을 말려서 만든 염료) 25t, 흑단 15t" (데이비드 랜즈 지음 〈국가의 부와 빈곤〉 한국경제신문 p.250)

이 사건은 신세계에 부가 넘쳐난다는 사실을 두 번째로 보여준 사건이며, 첫 번째 사건은 그보다 59년 앞선 1533년 스페인의 피사로가 잉카의 황제 아타우알파(Atahualpa)를 사로잡고 가로 6.7m, 세로 5.2m, 높이 2.4m가 넘는 방에 황금을 가득 채울 것을 요구한 사건이었다. 물론 사악한 대륙의 군사들은 목적을 달성하자마자 아타우알파를 처형했다.

1493년 콜럼버스가 카리브해의 히스파니올라섬에 정착하려는 스페인 사람에게 밀, 포도나무, 올리브 나무, 사탕수수, 바나나, 무화과, 수박, 양배추, 감귤, 소, 돼지, 말 등을 준 반면에 신대륙에서는 옥수수, 감자, 고추, 담배, 바닐라 등을 가져왔다. 역사학자들은 이 사건을 콜럼버스 교환(Columbian exchange)이라 부른다. 하지만, 콜럼버스 교환의 직접 상대자인 스페인과 원주민 사이에는 어떤 교환, 무엇을 얻고 무엇을 주었을까? 무장한 스페인이 불평등할 정도의 차별적인 군사력과 경제적 지식으로 원주민 인디언에게 준 선물은 개화된 문명의 산물이 아니라 '세균'과 '착취'의 문명의 찌꺼기가 전부라 할 정도였다. 유라시아 대륙의 인간은 야생동물을 가축화할 때 발생하는 질병으로 내성이 생겼지만, 인디언은 야생동물을 가축화한 경험이 없어 내성이 없었고, 이는 외부 인간과 접촉이 곧 질병 감염이라는 비극을 가져와 몰살을 초래한다. 그나마 질병으로부터 살아남은 인디언은 노동력을 착취당하게 된다. 스페인이 멕시코에 상륙한 100년 동안 인구의 90%가 감소했으며, 페루 인구는 약 25%가 감소했다.

데이비드 랜즈는 〈국가의 부와 빈곤〉에서 역사의 변곡점에서 마주한 두 인종, 그 충돌은 참으로 잔혹했으며, 천주교 신자인 스페인 사람이 이탈리아 교황청에 보낸 편지에 잘 나타나 있다.

"성과 촌락을 침략한 그들은 성별이나 나이를 구분하지 않고 심지어 임신한 여자들까지 일말의 동정도 없이 복부를 난도질해 태아를 꺼낸 뒤 그 태아를 나무 패듯 토막 냈다. 그들은 또한 틈나는 대로 내기를 걸고 누가 남자의 몸통을 쪼개거나 자르는 솜씨가 가장 좋은지 시험했다. 그들은 아이들의 발을 잡아들고 그 죄 없는 머리를 바위에 대고 후려쳤다. 그들은 교수대를 세웠다. 각 교수대마다 열세 사람씩 매달고 그 밑에 불을 놓아 그 불쌍하고 가련한 사람들을 산 채로 불태웠다. 그나마 동정심을 베풀었다는 게 손을 반쯤 잘라 덜렁거리게 만들어서 돌려보내는 정도였다" (한국경제신문 출판 p.130)

그들은 무엇을 얻고자 했는가? '돈'이다. 돈은 냄새가 나지 않는다. 사람은 돈을 버는 방법이나 돈을 버는 사람을 좋아하지 않을지라도 '돈' 자체는 좋아한다. 돈이 단일 척도가 되었기 때문이다. 돈이 최고의 덕목이며, 돈을 위해서라면 무엇이든 할 수 있었다. 중상주의 시대다.

스페인은 남미에서 착취로 얻은 엄청난 부로 무엇을 어떻게 하였길래 짧은 패권 국가가 되었는가? 또 스페인이 조직적 착취행위를 할 수밖에 없었던 궁극적 요인은 무엇인가?

콜럼버스가 신대륙을 발견한 이후로 황금과 은, 향신료, 소금이 스페인으로 쏟아지기 시작한다. 그 황금과 은의 양은 유럽 전체를 합한 양보다 훨씬 많았다.

당시 유럽은 상속권을 가진 왕이 후사가 없는 경우 정략결혼을 통하여 나라를 합병할 수 있었다. 결국, 16세기 유럽을 지배한 합스부르크 제국의 카를로스 1세는 오직 결혼을 통하여 이베리아반도 전체와 이탈리아 남부 및 북부 일대, 벨기에와 네덜란드, 프랑스와 독일의 일부, 그리고 오스트리아와 체코를 차지한다. 이 시기, 카를로스 1세와 그의 아들 펠리페 2세가 다스렸던 약 80년이 스페인의 황금기이며, 세계는 빠르게 은으로 만든 8레알의 '스페인 달러'를 기축통화로 사용한다. 중국과 비단, 도자기 거래는 물론, 인도와 면직물, 향신료 거래에도 레알로 결재한다.

펠리페 2세는 "가톨릭의 수호를 신이 자신에게 부여한 사명"이라고 믿었고, 세 방향에서 다가오는 적을 섬멸하는 일을 최우선으로 하였다. 우선 유럽을 위협하는 오스만제국의 위협으로부터 가톨릭을 보호하는 일이다. 오스만제국의 위대한 술탄 술레이만 1세는 오스트리아 빈을 위협하고, 이탈리아의 턱밑까지 영토를 확장한다. 가톨릭 수호자인 펠리페 2세는 이를 용납할 수 없었으며, 드디어 1571년 레판토 해전에서 오스만제국을 격파함으로써 가톨릭 수호자이자 기독교 세계의 구원자라는 찬사를 한 몸에 받았다. 두 번째 적은 네덜란드 신교도의 반군이다. 당시 네덜란드는 합스부르크의 영지로서 펠리페 2세에게 상속된 영토이지만 신앙의 자유를 내걸어 '신교도'를 받아들이고 저항을 계속하고 있었다. 마지막 적은 영국의 엘리자베스 1세 여왕이다. 그는 후사가 없는 여왕에게 청혼하였지만, 보기 좋게 거절당하여 자존심을 한껏 상했으며, 메리 여왕 시절 잠시 가톨릭으로 복귀한 종교가 여왕이 죽자 다시 '신교도'로 탈바꿈하였다.

1492년 스페인은 이베리아반도에서 781년간 이슬람 통치를 끝내고 재정복한 일을 '레콘키스타'라 부르며 고양된 종교적 분위기 속에 '알함브라' 칙령을 발표하여 유대인을 추방시킨다. 추방된 유대인은 동산과 부동산을 자유롭게 처분하여 국외로 반출할 권리를 부여하였지만, 기만적 조항이었다. 이미 낙인이 찍힌 재산이라 제값을 못 받는 것은 당연하고, 4개월 이내에 재산을 처분해야 하며, 처분한 재산을 화폐인 은으로 바꾸어야 했다. 처음부터 정당한 거래는 불가능했다. 스페인에 살고 있던 50만 명의 유대 인구 중 개종을 하지 않고 추방 대열에 합류한 인구가 17만 명에 달했으며, 추방 중 2만 명이 아사하거나 병사하였으며, 나머지는 개종을 강요받았다.

이것이 종교재판이다. 진심과 거짓을 판가름하는 재판, 마녀사냥이었다.

"가장 잔혹했던 형벌은 틀에 묶여 그대로 불태워지는 화형입니다. -마녀로 체포된 여성들의 경우, 나체로 당나귀에 올려져 마을을 돌아야 하는 형벌을 받았습니다.- 체포된 사람들은 종교재판소가 당신이 교화되었고 앞으로는 행실을 똑바로 할 것이라고 납득 할 때까지 수감되었으며, 종교재판소가 배정하는 곳으로 가족과 일을 버리고 멀리 따라가야만 했습니다." (p.273)

종교재판에서 처벌받으면 모든 재산을 압수당하기도 했으며, 재산을 압수당하면 바로 거지로 전락하였다. 마지막으로 개종한 유대인들에게 가해진 제약으로 외국으로 도망가는 것을 막기 위해 해안가나 국경 근처로 이주하는 것마저 금지했다.

스페인 제국에 불관용의 시대를 완성하였다. 1492년 알함브라 칙령으로 유대인을 추방시켰고, 1520년까지 이슬람을 강제로 개종시켰으며, 1610년 이슬람 혈통을 가진 기독교인을 모두 추방했다. 추방만이 문제가 아니었으며 보다 정교한 제도로 숨조차 쉴 수 없는 나라를 만들었다. 모든 공직자나 교수가 되기 위해서는 혈통의 순수성을 증명해야 했고, 만약에 할아버지가 유대인이라면 당연히 의심받았다.

우리의 위대한 아라곤 후손인 스페인 왕실은 그들이 그토록 원하는 대로 순수한 가톨릭교도만이 사는 땅을 완성하였지만, 백성들의 곳간은 텅텅 비기 시작했고, 방대한 제국은 허물어졌다. 금융과 무역을 담당했던 유대인이 사라지고, 항해 기술과 조선을 담당했던 무어인이 보이지 않게 되자, 경쟁력은 이웃 국가인 네덜란드로 급격히 옮겨갔다. 종교의 박해를 피해 탈출한 유대인과 무어인이 대거 정착한 곳이 저지대 암스테르담이다.

우리는 스페인이 신세계를 잔혹하게 통치하였고, 그 착취적인 유산이 지금까지 남아 있어 남미를 괴롭히는 것을 잘 안다. 그것은 바로 '엔코미엔다(encomienda)'라는 제도에서 기인하며, 제도가 고착화되어 세월이 지나도 바뀌지 않았기 때문이다.

윌리엄 번스타인은 〈부의 탄생〉에서 19세기 한 역사가 버나드 모제스(Bernard Moses)의 말을 인용하면서, 힘들게 벌지 않은 국부(國富)가 가져온 타락을 이렇게 꼬집었다.

"부자들은 그들이 물려받은, 또는 인디언들로부터 빼앗은 부를 손쉽게 향유했다. 가난한 귀족들은 교회에 의지하거나 군대의 대열을 따라가거나 한직을 얻으려고 했으며 -스스로의 손으로 일하며 생계를 이어가는 굴욕을 당하느니 차라리 체념하고- 배고픔과 헐벗음, 비참을 택했다." (시아 p.360)

스페인은 신세계에서 벌어들인 국부를 불관용의 순수 가톨릭국가로 만들기 위해 전쟁 비용으로 충당하고, 종교재판과 불관용 착취적인 제도를 이어가 결국 패권의 지위를 잃게 된다. 지금으로 보면 어처구니없을 정도로 불편한 노예제도, 식민 착취, 종교재판 등 인간이 저지를 수 있는 모든 악행이 다 들어있지만, 이것이 근대화 여명을 알리는 호모 사피엔스가 걸어온 길이다.

관용의 나라 네덜란드, 향신료를 위해서라면

김구 선생님은 내 소원이 무엇이냐고 묻는다면 첫째도 통일이요, 둘째도 통일이요, 셋째도 통일이라고 하였다. 아마도 우리나라가 통일된다면 작은 나라의 서러움에서 벗어날 뿐만 아니라 같은 민족끼리의 갈등으로 힘이 분산되는 것을 막아 우리 주권을 우리 스스로 지킬 수 있는 진정한 독립 국가가 됨을 원했을 것이다. 진정한 독립 국가란 경제적 독립은 물론 군사적으로 첨단 무기를 스스로 개발할 수 있는 능력이다. 하지만, 독립 국가의 조건에 나라의 면적이 크고 인구가 많아야만 가능한 일은 아니다. 역사적으로 나라의 크기와 가진 자원은 부국강병의 길에 필요충분조건이 아니었다.

세계사에서 우리보다 규모가 작고 가진 자원이 없는 나라가 세계를 지배한 사례가 많다. 그중 하나가 몽골, 포르투갈, 네덜란드이며 비슷한 크기로는 영국과 스페인이 있었다. 특히 네덜란드는 인구가 적을 뿐만 아니라 부존자원이 거의 없는 가운데 주변 강대국과의 전쟁에서 살아남아 대항해 시대에 강대국이 되었다.

역사적으로 강대국에 이르는 길을 오직 두 가지밖에 없다. 하나는 압도적 군사 전력으로 상대방을 굴복시키는 방법과 다른 하나는 경제 대국

〈그림 2〉 요하네스 페르메이르(Johanes Vermeer), 지리학자(The Geographer). 1668-1669년, 53×46cm. 독일 스테델 미술관(Städel Museum). “네덜란드의 전성기에 마주한 여유와 안정감, 품격 뒤에는 지구본, 콤파스, 직각기, 지도가 있었다.”

이 되어 이웃 국가를 효율적으로 관리하는 방법이다. 몽골의 칭기즈칸은 군사적 초강대국(military hegemony)이었으며, 네덜란드는 경제적 패권(economic hegemony) 국가로 세계를 지배하였다. 모두 인구가 150만 미만의 작은 나라였다.

어떻게 이런 일이 가능한가? 이것이 부국강병의 길이며, 우리가 면적이 적다고 스스로 불평하거나 주변에 강대국에 둘러싸여 있다고 투덜거릴 일이 아니다. 오히려 이것은 단점이 장점으로 전환될 수 있는 구조이기도 하다.

16세기 중반까지 '네덜란드'는 독립된 나라마저 없는 북유럽의 저지대 지방 중 하나였다. 1568년 스페인의 펠리페 2세가 종교적 탄압을 하자 이에 저항했던 17개 주 가운데 5개 주가 1579년 위트레흐트 동맹으로 나라를 만들었다. 이 나라가 바로 네덜란드이며 인구는 150만 명 정도였다. 네덜란드가 스페인으로부터 독립하려고 전쟁을 치르고 있었던 때 우리나라는 임진왜란으로 일본과 전쟁 중이었다. 그때 우리는 이미 강력한 중앙집권 나라이며, 온전한 영토로 인구 1,000만 명을 가지고 있었다.

도대체 유럽에 무슨 일이 벌어진 것일까? 왜 스페인이 몰락하고 그 자리에 이름도 없는 오렌지 공화국이 부국강병의 위치를 차지한 것일까?

네덜란드가 강대국으로 발전한 유일한 설명은 오직 '사람', 재능 있는 사람이 하고 싶은 일을 마음대로 할 수 있게 하는 관용과 자유, 그것을 문화와 제도로 만들어낸 일밖에는 설명할 길이 없다.

17세기 네덜란드 암스테르담은 볼테르와 데카르트가 사상의 자유를 찾아서 왔고, 스피노자의 조부가 이베리아반도에서 건너왔고, 스페인의 신교도, 프랑스의 위그노가 몰려왔다. 이단 종교이론을 출판하려는 신학자들, 금융업을 하던 유대인, 과학기술을 가졌던 무어인마저 몰려와 그야말로 '자유'가 넘치는 도시로 변모하였다. 그들은 그 자유로 '거래' 즉 '무역'을 하였다.

지금도 무역이란 주고받는 것 중에 받는 것이 더 많아야 한다고 생각한다. 즉 수입보다 수출이 더 많아 내 곳간에 금화가 잔뜩 쌓이기만을 원하고, 그것이 국부의 원천이라고 생각하여 수입을 줄이려고 애쓴다. 그런데 영국 사람이 가만히 네덜란드 사람을 보니 항상 수출보다 수입을 더 많이 하는데, 자기보다 훨씬 더 잘 사는 것을 보고 문뜩 깨달은 것이 '거래는 항상 이익을 남긴다.'라는 사실이었다. 이것이 애덤 스미스의 국부론의 핵심 이론이다. 이러한 무역론을 처음으로 깨달은 사람이 네덜란드 상인이었으며, 그들은 스페인의 종교적 불관용을 피해 정착한 유대인 계층이었다.

맥스 부트는 〈전쟁이 만든 신세계〉에서 해상강국이 어떻게 시장경제와 대의 민주주의, 자유를 확대했는지 해군 사학자인 피터 패드필드(Peter Padfield)의 말을 인용하였다.

"항해와 교역은 상인 계급을 낳고, 부를 축적한 상인 계급은 대개 상대적으로 가난한 세습 군주와 지주 귀족에게 돈을 무기로 압력을 행사할 수 있게 된다. 그러면 조만간 상업적 가치가 정부에서 득세하게 된다." (플래닛미디어 p.123)

대륙 국가는 언제라도 지상군이 자유를 추구하는 반군을 잠재울 수 있지만, 해군은 그런 일을 할 수 없다. 역설적으로 해군이 강한 나라는 이웃 나라와 무역을 통하여 경제를 발전시켜야 하므로 상업적 가치의 중요성을 잘 안다. 따라서 이런 나라가 시장경제의 뿌리인 사유재산권, 정치적 자유, 대의 민주주의, 법치주의 등이 확고하게 뿌리를 내리게 된 근본 동인이며 어떠한 경우에라도 계약의 신성함을 유지시키는 일이다.

네덜란드가 17세기에 세운 아시아 식민지 도시 이름이다. 인도의 폴리카트, 투티코린, 카나노르, 크랑가노르, 스리랑카의 식민지(1638~1658년), 말레이시아의 말라카, 자바섬의 바타비아, 보르네오섬 마카사르, 반도 제도의 향신료 섬인 테르나테, 암보이나, 타이완의 젤란디아 요새, 일본의 나가

사키 데지마다. 일본의 나가사키 데지마는 네덜란드 동인도회사의 맨 끝이며, 미국의 뉴암스테르담(뉴욕)은 네덜란드 서인도회사의 맨 끝이다.

1615년 네덜란드 동인도회사는 향신료 반다 제도의 하나인 아이섬을 침략하여 원주민 수백 명을 살육하고 수천 명을 내쫓았으며 나머지는 노예로 삼았다. 그리고 고급향료인 육두구와 정향, 메이스를 독점한다. 그 독점을 유지하기 위해 원주민의 탄압과 노예 노동을 지속하였다.

네덜란드가 깨달은 첫 번째 부국강병의 비밀은 '독점'이었다. 스페인이 황금을 위해서라면 무슨 짓이라도 한 것처럼, 네덜란드는 '독점'을 위해서라면 그 무슨 짓도 마다하지 않았다. 부국강병의 길이 단순 착취에서 무역이라는 행위를 통해서 좀 더 복잡해지고, 좀 더 고도화되기 시작하며, 거기서 필연적으로 만나는 것이 '독점'이다. 대항해 시대를 개척한 포르투갈, 스페인, 네덜란드 등 모든 나라가 폭력과 노예를 사용하였다. 적은 인구를 가진 나라가 자기보다 큰 나라를 지배하기 위한 수단이며, 노동력 확보와 식민지 안정화를 위해 반드시 거쳐야 하는 과정이다.

신생 독립 국가인 네덜란드는 150만이라는 작은 인구로 지구 끝까지 무역을 한 근본 원인이 무엇일까?

그 원인은 포르투갈이 아프리카 희망봉 항로를 개척하고 인도, 동남아시아까지 무역항로를 독점하면서 리스본에 향신료가 집결하는 접근성을 무력화하기 위해서다. 리스본의 독점 권리는 1580년 이베리아 국왕들이 연합한 후 에스파냐의 통제 아래 있었으며, 이를 무기로 저지대 국가를 지배하려는 수단으로 사용하였다. 실제로 이러한 통상 금지는 1585년과 1595년에 두 차례 발생했으며, 네덜란드의 유일한 해법은 원산지인 동 인도와 '직접' 교류하는 방법이다. 이 방법은 포르투갈이 100년 전 이집트 병목 현상을 해소하기 위해 사용한 전략과 똑같다.

포르투갈의 피다우구(fidalgo) 방식은 필연적으로 착취를 기반으로 하는 무역항로로 많은 비용이 수반되며, 스페인의 엔코미엔다(encomienda) 방식은 거대한 토지와 수많은 원주민이 있는 경우에 가능한 방식이라, 새로운 전략과 새로운 방식이 필요했다. 그것은 '회사(company)'라는 이름의 새로운 조직을 만드는 일이며, 그 조직은 인간이 만든 것 중에 가장 놀랍고 창의적이며 자본주의의 꽃으로 변했다. 이것이 네덜란드의 두 번째 부국강병의 비밀이었다.

1594년 암스테르담 상인 중 일부가 '극동기업(Company of Far Lands)'을 조직해 4척의 배로 이뤄진 선단을 동쪽 바다로 보냈다. 1597년 배 한 척을 잃었지만 충분한 향신료를 가져온 데다 많은 인명이 살아 돌아온 성공적인 항해였다. 1598년 22척의 배로 2개 선단을 꾸렸으며 그중 8척의 배만 귀향하였지만 충분한 향신료를 싣고 와 무려 400%의 수익을 냈다. 1601년에는 65척의 배가 항해에 나섰지만, 원산지의 향신료 가격이 폭등하였고 반대로 유럽에서는 향신료 가격이 폭락하자, 약삭빠른 상인은 향신료 '독점'만이 살길이라 생각하고, 1602년 '동인도회사(VOC)'를 창설한다.

동인도회사는 17명의 이사회로 구성되었으며, 암스테르담이 절대다수를 차지할 수 없게 만들었다. 동인도회사(VOC)는 희망봉 동쪽과 마젤란 해협 서쪽을 20년간 독점할 수 있는 권한을 보유했으며, 독점을 지키기 위해 전쟁을 하고, 요새와 근거지를 건설하고, 조약과 동맹을 맺을 권한을 갖게 했다.

동인도회사(VOC)는 "사실상 국가 안의 국가"였다. 이는 과거에는 찾아볼 수 없던 형태의 상업과 정치권력의 조합이었다. 과거에 있었던 베네치아와 제노바 간 한자동맹은 상당한 해군력을 보유했지만, 온전한 민족 국가의 형식을 갖춘 네덜란드에 비하면 도시국가에 지나지 않았다.

17세기 중반 스페인의 합스부르크와의 8년간 독립전쟁이 끝난 후 1648년, 네덜란드는 그동안 향신료 무역을 독점한 이베리아반도의 포르투갈과 스페인을 물리치고 아프리카-아시아-유렵 무역과 아시아 역내 운송업에서 독점 국가가 되었다.

제4대 동인도 제도 총독이었던 얀 피테르스존 쿤(Jan Pieterszoon Coen)은 "우리는 무역 없이 전쟁할 수 없고, 전쟁 없이 무역할 수 없다."고 했으며 중상주의 시대 "무역은 전쟁이며, 전쟁은 무역"이라는 관계를 극명하게 보여주었다.

네덜란드는 포르투갈보다 더 적은 면적에 더 적은 인구로 무역을 통해서 부를 이룬 최초의 국가였다. 한 나라의 부(富)가 선진적인 정치, 사유재산, 금융 등 제도만으로 부국강병이 가능하다는 사례를 보여주었다. 그렇지만, 적당한 인구와 기술 없이는 불가능하다는 한계점도 여실히 보여주었다. 네덜란드 사례에서 부국강병의 한 축이 '기술'이라는 사실을 분명히 알게 되었고, 기술이란 불완전한 에너지를 안전하고 다루기 쉬운 일(work)로 전환하는 과정이라는 사실도 알았다. 가장 손쉽게 얻을 수 있는 에너지는 인간의 근육이며 그다음은 소나 말이며, 그다음은 나무, 이탄, 석탄, 석유, 원자력이다.

한창욱 교수는 〈에너지와 문명〉에서 네덜란드의 전성기는 이탄(泥炭, peat)에서 시작하여 이탄으로 끝을 마감하고, 석탄을 사용하는 영국에 강대국 지위를 물려주었다고 한다. 이제 영국에 의해 서서히 '기계'라는 새로운 형태의 부국강병의 비밀병기가 만들어지고 있었고, 거기에 호모 사피엔스는 점차로 중독되어 갔다.

한 나라의 자유도를 측정하는 지표가 있다. 인간 자유 지수(the human freedom index)로 개인 자유(personal freedom)와 경제 자유(economic freedom)를 포함한다. 2020년 기준으로 홍콩 (공동 1위), 한국 (26), 북한은 데이터가 없다. 자유도가 높으면 높을수록 소득도 높아지는 상관관계를 보인다. 아마도, 17세기 네덜란드 암스테르담은 자유도가 자장 높은 도시였으며, 그것으로 부국강병이 시작되었다.

나는 늘 서울이 '자유'도가 가장 높은 도시가 되었으면 한다. 자유가 넘치는 도시 서울, 서울은 무엇이든지 할 수 있는 '관용'의 도시이며, 무엇이든지 허용되는 '포용'의 도시며, 권위를 지독히 싫어하는 천재들, 엉뚱한 상상을 하는 예술가들, 세상을 바꾸려는 몽상가들이 유쾌한 난장판으로 반란을 꿈꾸는 도시, 그곳이 서울이었으면 한다. 바로 17세기의 암스테르담처럼 말이다.

영국이라는 공통의 조상

우리가 입고 있는 옷도 서양 옷이요, 우리가 듣는 음악도 서양 음악이요, 우리가 보는 그림도 서양 그림이다. 우리가 타고 다니는 자동차도 서양 것이요, 아무리 눈을 씻고 찾아봐도 서양 것이 아니라고는 먹는 음식과 우리 말과 글 정도밖에 없다. 왜 동양이 아니고 서양인가?

이 질문에 답하기 위해서는 '왜 영국이 해가 지지 않는 나라가 되었으며, 왜 산업혁명이 영국에서 일어났는가?' 하는 물음에 답을 해야 한다. 그래야 매카트니 백작이 통신사절단을 이끌고 건륭황제를 찾아 열하로 떠난 이유를 알 수 있다.

로마는 칸나이 전투로 한나절 만에 5만 명을 잃었다. 그들 중 절반을 로마 시민으로 가정하면 당시 로마의 전체 성인 남자 28만 명의 약 10%가 죽었다. 하지만 로마는 패배를 인정하지 않았고 점점 강해졌으며 결국 한니발의 조국인 카르타고를 멸망시켰다.

"진짜 강한 군대는 이기고 있을 때 잘 싸우는 군대가 아니라, 지고 있을 때도 잘 싸우는 군대가 진짜 강한 군대다."

〈그림 3〉 윌리엄 호가스(William Hogarth), 레이크 삶의 추이 연작 중 V(A Rake's Progress, Plate 5, Married to an Old Maid). 1732-1733년, 런던 존 손 경 박물관(Sir. John Soane). "산업혁명이란 인류가 질퍽한 욕망을 품을 수 있었던 최초의 시대였다."

16세기 후반 스페인은 변방의 작은 나라 영국의 도전을 받았다. 하지만 그 결과는 너무나 잘 아는 무적함대의 패배였고, 그 이후 스페인은 다시 제국으로 일어설 수 없었다. 무엇 때문일까?

스페인은 남아메리카 식민지뿐만 아니라 포르투갈, 벨기에, 네덜란드, 이탈리아 남부와 북부, 오스트리아, 헝가리 등 거대한 영토를 차지했다. 경제는 신대륙에서 들어오는 엄청난 양의 금과 은, 유럽에서 소비되는 설탕과 소금을 독점하고 있었다. 군대는 프랑스를 압도적으로 승리할 만큼 강한 육군과 오스만 튀르크를 레판토 해전에서 패배시킬 만큼 무적의 해군을 가졌다. 경제와 군사 모두 강대국이었다.

반면에 영국은 식민지 하나 없는 섬나라다. 국가 재정은 포르투갈로 실어 나르는 신대륙 무역선 한 척에 실려 있는 재화보다 조금 더 많았다. 오죽했으면, 왕실에서 해적을 공식적으로 허용하고 이익금을 나눠 가졌을까? 해군은 정규군과 해적이 모호할 정도며, 육군은 재정 부족으로 없는 거나 다름없었다. 종교는 교황의 지배에서 벗어나 신교국가로 독립하였으며 까칠한 여왕이 다스리고 있었다. 한마디로 유럽 강대국의 조건에 비교해 결핍이 충만한 나라였다.

영국은 무역선을 만들 능력이 없어서 해적에 용이한 갈레온선(船)을 만든다. 대포를 만들 청동이 없어서 주철로 대포를 만든다. 이 둘을 결합하여 대포를 장착하고도 기동성이 뛰어난 전함을 만들 수 있었다. 반면에 스페인은 자신이 더 잘할 수 있는 분야에 집중한 결과 혁신을 놓쳤다. 최강인 육군을 무역선에 싣고 해전을 하고자 했으며, 대포를 공성에만 사용하여 새로운 전술에 운용할 기회를 놓쳤다.

역사학자 이언 모리스는 이런 현상을 '후진성의 이점(advantages of backwardness)'으로 설명한다. 후진성의 이점이란 문명이 발달한 핵심부의 가치가 주변에 있는 가난한 나라로 전파된다. 그 가난한 나라는 핵심부의 가치를 자기 환경에 맞게 변경하는 과정에서 새로운 돌파구를 마련하고 커다란 진보를 한다. 하지만 핵심부는 과거의 성공 모델에 집착하여 잘못된 처방을 하거나, 내부모순을 인지하지만, 기득권층의 반발로 개혁에 실패하고 제국의 지위를 잃는다.

1588년 임진왜란이 발발하기 4년 전에 스페인의 무적함대가 무너졌다. 역사에서 강대국은 무수히 많이 존재했고, 그 수만큼 사라졌다. 우리는 '해가 지지 않은' 영국이 없었다면, 영국의 역사를 모른다. 무적함대 패배 이후 세계사는 바뀌었고 우리 모두 경제적 관점에서 영국이라는 공통 조상을 갖게 되었다.

이야기의 시작은 무적함대이지만, 이야기의 끝은 1651년 항해조례(Navigation Act)이다. 존 J. 미어셰이머는 〈강대국 국제정치의 비극〉에서 안보와 경제가 갈등을 일으키는 경우 안보가 우선한다는 평범한 진리를 영국이 취한 '항해조례'에서 찾았다.

"네덜란드인들은 스스로 생산하는 상품이 별로 없었기 때문에 이 조치는 네덜란드 경제발전의 축이 되는 해운업을 심각하게 해치는 것이었다. 물론 항해법은 영국의 경제에도 피해가 되는 것이었다. 왜냐하면, 항해법은 자유무역을 통한 영국의 이익을 없애버리는 것이었기 때문이다." (김앤김북스 p.96)

항해조례는 영국으로 수입되는 모든 상품은 영국의 선박 혹은 그 상품을 생산한 나라가 소유한 선박으로 운반되도록 규정했다. 이 법으로 영국도 경제적 손해를 보았지만, 경쟁국인 네덜란드는 강대국 지위를 잃게 했다. 자유무역을 해치는 이 조례가 자유경제의 주창자인 애덤 스미스조차도 "가장 현명했다."라고 찬성했다. 안보와 경제가 충돌할 때는 안보를 우선하는 태도 때문이다. 이런 유산은 대영제국의 후손인 호주가 중국과 무역 전쟁(2020년)에서도 똑같이 계승되었다.

영국이 무적함대를 무너뜨렸다 하여 곧바로 강대국 지위 오르지 못했다. 강자는 여전히 네덜란드였다. 영국은 네덜란드보다 2배나 더 많은 인구를 가졌으며, 농업과 산업 자원도 더 많았다. 영국은 식량을 자급자족하였지만, 네덜란드는 곡물을 수입했다. 영국은 모직 산업에서 자국의 양모를 사용했지만, 네덜란드는 에스파냐에서 수입해야 했다. 영국은 염색과 마감을 거치지 않은 '양모'만 네덜란드로 수출했고, 네덜란드는 이를 가공하여 영국으로 수출했다. 무엇보다도 영국의 자존심을 상하게 한 것은 북해의 청어잡이와 북유럽의 목재 무역의 독점이었다. 영국은 분노했지만, 기술과 기업, 자본이 부족한 상태에서 네덜란드를 상대할 수 없었다. 그들이 할 수 있는 유일한 수단은 전쟁이다.

1652년 1차 영국-네덜란드 전쟁이 발발하여 1654년까지 지속하였다. 영국은 도버해협을 봉쇄하고 네덜란드 상선의 출입을 막자 네덜란드는 스코틀랜드 위쪽으로 항해하여 엄청난 비용을 치렀지만, 전쟁의 결과는 무승부였다. 영국은 해군이 강하다는 것을 증명하였고, 네덜란드는 해군이 취약하다는 것을 알았다. 그렇지만 네덜란드 경제는 타격 없이 곧바로 회복하였다.

1665년 2차 영국-네덜란드 전쟁이 발발하고 전쟁 열기는 치열했지만, 결정적 성과는 없었다. 1672년 3차 영국-네덜란드 전쟁이 발발했다. 영국은 프랑스와 동맹을 맺고, 12만 명의 프랑스 군대가 독일과 동맹을 맺어 육지로 네덜란드를 공격하고, 영국-프랑스 연합 함대 3만 4천 명, 146척의 군함이 네덜란드 해안에 상륙하여 공격을 시작했다. 네덜란드는 모든 것이 불리했지만, 제방을 여는 최후 수단까지 동원하면서 전쟁을 종결시킨다. 하지만, 네덜란드는 오랜 전쟁으로 쇠약해졌고, 산업 에너지인 이탄도 고갈되기 시작한다.

1707년 영국은 웨일스, 스코틀랜드, 아일랜드를 통합하여 하나의 연합왕국(United Kingdom)을 완성하고, 스코틀랜드 왕 제임스 6세가 영국 왕 제임스 1세로 등극했다. 이제 영국은 대서양 삼각무역을 완성하고 직물 제조를 시작한다. 삼각무역은 신세계에서 커피, 면직물, 설탕, 럼, 담배가 유럽으로 들어오며, 유럽에서는 섬유를 비롯한 제조품이 아프리카로 흘러 들어가고, 아프리카에서는 노예가 대서양을 건너 신대륙으로 갔다. 삼각무역이 대서양이었다면, 수평무역은 인도양이었다. 수평무역은 목화와 차다. 영국의 제조품이 인도로 향하고, 인도의 목화가 다시 중국으로 건너가며, 중국의 차(茶)가 영국으로 되돌아온다. 제조업의 시작은 맨체스터 굴뚝을 시커먼 연기를 가득 메웠으며, 또다시 나무가 없어 연료를 석탄으로 가져오는 결핍의 혁신을 시도한다.

이제 우리는 왜, 어째서 산업혁명이 영국에서 일어났는가를 설명해야 한다. 역사책을 읽다 보면 어떤 나라는 산업혁명의 문턱에서 반 발을 더 나아가지 못하고 주저앉은 사례를 본다. 산업혁명은 인류가 길을 걷다가 우연히 만나는 행운이 아니다. 산업혁명은 인류가 단단히 막힌 돌파구를 간신히 뚫은 매우 희귀한 사례다.

자, 어느 나라에 성군이 나타나서 인재를 등용하고 나라를 풍요롭게 만들었다고 하자. 그러면 먹을 식량도 넉넉하고 살집도 늘어나고 넓어지며, 사람이 다니는 도로도 많아진다. 이에 필연적으로 따라오는 현상이 인구 증가와 자원의 소모다. 인구가 증가하면 토지가 증가하여야 하고, 에너지를 위해 산림자원이 더 많이 필요하게 된다. 그러면 서서히 토양이 고갈되고 산림이 파괴되어 생태계의 붕괴를 맞이한다. 맬서스 함정이다. 인구가 증가하면 가진 자원의 부족으로 부(富)가 줄어들게 되고, 그 결과 내부의 긴장감과 갈등이 고조되어 전쟁이나 내란으로 사람을 죽이거나, 굶주림에 시달려야 했다.

조선은 영·정조 시절 나라가 풍요로워지자 이미 산림이 파괴되어 사람이 죽어도 넣을 관조차 만들 수 없었고, 군함을 만들 목재도 수리할 목재도 없는 지경에 이르렀다. 부족한 식량과 목재를 외국에서 가져왔어야 했지만, 해상봉쇄 정책으로 그럴 수도 없었다.

인류가 이 단단하고 뚫기 어려운 벽을 최초로 돌파한 나라가 영국이다. 하지만, 산업혁명의 풍요는 하루아침에 얻은 것은 아니다. 영국은 돼지우리와 같은 공장 속에서 하루 16시간 이상 노동을 하였고, 아동 노동 착취와 여성의 성폭행을 감수해야 했으며, 산업혁명의 본고장인 맨체스터는 기대 수명을 17세로 감내해야 했다.

1839년 정부 조사 위원회는 글래스고에 있는 "골목길(wynds)"이라는 노동자 거주 지역을 조사했는데, "거기에는 좁은 길이 무수히 나 있는 건물 내부 정사각형 뜰 한 가운데에 똥 더미가 쌓여 있고, 침실에는 남녀가 18명에서 20명이 한 덩어리로 엉켜 잠을 잤으며 그중에 옷을 입은 이가 일부였고 나머지는 완전히 벌거벗고 있었다."라고 한다. 이곳이 사람이 사는 장소임을 증명하는 유일한 것은 오직 석탄 난로 때문이라 하였다.

그럼에도 불구하고, 영국인은 푸른 초원의 목가적 전원생활로 다시 돌아가지 않았고, 맨체스터의 오염된 공기와 시커먼 강물을 마시면서 인류가 천형처럼 여겼던 '가난'과 짧은 '수명'의 굴레를 벗어던지는 단단한 돌파구를 뚫었다.

로버트 하일브로너는 〈자본주의 어디서 와서 어디로 가는가〉에서 "영국이 더 잘살았다"를 첫 번째 요인으로 꼽았다. 무슨 짓을 하든, 가령 해적질, 식민지 약탈, 노예무역, 중상주의 전쟁 등등 잘살고 보니 새로운 '부르주아지' 중산층이 대규모로 생겼고, 이것이 대중적 소비를 주도하며, 새로운 생산요소를 추동했다고 주장한다. 두 번째는 권력의 최상위에 있는 귀족이 새롭게 등장하는 신흥 상인 계급을 적대시하지 않고 친밀한 관계를 유지함은 물론 어쩌면 이들을 이용하여 이윤을 창출하는 모델을 만들었다고 한다. 이는 사회구조를 일회성이 아닌 영속성을 갖게 한다. 마지막은 무슨 이유인지 모르지만, 영국은 유독 과학과 공학에 열광했다고 한다.

케네스 포메란츠는 〈대분기〉에서 영국은 늘어나는 인구를 신대륙으로 분산시킬 수 있었고, 부족한 식량은 신대륙에서 가져올 수 있었으며, 양모 생산을 위해 파괴한 목재의 고갈은 저지대 국가에서 수입하였으며, '석탄'으로 에너지 고갈을 해결하였다고 한다. 하지만 이것만으로 영국이 산업혁명을 모두 설명하기에는 역부족이다.

잭 골드스톤는 〈왜 유럽인가〉에서 좀 더 거시적으로 유럽 전체로 확대하여 분석했다. 유럽은 기존의 전통적인 종교 지식과 종교 권위를 부정하고 자연의 실험과 연구, 수학적 분석 등 과학적 접근 방법을 찾기 시작했다. 이는 학문뿐만 아니라 문화에서도 관용과 다원주의로 나아가는 풍토를 만들었다. 마지막으로 새로운 계층인 '기업가'의 관대한 지원은 물론 자본가, 과학자, 장인, 기술자 등 서로 긴밀한 사회적 네트워크를 형성하였다.

로널드 핀들레이는 〈권력과 부〉에서 산업혁명이 영국에서 돌파구를 찾았지만, 서유럽의 광범위한 문화와 역사의 토대 위에서 발생했다고 주장한다.

첫째 유럽은 단일 중심국가가 없기에 '국가 간 경쟁'이 치열하고, 국가 생존을 위하여 유럽 대륙 전체가 거대한 용광로 같은 실험 공간이 되어 정치적, 경제적, 사회적으로 다양성을 만들었으며, 그 결과 어느 국가에서 성공 모델이 만들어지면 금세 다른 나라로 전파되어 확산되기 쉬운 구조의 결과라고 말한다. 특히 '지식 시장'은 매우 폭이 넓어 노동과 자본을 아무리 통제하여도 '지식'만은 통제할 수 없어 국경을 넘어 전파되었다.

둘째, "왜 유럽 중에서도 서유럽이냐?"라는 질문에 지정학적 장점도 있었지만, 지정학적 불리한 점이 있었다고 한다. 지정학적 단점은 '몽골'의 침략이 헝가리 평원에서 대 칸이 죽는 바람에 바람처럼 사라진 행운이 한몫했으며, 불리한 점은 실크로드의 맨 끝단에 위치하여 향신료와 비단을 얻기 위해서 바닷길을 고속도로로 만드는 모험을 해야 살아갈 수 있었다.

셋째, 국가적 충격에 대한 매우 유연한 방식으로 처리했다. 흑사병이 발생하여 인구의 절반가량이 죽자, 노동의 유연성을 확보하여 임금 상승을 촉진했고, 이는 자연스럽게 과학기술의 발전으로 이어졌다. 또한, 비단 상인 메디치의 상업자본이 르네상스로 연결되었듯이, 16세기 천박한 상업자본주의가 과학혁명과 계몽주의의 밑거름이 된 것은 당연하였다.

마지막으로 300년간 지속된 전쟁으로 전쟁에 필요한 군사혁명은 말할 것도 없고, 장기간 계속된 전쟁을 수행하기 위해 대의정치, 금융산업, 계약문화 등 사회의 전반에 걸친 혁신이 뒤따랐다고 주장한다. 전쟁이라는 거대한 공간은 오직 '승리'라는 지표만이 존재하기 때문에 거대한 실험 공간이 됨은 말할 필요도 없다.

윌리 톰슨은 〈노동, 성, 권력〉에서 산업혁명이 발생할 조건을 갖춘 동아시아의 중국이 산업혁명의 돌파구를 찾지 못한 이유를 중국 내부의 봉건제도와 외부의 조공제도에서 찾았다. 봉건제도는 사회를 신분 구조의 틀 속으로 갇히게 하여 새로운 상공업 계층으로 발돋움하는 것을 막았을 뿐만 아니라 지배계층은 이를 새로운 물결로 인식하기보다 질서를 파괴하는 세력으로 인식하였다. 대외 관계인 조공제도는 중국 이외의 나라는 속국으로 생각하고, 속국으로 생각한 나라는 대국에 순종함으로써 자원확보를 위한 증기력이나 철도와 같은 실험적 사고를 할 수 없었다고 주장한다. 어쩌면 이는 중국인의 세계관인 '지대박물'의 반영으로 "모든 것을 다 갖춘 중국이 새로운 그 무엇을 얻을 필요가 있을까?" 하는 명제를 넘지 못한 결과였고, 그 결과 건륭제가 매카트니 백작을 거절하였다.

2부 지독한 이념에 갇힌 나라

<사진 2> 서울, 인왕산 여명, 2021.7.14. "어쩌면 인간은 황제와 같은 절대권력을 가진 자의 힘을 그리워하는지 모른다. 사회가 불안하면 불안할수록, 인간이 나약해지면 나약해질수록, 그것이 사회가 고의로 의도했던, 고의로 의도하지 않았던 괴물처럼 그런 싹이 트기가 더 쉽다."

길을 잃다

영국이 국부의 비밀을 찾은 다음 만리장성을 넘어 우리의 코앞으로 다가왔지만, 그것은 아직 함부로 다룰 수 없는 너무나 거친 형태였다. 조선은 1695~1700년 을병대기근(乙丙大飢饉)으로 전 인구의 30%가 굶어 죽는 대참사가 발생한다. 차라리 참혹한 임진왜란도 지금보다 나았다고 할 정도로 비참하였다. 역사는 결정적 분기점을 요구하고 있었지만, 완전히 다른 길로 접어든 조선, 그들은 스스로 청을 외면하여 대륙을 봉쇄하고, 일본을 무시하여 해양을 폐쇄하는 고립의 길을 선택한다.

더러운 오랑캐 쌀을 핑계로

부국강병의 길은 무지와 편견에서 벗어나 다원(多元)과 실용(實用)으로 나아갈 때 일어난다. '계층의, 계층을 위한, 계층에 의한' 나라가 아니라 '모두의, 모두를 위한, 모두에 의한' 나라가 다원이고 실용의 나라다.

1695년 조선 숙종 21년부터 5년 동안 을병대기근(乙丙大飢饉)과 연이어 역병이 발생하였다. 전체인구의 19.7%인 141만 6,274명이 죽었다. 그렇지만 장적(帳籍)에 등재되지 않은 노비와 어린아이를 고려하면, 실제 사망자는 400여만 명으로 추정되며 당시 인구의 25~33%가 굶어 죽었고 역병은 장티푸스로 의심되었다. 당시 조선의 인구는 대략 1,200만에서 1,600만 명 정도이다.

숙종실록에 굶주림과 혹한에 시달리던 백성인 "용천부(龍川府)의 양녀(良女) 금춘(今春)과 예합(禮合)이 기생(己生)을 짓눌려 죽이고 그 고기를 먹었다."라고 하였으며, "아비가 자식을 죽이고 사람이 사람을 잡아먹으면서 용과 뱀처럼 악독하여 이곳저곳에서 도둑으로 일어나 백성이 차마 하지 못할 짓을 서슴지 않고 있었다"라고 기록한다.

김문기 교수는 〈청미(淸米), 여역(癘疫), 대보단(大報壇): 강희제의 해운진제(海運賑濟)와 조선의 반응〉이라는 논문에서 대기근의 발생 원인이 지구의 소 빙하(Little Ice Age) 때문이며 대략 평균 기온이 1.5~2.0도 정도 떨어져 발생하였다고 주장한다. 일본도 숙종의 을병대기근과 같은 시기에 겐로쿠 대기근(1695~1704년)이 발생하여 수십만 명이 굶주림과 전염병으로 죽었다.

1840년대 중반에 아일랜드 대기근이 발생할 때 유럽도 비슷한 어려움을 겪었지만 유독 아일랜드만 전체인구의 1/3이 희생된 것은 '감자' 이외의 대체재가 없었기 때문이다. 이웃 청과 일본이 대기근을 쉽게 극복하였지만, 조선만이 유독 어려움에 부닥친 것은 한반도라는 지정학적 특성과 사회 지도층의 경직된 '인식'이 크게 작용하였다.

우리나라는 삼면이 바다이고 영토가 좁아서 '대기근'이 발생하면 유통을 통하여 공급을 해소하는 길밖에 없다. 중국이나 미국처럼 영토가 넓어 나라 전체가 흉년이 들지 않는다면 교역(장사)을 통하여 굶어 죽는 일은 거의 없다. 한쪽을 덜어서 한쪽 메꾸는 일이 가능하기 때문이다. 하지만 그것이 실패하면 대참사가 발생한다. 1943년 벵골 대기근도 비슷한 이유로 발생하였다. 식민지 지배자인 영국의 무관심과 유통, 교역의 실패로 약 300만 명이 기아와 질병으로 목숨을 잃었다.

어느 나라도 도덕을 추구하는 명분주의와 이용후생을 추구하는 실용주의가 존재한다. 명분주의는 나라가 안정기에 접어들고 변화가 없을 때는 잘 작동되지만, 나라가 불연속 변곡점을 지날 때 오히려 역으로 작용하여 걸림돌이 된다. 명분주의가 자신의 '주의(主義)'을 강화하는 도구로 종교와 철학을 이용하지만, 실용주의는 과학과 경제를 이용한다. 스페인은 순수 기독교만을 허용하고 이단을 배척하는 종교재판을 하였으며, 조선은 대명의리(大明義理, 대국인 명나라에 대한 의리)를 이념으로 대보단(大報壇)과 만동묘(萬東廟)로 이미지화하였다.

국내에 절대 부족한 곡물을 해결할 수 있는 유일한 방안은 이웃 국가인 청에 곡물을 수입하거나 국제 시장인 압록강 하류에 중강개시(中江開市)를 열어 시장에서 조달하는 방법 외에는 없다. 이른바 청곡(請穀, 곡식을 보내 달라는 청원)이다.

1669년 숙종 22년 노론 계열인 부제학 이유가 처음 제기한다. 형조 판서인 서필원은 동의하였지만, 허적, 민정중 등 많은 신료의 반대로 무산되었다. 하지만 "아비가 자식을 죽이고 사람을 잡아먹고" 할 정도로 상황이 악화하자, 대사간 박태순은 청에 곡물을 팔아 달라고 요청할 것이 아니라 중강개시에서 곡물을 사자는 주장을 한다. 전자가 청적(請糴)이라면, 후자는 청시(請市)였다. 신하들은 반대를 계속하나 숙종은 이에 굴하지 않고 주청사 최석정(崔錫鼎)이 돌아올 때 다시 논의하라고 명한다.

숙종은 모든 대신에게 일일이 의견을 물어 확인 한 결과 좌의정 윤지선, 우의정 최석정을 비롯하여 병조판서 이세화, 한성군 이기하, 이조참판 오도일, 병조참판 이광하, 행부사직 이인환, 개성유수 조상우는 찬성하고 형조참의 이징명은 반대한다. 따라서 숙종은 대부분 신료가 찬성함에 따라 즉시 외교 연락관인 재자관(齎咨官)을 9월 말 청으로 보낸다.

청나라 강희제(康熙帝)는 예조에 지시하여 성경(盛京, 심양)의 쌀 2만 석과 조량미(漕糧米) 2만 석을 구입하고 최상급 무상 1만 석을 더하여 압록강 중강(中江)으로 보낸다. 강희제가 쌀 5만 석을 2달 안에 보낸 것은 매우 특이한 사례였다. 강희제가 누구인가? 대만, 티베트, 신장, 몽골을 복속시켜 청의 영토로 만들었으며, 러시아와 네르친스크조약으로 만주 북쪽과 두만강 유역의 연해주를 확보한 천고일제(千古一帝), 천년에 한 번 나올만한 황제로 칭송되는 사람이며, 강건성세(康乾盛世, 중국 3대 성세 중 하나로 강희제-옹정제-건륭제 시기를 말함) 태평성세를 130년(1662~1795년) 동안 처음 연 사람이다.

그리고 「해운진제조선기(海運賑濟朝鮮記)」를 직접 짓고 자신의 공적을 과시한다.

"이번에 기근을 고하니, 수천 리를 옮기는 수고로움을 꺼려하지 않고, 수만 석의 곡식을 낭비하는 것을 아끼지 않고, 국토를 둘러 집집마다 나누어 주었으니, 비단 재해를 구제하고 환란을 구조하는 것에 그치지 않고, 멀리 춘추(春秋)의 '범주지의(泛舟之義)'에 까지 이르는 것이, 실로 넓은 은택을 번국(蕃國, 청에 조공한 나라를 가리키나 여기서는 조선을 말함)에 드리워서 선덕(先德)을 빛나게 한 것이니 어찌 기록하지 않을 수 있겠는가?"

그러나 조선은 청을 인정할 수 없었다. 이미 멸망한 명을 숭상하는 대명의리(大明義理)와 정묘호란과 병자호란의 복수를 다짐하는 북벌론에 입각한 복수설치(復讐雪恥)의 이념으로 치닫고 있었다. 이것은 이미 인조가 반정을 성공하여 광해군을 몰아낸 이후의 거대한 정치 이데올로기가 되었으며 송시열을 위시한 서인의 노론 계열이 주도하고 있었다.

강희제의 「해운진제조선기」로 자존심이 잔뜩 상한 명분론자에게 드디어 반론을 제기할 기회가 왔다. 그들은 호시탐탐 기회를 엿보고 있었다.

첫 번째는 쌀가격이 높다고 주장하며 의(義)보다 사사로운 이(利)를 추구한다고 말한다. 두 번째는 쌀의 품질이 낮고 썩어 먹을 수 없다고 주장한다. 세 번째는 국고에서 지불할 은 11만 4천 량이 없어 낭비라고 한다.

하지만 결정타는 청곡 업무를 맡은 청나라 관료 이시부랑 도대(陶岱)가 숙종에 바친 명첩(名帖)이 도화선이 되었다. 그는 명첩에 조선 국왕을 '권제(眷弟)'라 표현하였다. 권제란 '인척간 동년배의 자기 겸칭'을 말하며, 조선 국왕이 도대와 같은 등급이라는 뜻이며, 조선으로서는 도저히 받아들일 수 없는 모욕으로 간주하였다. 빌미를 잡았다. 청곡 업무를 총괄하는 우의정 최석정(崔錫鼎)에게 집중 탄핵 상소가 이어졌다. 최석정은 청곡과 아무런 상관이 없었다. 권력 싸움이며 정치 싸움이다. 최석정은 소론의 영수이며 이부시랑 도대가 중강(中江)에 오게 되었을 때 외교 문제가 발생하자 오히려 스스로 자원하였으며, 병자호란 당시 남한산성에서 주화(主和)를 주장한 최명길(崔鳴吉)의 손자였다. 절호의 기회를 놓칠 수 없었으며 끈질지게 물고 늘어졌다. 정시윤을 시작으로 이건명, 영의정 유상운, 좌의정 윤지선, 집의(執義) 정호의 비판이 이어졌다.

이들은 청에 쌀을 요청하는 일은 춘추대의(春秋大義)에 어긋나며 의리에 맞지 않을 뿐만 아니라 '이로움'에 전혀 도움이 되지 않는다고 주장한다. 차라리 더러운 오랑캐의 쌀을 먹을 바엔 굶어 죽겠다고 자처했다. 청은 명처럼 부자지국(父子之國)의 나라가 아니다. 기근이 거듭된다고 가벼이 하소연하면 약함을 드러내고 업신여김을 당한다. 또한, 수많은 은화로 썩은 쌀을 수입하면 국고만 텅 빌 뿐 굶주림에 전혀 도움이 안 된다. 둘째는 강희제가 준 무상 쌀 1만 석을 받으며 그들이 군사를 요청할 때 우리가 지원해야 하는 빌미를 제공하니 이것이 더 큰 문제이다. 마지막은 청은 갚아야 할 원수의 나라이며 춘추대의(春秋大義)를 받들어 모셔야 할 나라는 임진왜란 때 조선을 도와준 이미 사라진 명(明)이다.

숙종은 처음에 최석정의 탄핵을 받아들이지 않았다. 사실상 청곡을 처음부터 끝까지 주창한 사람은 숙종이기 때문이고 청곡을 처음 제기한 사람은 노론의 이유(李濡)이기 때문이다. 이레 뒤 사헌부와 사간원이 파직을 청하자 숙종은 마지못해 받아 들었다. 그들은 여기에서 멈추지 않았다. 싸움의 기술이다. 한번 양보를 하면 더 요구를 해야 한다.

형을 더하라는 탄핵이 이어졌다. 급기야는 삭탈관직과 문외출송(門外黜送)을 요구하였고 받아들여졌다. 문외출송이란 관직과 관품을 모두 추탈(推奪)하고 한양 도성 밖으로 쫓아내는 대역죄인에 해당하는 형벌이다.

그리고 최석정을 퇴출시켜 정치 싸움에서 완전 승리 한 노론은 청곡 한지 5년만인 1704년 갑신년이 돌아오자 마지막 일격을 날린다. 이미지화다. 1704년은 명나라가 망한 지 60주년이 되는 일주갑(一周甲)이 되는 해이다.

숙종은 창덕궁 후원인 비원에 대보단(大報壇)을 지어 재조지은을 잊지 않으려고 명(明)의 신종(神宗, 영조 25년 태조(太祖), 의종(毅宗)를 합사)에게 제사를 지냈다. 선비들은 송시열의 유훈에 따라 괴산 화양계곡에 만동묘(萬東廟)를 지어 명의 황제를 받들었다. 만동묘는 만절필동(萬折必東)에서 따온 말로 황하는 만 번을 굽이쳐도 결국 동쪽으로 들어가며, 이는 충신의 절개는 꺾을 수 없음을 비유한 말이며, 끝까지 명을 받들겠다는 뜻이다. 사당을 짓고 제사를 지냄으로서 이념을 고착화시킨 후 싸움을 끝낸다.

조선은 완벽하게 이데올로기에 갇힌 사회가 되어갔다. 숙종의 아들 경종이 재위 2년 만에 의문의 죽임을 당하고 영조가 등극한다. 영조의 생모는 서포 김만중의 종손이자 숙종의 첫째 왕비 인경왕후 김 씨가 추천하여 후궁이 된 영빈 최 씨며, 영빈 최 씨의 신분으로는 왕이 될 수 없어 다시 김창흡의 당질녀인 인원왕후 김 씨의 양자로 만들고 드디어 왕위에 오른다. 김창흡은 김상헌(金尚憲)의 증손이며 김상헌은 병자호란 때 주전파로서 최명길과 반대편에 섰던 인물이다. 김상헌은 이후에 벌어진 안동김씨 세도 정치의 기틀을 제공한 셈이다.

이웃 나라 일본은 숙종이 대보단과 만동묘를 짓기 훨씬 이전부터 포르투갈로부터 조총이라는 신무기를 받아들여 임진왜란을 일으켰고 드디어 1636년에 네덜란드가 나가사키 데지마(出島)에 동인도회사를 설치한다. 일본은 네덜란드로부터 의학, 군사학, 신문물을 꾸준히 받아들이는 창조적 쇄국을 이어갔고, 반면에 조선은 청을 멀리하여 대륙을 차단하고 일본을 무시하여 해양을 폐쇄하는 진정한 쇄국으로 나아갔다. 어느 나라 역사든지 결정적 분기점은 늘 존재한다. 결정적 분기점이란 동일 사건이 발생하였음에도 서로 다른 선택을 하여 완전히 다른 방향으로 역사가 동결된 사건(frozen acident, 노벨 물리학상을 수상한 머리 겔만이 정의한 용어로 '하잘것 없고 우연한 일이지만 역사의 방향을 결정하는 사건'을 말한다)을 말한다. 숙종의 을병대기근은 우리 역사에서 결정적 분기점을 만든 첫 번째 단추이며, 두 번째 단추는 영국의 거문도 점령 사건이다.

지독한 권력 싸움이 존재 이유인 나라

우리 사회는 부와 권력, 도덕이 하나가 된 삼위일체의 성인을 그리워하며 지독한 권력투쟁을 한다. 이는 모두 조선시대 유물이며 낡아빠진 지식체계이지만, 여전히 그리워하고 또 그리워한다. 이렇게까지 우리 인식에 뿌리 깊게 박힌 이유는 성리학이 성인(聖人)이 되고자 하는 학문인 도덕 이외의 것은 버리고 정신 수양만을 강조하여 이데올로기화 되었기 때문이다.

조선시대에 부와 권력, 도덕을 얻는 길은 세 가지 방법밖에 없다.

첫째는 처사(處士)로 한평생 도덕을 실천하면서 살아간다. 처사는 선비라고도 하며, 벼슬을 하지 않고 오직 학문과 정신 수양만 한다. 선비는 생업을 할 수 없기에 초야에 묻혀 가난하게 살 수밖에 없다. 선비는 살기 위한 생존경쟁에서 벗어났기에 도덕적으로 깨끗할 수 있었고, 이것을 무기로 현실 정치에 날 선 비판을 한다. 하지만 때로는 현실을 모르는 극단적 이상 원리주의자로 전락한다. 그렇지만 선비는 조선시대의 절대권력인 '도덕'을 가지고 있었으며, 생업을 하지 않아 '가난'하게 살아야 했다. 따라서 가난이 도덕적으로 깨끗함을 상징하는 지표가 되었으며, 반면에 부는 부패하다는 인식이 자연스럽게 형성되었다.

지금도 여전히 날 선 비판을 하는 인사가 많다. 이들 중에는 실용적인 생업인 직장, 벤처, 자영업을 하지 않아 강한 원칙주의자가 되어 탈레반과 같은 지식인이 되기에 십상이다. 이런 사람이 가장 무섭다. 여기에 신념마저 강하다면 최악의 사태로 이어진다.

둘째는 처사가 권력을 얻으려면 과거시험에 선발되어야 한다. 과거시험에 합격하면 도덕에다 권력이 추가된다. 실학자 초정 박제가는 「응지진북학의소(應旨進北學議疏)」라는 글에서 크고 작은 과거시험에 응시하는 인원이 10만 명에 달하며, 여기에 부자(父子)와 형제들을 다 합하면 그 수가 인구의 절반을 차지한다고 한탄을 한다. 어쩌면 인구의 절반이 과거시험 준비를 하는 처사이다. 나라 전체가 양반이 되어야 하는 사회로 진입했다. 2021년 9급 국가직 공무원 응시자 수가 19만 명에 이르렀다. 이는 대졸 졸업자 30여만 명의 2/3에 해당하는 숫자이며, 여전히 자의 반 타의 반 관료지향 사회라 할 수 있다.

이제 관료가 된 처사는 '사대부'로 이름이 바뀐다. 사대부는 부를 축적하지 않았기에 '정치'하는 권력 집단에 머문다. 아직은 초심이 살아있어 권력을 지향하지만 부(富)를 멀리한다. 부의 '더럽고', '불결한' 이미지가 없기에 현실 정치에 강하게 참여한다. 권력을 잡은 집권층이지만, 부를 축적하지 않았기에, 집권층이지만 야당이 되어 타락한 양반을 기득권이라 몰아붙인다. 하지만, 이들 사대부도 수기치인(修己治人, 먼저 자기 몸을 닦은 후 남을 다스리는 일)을 소홀히 하여 조금이라도 도덕에 흠이 생기면 재야의 처사로부터 강한 비판의 대상이 된다.

마지막은 부와 권력, 도덕을 함께 가지는 양반이 되는 길이다. 엄격한 의미에서 양반은 세습되지 않는다. 과거시험에 합격하면 3대 자손까지만 양반으로 인정받는다. 고위 관료가 되어 권력을 얻게 되고 자연스럽게 이권에 개입하여 부를 축적한다. 부의 축적 방법은 다양하다. 입법, 사법, 행정권을 모두 갖는 목민관인 사또가 되어 재판에 개입하여 이권을 챙기거나 조세를 부풀려서 부를 축적하거나 노동력을 강제하여 부를 축적할 수 있다. 이렇게 축적된 부는 중앙 관료에게 상납하여 부패의 고리로 연결된다. 이 과정에서 권모술수, 더러움, 불결한 이미지를 얻게 되고, 타락한 기득권층으로 몰려 재야의 처사와 중앙의 사대부에게 집중 비판을 받게 된다. 권력 구조가 올바르게 작동될 때는 권력의 선순환구조로 이어지고 부의 재편이 시작되지만, 권력의 선순환구조가 무너질 때는 부의 고착화 현상으로 이어지고 나라가 서서히 붕괴하게 된다.

이것이 우리가 꿈꾸었던 과거 모습의 한 단편이다. 조선시대는 농업 기반 사회다. 부를 축적할 수 있는 토지는 더 이상 늘지 않아 한계에 도달한다. 상공업으로 부의 확장을 시도해야 하지만 그렇게 하지 못했다. 누군가는 내놓아야 하고 누군가는 가져가야 한다. 누군가는 빼앗아야 하고, 누군가는 지켜야 한다. 권력자 수가 증가하면 가진 자원의 부족으로 부(富)가 줄어들게 되고, 그 결과 내부의 긴장감과 갈등이 고조되며 권력 싸움에 돌입한다. 결국 권력 독점의 길로 나아간다. 토지개혁을 기반으로 하는 중농학파 실학자들이 정조가 죽자 급격히 몰락한 이유도 여기에서 비롯된다. 이제 나라의 엘리트들은 권력 추구의 지독한 악순환 고리에 탐승하게 되고 물고 물리는 권력 싸움에 몰입한다. 권력을 독점하기 위해 장기 집권인 벌열(閥閱) 가문이 되고, 결국 아무런 혁신을 하지 않고 권력만 오로지게 유지한 세도(勢道) 정치로 이어진 결과를 낳았다.

1964년 우리나라는 산업화하면서 이런 맬서스 함정에서 벗어났을 뿐만 아니라, 상공업의 성장으로 새로운 부가 형성되어 수많은 사람이 새로운 기회에 편승하였다. 또한, 산업화 과정은 하나로 뭉쳐져 있던, 삼위일체인 부와 권력, 도덕이 분화하는 계기를 만들었다. 부(富)는 기업가가 그 자리를 대신하여 새로운 제품을 만들고 시장을 개척하면서 또 다른 형태의 양반이 되었다. 권력은 양반의 특권이었지만 세습화되지 않아 사라지고, 그 자리를 대신하여 선출직 정치가가 나라를 경영하는 그룹으로 분파되었다. 도덕은 전 국민이 산업화에 알맞은 직업윤리로 변경되어 개인이 지켜야 할 덕목으로 자리매김하였다.

그렇지만 우리는 여전히 낡은 인식의 틀을 버리지 못하고 있다. 정치가는 말할 것도 없고 기업가에게도 무한정 도덕적 잣대를 들이댄다. 기업가의 실적은 지속 성장이며 경영실적이다. 잡스처럼 아무리 미친 짓을 해도 경영실적이 좋으면 훌륭한 경영자로 인정받는다. 하지만, 우리나라는 미친 짓이 또라이짓이 되어 처벌받는다. 교수는 연구와 강의, 프로젝트 능력으로 평가받지만, 도덕에 흠집이 생기면 생매장된다. 아무리 얇은 종이라도 양면성이 있게 마련이며, 종이가 얇으면 얇을수록 그 종이에 잘 베인다. 다원화되지 못하고 단 하나의 척도만이 존재할 때 나타난 현상이다. 도덕이라는 단일 잣대다.

이미 선진국에서는 개인의 문제로 전락한 '도덕'이 여전히 '삼위일체'의 틀 안에서 꿈쩍도 못 하고 있다.

더 심각한 낡은 인식은 "부(富)는 도덕적 타락이다."라는 이미지다. 조선시대에 양반은 생업을 할 수 없다. 오직 과거시험에 합격하여 권력을 얻어야만 부에 접근할 수 있었다. 따라서 부(富)라는 인식에는 '타락'이라는 이미지가 중첩되어 있고 가난이라는 이미지에는 도덕적으로 '깨끗함'을 나타낸다. 하지만, 산업화 시대에 새로운 산업이 생기고 무역이 활발해지면서 권력으로부터 부의 축적이 아니라 개인의 능력으로부터 부를 결정하는 시대로 바뀌었다.

그럼에도 불구하고, 여전히 가난이 '도덕'으로 포장된다. 이제 이런 낡은 틀을 버리자. 부자이면서 도덕으로 깨끗하고 권력마저 가진 인간은 없다. 그러기에는 현실이 너무 세분화 되었다. 정치가는 정치가일 뿐이고, 기업가는 기업가일 뿐이며, 교수는 교수일 뿐이며, 도덕은 우리 모두 개인의 덕목일 뿐이다. 유교가 국가발전에 도움을 주기도 하지만, 도구로 활용되지 못하고 지나치게 이념화될 때는 국가를 퇴보시킨다.

열녀, 또 다른 명분의 희생자

나는 요즈음 우리 사회가 공평과 정의에 맞물려 과거 조선의 명분 사회로 회귀하는 듯 하여 놀라움을 금할 수 없다. 경영은 관리다. 관리는 측정 가능해야 한다. 관리할 수 없는 지표가 국정지표로 들어갈 때 우리는 또다시 이념 속으로 빠질 수 있다. 이용후생(利用厚生), 부국강병(富國强兵)이 지표가 되지 못하는 사회는 개발 저항 사회로 전락한다.

조선이 대의명분 이념 사회에 빠져 이미 망(亡) 한 명(明)을 숭상하고 대륙으로부터 들어오는 새로운 지식을 스스로 막고, 바다로부터 들어오는 서양 지식마저 거부함에 따라 아시아의 고요한 나라가 되어 서서히 침몰하고 있었다. 명분은 사대부에게 정치권력을 쟁취하기 위한 투쟁으로 정적(政敵)을 죽이기 위해 더할 나위 없이 좋은 '먹거리'가 되었지만, 생업에 종사하는 수많은 백성은 피폐와 굶주림, 강요된 사회에서 숨 막히는 삶을 지속하는 지경에 이른다.

어느 사회이든 경제가 붕괴하면 가장 먼저 무너지는 것이 여성이다. 북한 여성이 중국의 성노예로 전락한 사실은 숨길 수 없는 국제 사회의 문제이며, 베네수엘라 여성이 맨 처음 뛰어든 일이 매춘이다. 그런 것처럼 극단의 대의명분에 빠진 사회의 겉모습은 평온하지만, 밑바닥에 있는 여성의 모습은 처절했다. 여자의 정절, 열녀를 강요하는 사회다.

열녀(烈女)란 사대부 집안의 여성이 남편이 죽으면 결혼하지 않는 풍습이었으나, 명분에 빠진 사회로 진입하면 일반 평민도 그렇게 따라 했으며, 남편이 죽으면 같이 죽어야 하는 풍습으로 변질되었다. 남편이 죽자 그 부인이 따라 죽고, 그 남편의 어린 여동생이 시집가서 남편이 죽자 또 따라 죽는 정말 기이한 사례가 수두룩한 사회로 변했다. 이제 그것도 모자라 죽음에 진정성을 묻기 시작했다. 한 사회가 개인의 행동에 진성(盡性)을 묻기 시작하면 그 사회는 이념에 빠졌다는 증거가 된다. 진성을 얻기 위해 극단을 선택한다. 물에 빠져 죽고, 불에 타 죽고, 우물에 빠져 죽고, 스스로 굶어 죽고, 독약을 마셔 죽어서는 뭔가 부족하다. 상을 치른 백일 날, 3년 상을 치른 날, 남편의 기일 날, 남편의 생일날에 극단으로 죽어야 진정성을 의심받지 않은 세상이 되었다.

고을 현감은 백성이 대의를 위하여 죽으면, 예조에 상소를 올려 열녀문을 만들어 줄 것을 간청하고 집안에는 열녀문을 세워준다. 하나의 이미지가 완성되면, 그 이미지가 가져오는 상징성이 매우 강하여 의식이 고착화된다. 이런 고착화된 현상은 패러다임이 바뀔 때까지 바뀌지 않고 변화되지 않는 상태로 지속한다. 고착화된 이미지는 제사와 추모 형태로 진행되어, 변화를 더욱 어렵게 만든다.

박지원의 〈연암집(상)〉「김 유인(孺人)의 사장(事狀)」에 나오는 글이다. 유인(孺人)이란 남편이 벼슬을 하지 않았을 때 죽은 여자를 위해서 쓰는 단어로 제사를 지낼 때 '유인(孺人) 파평윤씨' 할 때의 그 '유인'을 말하며, 사장(事狀)이란 예조에 정려(旌閭, 표창 상신)를 청하기 위해 지은 글을 말한다.

김 유인은 오윤상이라는 사람한테 시집을 가서 결혼한 지, 20여 년 만에 남편이 죽자 스스로 굶어 죽었다.

사장(事狀) 내용을 보면

"삼종지도(三從之道)를 민간에 권할 것조차 없으며, 미타(靡他)의 맹세를 사족(士族)들 간에 논의할 바도 못 된다."(신호열 등 옮김 돌베개) p.142)

삼종지도란 유교 국가에서 여자가 지켜야 할 도리로서 출가하기 전에는 아버지를 따라야 하고, 시집가서는 남편을 따라야 하며, 남편이 죽으면 아들을 따라야 한다는 봉건적 도리이다. 여기서 문제가 발생한다. 남편이 죽었는데, 따라야 할 아들이 없다면 어떻게 하는가? '여자의 도리는 무엇인가?' 조선 사회는 "남편이 죽은 여자에게 묻고 있는 것"이다.

미타의 맹세는 〈시경〉에 나오는 말로서 죽을지언정 다른 사람에게 시집가지 않겠다는 맹세를 말하며 위나라 세자 공백(共伯)이 일찍 죽고 그의 아내인 공강(共姜)이 "저 다팔머리 드리운 분이시여, 실로 나의 짝이시니, 죽을지언정 맹세코 다른 사람에게 시집가지 않으리라"(p.142)라는 시에서 따온 말이다.

"그런데도 슬픔은 기부(杞婦)보다 때로 심하고, 예의를 지키는 것은 송희(宋姬)보다 더욱 엄하여, 저절로 심각해진 의(義)는 대촉(待燭)보다 지나치고, 남편을 따라 죽으려는 뜻은 붕성(崩城)보다 더욱 절실하다."(p.143)

이 문장을 이해하기 위해서는 더 많은 옛 지식이 필요하다. 기부(棋婦)는 전국시대 제나라 사람인 기량의 처를 가리킨다. 기량이 전쟁에서 죽어 돌아오자 그의 아내가 남편의 시신을 성 아래에다 두고 열흘 동안 슬피 통곡하였더니 그 성이 무너졌다고 한다. 송희(宋姬)는 송나라 백희(佰姬)를 가리키며, 노라 선공(宣公)의 딸로 송나라 공공(恭公)에게 시집간 지 7년 만에 과부가 되었다. 어느 날 백희의 집에 불이 나서 사람들이 불을 피하라고 권하자 "여자의 의(義)는 보모가 없으면 밤에 방에서 나가지 않는다"(p.143)고 대답하고는 보모를 기다리다 불에 타 죽었다. 이에 공자가 지은 〈춘추(春秋)〉에서는 그녀가 정절을 지킨 것을 높이 평가하여 '송나라에 화재가 생겨 송나라 백희가 졸하였다'라고 기록하였다. 대촉(待燭)은 송나라 백희가 촛불을 들고 보모를 기다린 것을 가리킨다. 이 모든 것보다 열녀가 더 절절하다고 표현한다.

"물불의 위험에 뛰어들기를 즐거운 곳에 달려가듯이 하며, 독약을 마시거나 목매달아 죽는 것을 유쾌한 일인 듯 여긴 연후에라야 마침내 하늘 같은 지아비에게 진성(盡性)한 셈이 되고, 비로소 그 절의(節義)를 나타낸 것이 된다."(p.143)

진성(盡性)은 〈중용장구(中庸章句)〉의 말로서 '오직 천하의 지극한 성실이라야 그 본성을 다할 수 있다'에서 따온 말이다. 결국, 평범한 죽음으로는 지극한 성의를 드러낼 수 없으니 더 극단의 선택을 해야 진성(盡性)을 알아줄 수 있다고 말한다. 맛집의 원조 다툼도 이와 비슷한 논리다.

더욱더 기막힌 사례는 「열녀 함양 박씨전」에 나오는 박녀(朴女)의 이야기다. 박녀는 같은 아전 집안의 '술증'이라는 사람에게 열아홉 살에 시집갔는데, 이미 혼인하기 전에 폐병이 심하여 첫날밤을 치를 수 없을 정도로 신랑이 병약해졌다. 따라서 조부모들이 박녀한테 혼인을 다시 생각하라고 권유하나 박녀는 "전날 재봉한 옷들은 누구의 몸에 맞게 한 것이며, 누구의 옷이라 불렀던 것입니까?" 하고는 "저는 처음 지은 옷을 지키기를 원합니다."(p.152)라며, 완강하게 거절한다. 비록 박녀의 뜻에 따라 혼례식을 치렀으나, 박녀의 소원대로 끝내 자신이 만든 혼례복을 입어 보지도 못하고, 더구나 첫날밤을 치르지 못하여 태기가 없는 상태에서 6개월 만에 죽자 삼년상을 치르고 나서 독약을 마시고 죽었다.

세계사에서 여성이 종교적 이유로 박해를 받고, 경제적 이유로 차별을 받은 적은 있었지만, 도덕적 강요로 희생된 사례는 매우 희귀하다. 그만큼 조선은 이념의 극단을 향해 치닫고 있었다.

나는 오늘을 사는 우리에게도 단일 척도인 '도덕'을 강요하는 수많은 일을 보고 있다. 기업은 깨끗하고 도덕적이어야 한다는 생각이 지나쳐서 모든 기업은 깨끗하게 되어야 한다고 '강요'하고, 가난한 자는 모두 깨끗하고 부자는 모두 도둑놈이라는 인식도 여전하다. 이제는 기업을 감시하는 '도덕위원회'마저 생길 판이다. 기업은 생산성이 낮아지면 '경쟁'에서 살아남지 못하고 스스로 망하는 것이지 도덕으로 망하지는 않는다. 악덕 임대인, 악덕 업자, 악덕 상인... 조선시대의 용어가 아니라 지금의 우리 말이다. 악덕 상인은 정부가 도덕으로 처단하는 것이 아니라, 시장이 혁신을 하지 않은 기업이 경쟁력이 약화되어 저절로 망하도록 유도해야 한다.

명창 석개(石介)

조선 중기 송인(宋寅)은 중종의 셋째 서녀인 정순옹주(貞順翁主)와 결혼하여 여성군(礪城君)에 봉해졌으며, 벼슬은 사옹원, 상의원 등에서 요직을 역임하고 도총관에 이르렀다. 시문에 능하여 이황(李滉), 조식(曺植), 이이(李珥) 등 당대 석학들과 교유하였으며, 만년에는 선조의 자문 역할을 하였다.

그에게는 석개(石介)라는 여노비가 있었다. '하늘은 녹(祿)이 없는 사람을 내지 않고, 땅은 이름 없는 풀을 내지 않는다.'라고 하였지만, 이름 없는 풀이 있는데 이를 잡초라고 한다. 노비에게도 이름이 주어졌지만, 대게 동물 이름이나 용모의 특징을 따서 지었다. 揷士里(삽사리)는 삽살개 모양을 비유했고, 道也之(도야지)는 돼지 모양이며, 介也之(개야지)는 개다. 그래도 여자의 이름인데 '석개(石介, 돌개, 똥개)'라고 지은 것을 보면 용모가 아름답지 않고 특이했나 보다.

유몽인은 〈어우야담(於于野談)〉에서 석개의 용모가 "얼굴은 늙은 원숭이처럼 생겼고 눈은 좀대추나무로 만든 화살같이 쭉 찢어졌다."라고 묘사한다. 송인은 임금의 부마로서 재산이 많아 집안 여종도 하나 같이 미인이라 화려하게 꾸며서 좌우에 시중을 들게 하였는데, 그 수가 이루 헤아릴 수 없을 정도로 많았다.

송인은 석개(石介)에게 나무통을 머리에 이고 물을 길어 오는 일을 시켰다. 그러나 석개는 우물에 가서 나무통을 우물 난간에 걸어 놓고는 종일 노래를 불렀는데, 나무꾼이나 시골 아낙네보다 노래를 잘 부르지 못하고 곡조도 아름답지 못하였다. 그러다가 날이 저물면, 빈 통으로 집에 돌아오니 매를 맞기가 일쑤였으며 그래도 그 버릇을 고칠 수 없었다. 이번에는 나물을 캐오라고 광주리를 들려 교외로 내보냈다. 그러나 석개는 광주리를 들판에 놓아두고 작은 돌멩이를 주워 놓고 노래 한 곡을 부르면 돌멩이 하나를 광주리에 집어넣었다. 광주리가 가득 채워지자 이번에는 노래 한 곡이 끝날 때마다 광주리에 있는 돌을 하나씩 내던졌다. 가득 채웠다가 다시 밖으로 내던지는 것을 두세 차례 반복하다 날이 저물면 빈 광주리를 가지고 돌아왔다. 또 매를 맞았지만, 그 버릇을 고치지 못하고 다음 날 또 마찬가지로 이어졌다. 송인은 석개의 행실을 보고 기이하게 여겨 노래를 배우게 했다.

무엇이 그로 하여금 용모도 아름답지도 못하고, 시킨 일도 제대로 마치지 못하는 계집종에게 노래를 시킨 것일까? 아마도 석개의 '꿈'을 보았을 것이다. 신분 질서가 사회를 촘촘히 옥죄고 있는 마당에 얼굴이 예뻐야 성공할 수 있는 분야에서 매를 맞고 수모를 당해도 자신의 한계를 극복하려는 석개의 '의지'에 송인의 마음을 움직였을 것이다.

석개는 장안에서 첫째가는 명창이 되었으며, 이는 당시 100여 년 동안 없었던 일이라고 입을 모은다. 석개는 수 놓인 안장에 비단옷을 차려입고 날마다 권세 있고 귀한 사람들의 연회에 불려 갔으며, 전두(纏頭, 노래하고 받은 값)로 받은 금과 비단이 집 안에 수북이 쌓여 마침내 부자가 되었다. 이름난 선비들은 석개의 노래를 들으려고 구름처럼 모였으며, 그녀를 위한 시(詩)와 부(賦)를 지어 받쳤으며, 그녀를 칭송하기에 여념이 없었다.

어느 시대나 어느 환경이나 신분 질서를 극복하고 성공한 이야기는 참으로 아름답다. 특히 석개처럼 못생기고 천한 신분에서 한양 제일의 명창으로 성공한 경우는 매우 드물어 사대부들의 문집에도 빠지지 않고 등장한다. 그렇지만, 조선의 사대부들은 이용후생 학문이 천박하다 하여 스스로 하지 않았고, 노비는 재능이 있어도 아무것이나 할 수 없도록 만들어, 결국 국가의 생산성은 바닥을 향하였고 붕괴를 길을 걷게 된다.

헨리 키신저는 "국가의 요건은 왕의 인격이나 귀족의 이익, 종교의 요구에 결정되지 않고, 국가의 행동은 국민의 이익을 따르는 국익이다."라고 한다. 개인이나 집단이 다른 집단을 침략하여 거기서 얻은 이익을 지킬 수 있을 만큼 강하다면, 국가가 그들에게 침략하지 못하도록 아무리 막아도, 개인이나 집단은 국가의 허락을 기다리지 않고 침략한다. 그들은 이익을 향하여 움직이고, 국가는 뒤따라간다. 그것이, 국가의 이익이고 국가의 길이다.

[쉬어가기]

쓰디쓴 설탕과 잔혹한 목화

폐하, "이 제도(諸島)는 그야말로 사탕수수 재배를 위해 존재하는 땅"입니다. 콜럼버스가 카리브해의 가치를 처음 알아보고 스페인 국왕에게 보낸 서신이다.

인류의 여명중, 근대화와 마주하는 작물이 셋 있다. 하나는 설탕이며 다른 하나는 면화이고, 마지막은 커피다. 왜 인간은 주식인 쌀, 보리, 밀, 옥수수, 감자와 같은 작물로 부를 축적하지 않고 면화와 설탕, 커피와 같은 작물로 부국강병을 추구하는가?

사악한 인간은 이런 작물로 사치품을 만들었기 때문이다. 호모 사피엔스의 특성 중 하나는 지독한 평등을 원하지만 지독한 서열도 추구한다. 타인의 부를 탐하는 평등도 요구하지만, 직위를 이용한 차별도 요구한다. 재화가 귀했던 시절 옷과 장신구, 향신료는 사치재가 되기 쉬운 물품이었다. 더구나 황실에서 사용하는 물품이라면 그 희소성을 귀족에게 하사하여 충성심을 유발하는 제품으로 둔갑시킨다.

이들 작물은 바로 먹거나 사용하지 못하며, 2~3단계를 거쳐서 제품으로 만들거나, 또 다른 제품의 원료로 사용한다. 그 과정에서 새로운 가치, 부(富)가 만들어지고, 희소성이 지위재로 둔갑한다. 원재료를 가공하는 단계가 많으면 많을수록 기술을 가진 나라가 부국강병의 최종 승자가 된다. 스페인은 설탕을 가치를 알아보았지만, 설탕보다는 황금의 가치를 더 소중하게 여겨 목화로 면직물을 만들 생각은 전혀 하지 않아, 최종 지위를 영국에게 물려준다.

일본도 근대화과정에서 작은 규모이지만 똑같은 현상이 발생한다. 류큐 식민지에서 사탕수수를 재배하고 사쓰마 번이 설탕 생산과 판매의 독점으로 부를 축적한다. 그다음은 목화를 재배하여 본격적인 섬유 산업에 뛰어들고 세계시장에 도전장을 내민다. 이 단계에 접어들면 근대화가 마무리되고 또 다른 제조업에 눈을 돌린다.

사탕수수는 기원전 8,000년경 동남아시아 뉴기니섬에서 시작하여, 이내 중국, 인도차이나, 인도로 전파되었으며, 이슬람 정복자들의 손에 들어간 이후 설탕으로 만들어졌다. "설탕은 코란을 따라 이동했다."라는 오랜 속담이 증명되듯이, '커피'도 아프리카 에티오피아에서 시작하여 홍해를 건너 이슬람 정복자를 따라 오스트리아 빈에 전해졌고, 유럽을 통해 세계화하였다. 이슬람은 나일강, 팔레스타인 해안, 시칠리아 북부, 스페인, 크레타, 모로코의 산악 지대 등 한정된 지역에서 사탕수수를 재배했다.

현대 미국인은 1인당 설탕 소비량이 연간 29.9kg이지만, 15세기 유럽의 1인당 연간 소비량은 놀랍게도 티스푼 하나에 지나지 않았다. 오죽 귀했으면 엘리자베스 여왕의 치아가 검은 이유를 자랑하면서 "영국인이 설탕을 지나치게 소비하여 생긴 문제로 보인다."라고 할 정도였다.

사탕수수에서 설탕을 만드는 공정은 간단하다. 사탕수수를 재배하고, 베고, 으깨어 찧고, 그 즙을 정제하는 과정이다. 문제는 작열하는 태양 아래에서 사탕수수 줄기가 썩기 전에 모든 과정을 끝내야 한다. 성인 남자의 기준으로 하루 20시간 노동이 필요하다.

사탕수수는 보기보다 억센 식물이며 압착 과정에서 사탕수수를 압착기 속으로 밀어 넣어야 하며, 조금이라도 정신을 딴 데에 팔았다가는 손가락이나 손, 심하면 몸 전부가 딸려 들어간다. 사탕수수즙을 끓이는 보일러는 작은 지옥의 불 구덩이다. 잘못 젓다가 끈적끈적한 시럽이 한 방울만 튀어도 형언할 수 없는 고통이 뒤따랐다.

동서고금 어느 나라도 비슷한 생각과 방법을 사용한다. 처음에는 동물에서 노동력을 가져온다. 하지만 동물은 체력이 한계에 도달하면 주저앉는다. 아무리 주인이 가혹한 채찍을 가해도 안 되는 일은 안된다. 그다음 방법은 임금을 주는 자유노동이다. 하지만 이 방법은 이내 폐기 처분된다. 주인도 그럴 의도가 없었지만, 아무리 많은 임금을 준다 해도 이런 노동을 하려는 노동자는 없다. 원주민을 잡아다가 강제 노역을 시켜보았지만, 이미 질병으로 쓸만한 젊은이들이 없을뿐더러, 차라리 도망가서 해적질하는 것이 형편이 더 좋았다.

인간의 상상력은 무섭다. 이미 노예의 가치를 알고 군사와 경제에 활용했던 유럽에서 '노예'는 어쩌면 자연스러운 발상이었다. 하지만, 가까운 지역에 노예가 없다는 단점에 급기야 '아프리카'에 눈을 돌린다.

노예선, 300년이라는 세월 동안 1,000만 명의 노예가 신세계로 유입되었다. 노예선 뒤에는 늘 상어 떼가 뒤 따라다녔으며, 이는 운항 중에 배에서 탈출하는 살아있는 노예나, 죽어서 버린 시체를 먹기 위해서다. 노예선은 수송과정에 절반 정도가 죽음을 면치 못했으며, 구토와 설사, 분비물로 뒤범벅이 된 심한 악취로 부두에서도 수 마일 밖에 정박하도록 했다. 살아남은 노예가 뭍에 오르면 양념 치는 과정을 통하여 병약한 노예, 반항이 심한 노예, 도망친 노예를 제거하였다.

노예가 스스로 저항할 수 있는 유일한 길은 자살이나 낙태, 유아 살해, 우연을 가장한 시설물 파괴이며 가장 널리 자행한 일은 스스로 "흙을 먹는 것"이었다.

영국은 이미 남미의 황금과 은을 차지한 스페인의 기득권에 밀려 북미 대륙으로 진출하여 본격적인 '면화'를 재배하고 새로운 고부가가치 산업이 될 '섬유' 산업을 시작한다. 섬유 산업은 단순한 착취를 넘어 정교한 무역 네트워크와 시장통제가 있어야 가능한 산업이다. 이미 내수 시장을 장악한 인도의 면직물 생산을 무력화하는 과정과 북아메리카 식민지에 '목화' 플랜트농장을 정착하는 일, 이들의 노동을 위해 아프리카 노예무역을 갖추는 일, 생산과 제조를 분리하는 일, 대양을 가로질러 물류를 유통하는 일, 수요와 공급을 맞추는 일 등 근대화 무역의 시발점이 되었다.

씁쓸한 설탕으로 시작한 노예가 잔혹한 면화로 이어졌다. 경제학자 에릭 윌리엄스(Eric Williams)는 영국이 최초 산업국가가 되었다면, 그것은 "채찍에 맞아 피 맺은 흑인 노예들의 등을 밟고 일어선 것"임을 지적했다. 그렇지만, 누구나 노예의 등을 밟을 수 있지만, 아무나 산업혁명을 일으키지는 못했다고 의미심장한 말을 했다.

무능과 독선의 행진들

왜, 인조는 광해군을 몰아내고 숭명반청(崇明反淸, 명을 받들고 청을 배격하는 외교정책)으로 나아갔을 때 청이 침략하리라는 것을 예상하지 못하였는가? 전쟁이 끝나고 삼전도의 참혹한 굴욕을 당하고도 여전히 명을 숭상한 이유가 무엇인가?

왜, 조지 3세 치하의 영국 내각은 식민지 아메리카와 평화롭게 지내기보다 오히려 일관되게 억압하는 쪽을 택하였을까? 많은 고문관이 이익보다 손해가 크다는 것을 되풀이하여 충고하였음에도 그 길을 택하여 미국의 독립을 재촉한 것일까. 미국의 독립은 1차, 2차 세계대전에 이어 패권국으로 발돋움한다.

왜, 프랑스 루이 14세는 낭트 칙령을 폐지하여 신교도인 위그노를 추방하는 멍청한 짓을 하였을까? 당시 사람들은 비난하기는커녕 열광적으로 환영했고, 죽은 뒤 30년에도 최대 업적으로 찬양하였지만, 위그노는 직물업자, 제지업자 등의 장인들이었다. 그들이 네덜란드와 영국으로 탈출함으로 세계 패권이 네덜란드로 이동하였음은 물론 프랑스가 근대화에 뒤처지게 하는 결정적 계기를 만들었다.

왜, 아스테카 왕국 몬테수마(Montezuma) 황제는 인구 30만의 도시와 혈기 넘치는 용맹스러운 군대를 지배했지만 불과 몇백 명밖에 안 되는 스페인 침략자 에르난 코르테스에게 얌전하게 굴복하였을까? 그 침략자들이 신이 아니라 단지 인간일 뿐이라는 사실이 명명백백하게 드러난 뒤에 말이다.

왜, 카를 12세, 나폴레옹, 이어서 히틀러는 역사에서 되풀이된 비극적인 결과를 알면서도 러시아를 침공했을까? 러시아는 촉(蜀)나라 성도(省都)와 같다. 엉성하여 들어가기 쉬운듯하지만 한번 들어가면 나오기가 힘들어 결국 패망의 길을 걸을 수밖에 없는 위치이다.

왜, 트로이의 지배자들은 수상쩍은 목마를 성안으로 끌어들였을까? 그리스 측의 간계를 의심해야 할 이유는 산더미처럼 많았는데 말이다. 10년 동안 전쟁으로 수많은 병사가 죽어 나가자 전쟁을 그만두고자 하는 신의 장난인 것이었던가.

우리는 역사에서 가정은 없다고 하지만, 참으로 멍청한 독선과 아집으로 나라를 혼란하게 만든 수없이 많은 사례에서 '왜'를 붙여 불러낼 수 있다.

악정에는 네 종류가 있지만, 이들은 서로 결합하여 파국으로 몰아간다.

예를 들어 무능하면서 독선적이거나, 지나친 야심이 폭정과 어울리기도 한다.

첫 번째는 폭정이다. 이것은 역사상 워낙 사례가 많은 경우다. "너희 부왕께서 메어주신 멍에가 무겁다고 한다마는, 나는 그보다 더 무거운 멍에를 너희에게 지우리라. 부왕께서는 너희를 가죽 채찍으로 치셨으나 나는 쇠채찍으로 다스리라." 이스라엘 민족을 갈가리 찢은 르호보암의 말이다. 중국을 최초로 통일한 진시황도 폭정으로 짧은 제국의 길을 걸었다.

두 번째는 지나친 야심이다. 예를 들어 펠로폰네소스 전쟁 중에 시칠리아를 정복하려던 아테네의 야망과 무적함대를 이끌고 영국을 침략하려 했던 펠리페 2세의 야심도 좋은 예이다. 독일이 두 차례나 시도했던 자칭 우수 민족에 의한 유럽 지배의 꿈과 허무하기 이르는 데 없는 일본의 대동아공영권 구상도 빼놓을 수 없다.

세 번째는 무능이다. 아메리카 대륙의 무능 끝판왕이 아스텍 왕국 몬테수마(Montezuma)라면, 유럽 역사의 무능 끝판왕은 에스파냐의 분열을 몰고 와 무어인을 800년이나 지배하게 한 서고트족 왕들이다. 조선시대 무능의 끝판왕은 인조이다. 인조는 광해군을 몰아내고 실리외교를 멀리한다. 이미 정묘호란(丁卯胡亂, 인조 5년) 때 청나라의 군사력을 알고 있었음에

〈그림 4〉 폴 들라로쉬(Paul Delaroche), 제인 그레이의 사형집행(Execution of Lady Jane Grey). 1833년, 246×297cm. 런던 박물관. "종교라는 이념, 권력이라는 욕심은 그녀의 하얀 드레스를 단두대 위에서 핏빛으로 물들이게 했다."

도, 10년 후 전쟁 준비를 전혀 하지 않은 채 병자호란을 불러왔고 5일 만에 한양이 점령당한다. 또한 청은 조선의 전략과 군사력을 훤히 꿰뚫어 강화도를 막고 남한산성으로 몰아갔다.

마지막은 독선과 아집이다. 인류 역사상 가장 커다란 독선의 상징은 트로이 목마다. 그리스는 영웅 아킬레우스를 잃어버려 사기는 땅에 떨어져 있었음에도 트로이는 참혹한 패배를 맛보았다. 아폴론 신전의 신관인 라오콘의 절규와 군중의 반대도 무릅쓰고 적의 기만 물인 목마를 아테나 신에게 드리는 봉물이라는 이유만으로 성벽 문을 부수면서까지 성안에 끌어들였기 때문이다. 역사는 그날의 비극을 잊을 수 없어 〈오디세이아〉라는 대서사시를 남겼다.

과학기술은 눈부시게 발전하여 화성까지 탐사함은 물론 초연결, 초지능, 초융합의 시대로 발전하고 있지만, 인간의 무능과 독선, 아집은 시대를 지나도 변하지 않는다.

플라톤은 일찍부터 이런 위험성을 알고 철인 왕이 다스려야 한다고 주장하였지만, 그의 이상은 실현될 수 없었다. 조선은 성학십도(聖學十圖)를 병풍으로 만들어 제왕학을 가르쳤지만, 선조(宣祖)의 독선과 아집, 무능은 바꿀 수 없었다.

이문세의 노래처럼 “어디쯤 와있는 걸까 가던 길 뒤 돌아본다.” 정치 구조가 바뀌고 경제 환경도 변했지만, 달라지지 않는 것이 있다면 인간 본성이다. 한 번쯤은 성찰하고 반성해볼 일이다.

어떤 리더는 글쓰기를 통해서 배우고, 어떤 리더는 독서를 통해서 배우고, 어떤 리더는 경청을 통해서 배운다. 배운 리더는 있어도, 배우지 않은 리더는 없다. 적을 무시할 수는 있어도 적에게 배우지 않으면 무너진다. 독선과 아집이 타고난 천성이라 하더라도 어느 것에서 배우기를 거부한다면, 개인이라면 문제가 적지만, 지도자라면 더 큰 문제를 발생시킨다. 조선은 그렇게 국제정세를 알려고도 하지 않았고, 알고 싶지도 않아 외골수, 외눈박이 세상으로 빠져들었다.

3부 북학파 실학자의 꿈

<사진 3> 안동, 병산서원(屛山書院) 만대루(晩對樓), 2021.7.17. “옛날에 얼굴을 씻지 않고 대야의 물을 마셔버린 자가 있었습니다. 그의 벗이 이를 조롱하며 크게 미쳤다고 여겼지요. 그 사람이 말했습니다. ‘남들은 겉으로 씻고 나는 안으로 씻은 것일세.’ 오호라, 공의 광(狂)은 안을 씻는 그런 부류입니까?“

발버둥 치다

어느 역사에도 뛰어난 군주는 있기 마련이다. 영·정조 시대가 되자 나라는 안정을 되찾고 실학자들이 나타나 저 멀리 아스라이 다가오는 국부의 비밀을 찾기 시작한다. 발품을 팔아 3,000리 길을 걸으면서 새로운 학문을 지독히 탐하고 바다 건너 풍문으로 들은 지식을 탐하여 기록에 남긴다. 언제나 국부의 비밀은 하나지만, 그것을 적용하기에는 그 나라에 맞은 열쇠는 '하나'밖에 없다. 그 하나를 찾기 위해 발버둥을 치지만 미완성으로 후세에 눈 밝은 자가 나타나기를 기다린다.

백탑의 맑은 인연

1792년 영국의 매카트니 백작은 콜럼버스 신대륙발견 후 국부의 비밀을 발견하고 300년 만에 열하에 있는 건륭황제를 찾았을 때 조선의 북학파 실학자들은 국부의 비밀을 찾기 위해 백탑으로 모여들었다. 백탑(白塔)은 서울 종로에 있는 원각사지십층석탑(圓覺寺址十層石塔)으로 멀리서 보면 흰 빛으로 보였기 때문에 그렇게 불렀다.

1768년 열여덟 살의 초정 박제가는 백탑 북쪽에 사는 서른 한 살의 연암 박지원이 당대에 으뜸가는 문장가라는 소문을 듣고 찾아간다. 연암은 초정이 왔다는 말을 듣고 마치 오랜 친구처럼 반갑게 맞이한다. 남들에게 잘 보여주지 않은 관례를 깨고 자신이 지은 글을 모두 꺼내서 읽게 해주었다. 그리고는 몸소 쌀을 씻어 밥을 하고 술을 내오면서 격려해준다. 이에 초정은 화답의 글을 짓는다.

이들은 북학파 실학자이며 백탑 주위에 옹기종기 모여 살아 백탑파라고도 부른다. 무관 이덕무의 사립문이 연암 박지원의 북쪽에 마주하고, 낙서 이서구(李書九)의 사랑채가 그 서쪽에 있었으며, 또한 수십 걸음 안에 서상수(徐常修)의 서루(書樓)가 있고, 북동쪽으로 꺾어져서는 유금(柳琴)과 유득공(柳得恭)이 살고 있었다.

박종채의 〈과정록(過庭錄)〉에 연암은 중년에 과거시험을 포기하자 오직 홍대용(洪大容)과 정철조(鄭喆祚), 이서구만이 수시로 왕래하였으며 이덕무, 박제가, 유득공이 늘 따라 어울리며 배웠다고 전한다.

박제가는 장가든 첫날 달빛 가득한 날 밤 장인(李觀祥, 무인으로 충무공 5대손)이 타고 다니는 쇄마(刷馬)에 안장을 얹지도 않고 백탑으로 들어가 밤새도록 노닐다가 돌아왔다.

신혼 첫날밤의 달콤함보다 이들과 어울려 이야기하는 것이 더 재미있었으니 과연 이들은 무슨 이야기를 나누었을까? 무엇을 사유하고 무엇을 변증하며 무슨 비밀을 말하였길래 그들은 그토록 늦은 밤에 백탑으로 몰려들었을까?

백탑파의 시작은 홍대용이며 박지원보다 여섯 살 많다. 홍대용으로부터 촉발된 청의 지식은 박지원으로 이어지고, 다시 이덕무와 박제가, 유득공으로 내재화된 후 추사 김정희까지 이어진다.

1765년 홍대용은 백탑파 중 처음으로 연경을 갔다 온 후 〈을병연행록(乙

丙燕行錄)〉을 남긴다. 1776년 유금이 연경으로 들어가면서 유득공, 이덕무, 박제가, 이서구 네 사람의 시 399수를 뽑아 〈한객건연집(韓客巾衍集)〉을 엮어 청나라 이조원(李調元)과 반정균(潘庭筠)에게 보여주니 호평은 물론 서평까지 받아 돌아온다. 청나라에서 시집(詩集)을 간행한다. 그로부터 2년 뒤 1778년 서른여덟의 이덕무, 스물아홉의 박제가가 뒤따라 들어간다. 뒤이어 1780년 마흔넷의 박지원은 연경을 넘어 열하로 들어가고, 1809년 스물넷의 추사 김정희가 다시 연경으로 들어간다.

미국 시인이자 사상가인 랠프 월도 에머슨의 말처럼 미국이 근대화를 시작할 무렵 "모든 교육받은 미국인은 첫 단계로 혹은 마지막 단계로 유럽으로 간다."라고 씁쓸히 말했다. 즉 미국의 부유층이 유럽 수도 방문을 의무적인 '그랜드 투어'라 생각했고, 지적으로 야심 있는 사람은 유럽 대학의 순방을 '그랜드 투어'로 증명하였다. 그만큼 선진문물에 자신이 없을 때는 자신보다 월등한 나라에서 자신의 생각이 맞다는 것을 증명하고 돌아오듯이, 백탑파도 청의 수도 연경을 갔다 오면서 자신이 생각이 그르지 않았다고 증명하였으니, 이는 백탑파의 징표가 되었다.

백탑파의 실질적인 두 리더인 박지원과 이덕무의 첫 만남이 어떠했는지 아쉽게도 기록을 남기지 않았다. 이덕무가 죽자 연암은 "무관이 죽다니! 꼭 나를 잃은 것 같다."라고 할 정도로 슬퍼하였다는 기록만 〈과정록〉에 남아 있다. 그렇지만 둘 사이에는 잔잔한 정이 흘러 연암이 무관의 〈이목구심서(耳目口心書)〉의 초고를 읽게 해달라 사정사정하고, 이에 무관은 마지못해 글을 읽게 하니 이들은 장난삼아 〈산해경〉을 증보하여 〈섭구충(聶懼蟲)〉이라는 벌레를 더해야 한다는 글을 남긴다. 섭구(聶懼)란 섭(聶=口+耳+耳+耳)과 구(懼=心+目+目+隹)로서, 입은 하나요 눈은 두 개요 마음도 하나인데 귀만 세 개인 동물이다. 사람이다. 사람은 그만큼 남의 말을 듣기가 어렵다. 그러니 남의 말을 잘 듣는 인간을 별종으로 분류하여 〈산해경〉에 새로운 동물로 등재해야 한다는 농담이다. 아무리 외쳐도 듣지 못하는 기존 사대부의 행태를 비꼬는 말이다.

이덕무는 서얼 출신으로 늦은 나이인 38살에 규장각 검서관으로 발탁되면서 33책 71권에 달하는 〈청장관전서(靑莊館全書)〉라는 백과전서를 남긴다. 백과전서는 그 나라의 지적 수준을 나타내는 지표다. 1768년 영국의 브리태니커 백과사전이 3권으로 첫 출간 되었다. 반면 청나라의 〈사고전서(四庫全書)〉는 3,461종 7만 9,309권이며, 일본의 〈화한삼재도회(和漢三才圖會)〉는 105권 81책이다. 권수가 문제가 아니라 내용이다. 청나라의 〈사고전서〉가 경사(經史, 유교 경전과 역사) 위주의 저술이라면 〈화한삼재도회〉는 천문학, 지질학, 농학, 의학, 식물학, 동물학, 군사학, 식품학 등 자연과학 지식을 다루고 있다.

이제 스물세 살의 이덕무와 열네 살의 박제가의 첫 만남을 보자. 1764년 이덕무는 훈도방(勳陶坊, 남산 기슭)에 살고 있던 백동수(白東脩, 무예도보통지의 저술)의 문 위에 '초어정(樵漁亭)'이라는 두 글자를 본다. 한 자 한 자가 모두 힘이 넘치는 듯한 필법에 살아 꿈틀대는 듯한 자획이었다. 백동수가 말하기를 "이것은 내 고향 친구인 박 승지의 열다섯 살 되는 아들이 쓴 글씨라오"라면서 자랑한다. 그로부터 3년 후 이덕무가 백동수의 집으로 향하는데 한 동자가 자신의 발걸음에 앞서서 같은 방향으로 계속 걷고 있었다. "오호라. 이 동자가 바로 박 승지의 아들이로구나"라를 직감한다. 박제가는 원래 다른 사람과 말을 잘 하지 않았지만, 자신을 만나기만 하면 말을 쏟아내어 함께 기뻐하고 함께 슬퍼하고, 까닭 모르게 서로 쳐다보며 웃곤 하였다.

또, 이제 서른여섯 살의 박지원과 열아홉 살의 이서구의 첫 만남을 보자. 둘은 모두 노론 집안의 명문대가 출신이다. 이덕무, 박제가, 유득공, 서상수가 서얼 출신이라면 이들은 벌열(閥閱, 나라에 공이 많은 가문으로 권력을 오랫동안 유지한 집안) 가문이다. 이 둘은 한동네에 살았다. 어느 눈 내리는 밤 이서구는 연암을 찾아간다. 연암은 손수 술을 데우고, 이서구는 떡을 화로에 구우면서 자주 재속에 떨어뜨리면서 서로 깔깔거리면서 즐거워한다. 그러던 어느 날 연암은 정치적 탄압과 경제적 궁핍으로 연암(燕巖, 황해도 금천)으로 숨어들고 이서구는 그를 찾아간다. 때마침 사흘을 굶은 연암은 망건도 쓰지 않고 버선도 신지 않은 채 행랑채에서 아랫것과 수다를 떠는 가운데 이서구를 맞이하고, 그들은 밤새도록 고금의 치란(治亂)과 당세의 문장, 명론(名論)의 파별(派別), 동이(同異)에 대해 거침없이 논하였다.

이제 백탑파의 다른 맴버인 유금(柳琴)과 서상수(徐常修), 백동수(白東脩)를 소개할 차례이다. 이들은 다른 맴버가 워낙 유명하여 다소 그늘에 가려진 듯하지만, 모두 한 분야의 대가로서 실학자의 풍모를 보여주고 있다.

유금(柳琴)은 본명이 유련(柳璉)이지만 거문고를 워낙 좋아하여 이름을 유금으로 개명하였고, 수학과 천문학, 율력(律曆)에 매우 밝았다. 유금은 서호수(徐浩修)와 매우 친분이 두터워 그의 아들의 스승이 되어 학문을 전파하게 되는데 그 아들이 바로 방대한 백과사전인 임원경제지(林園經濟志)의 저자 서유구(徐有榘)이다.

서상수는 서화와 골동품의 진품을 감별하고 평가하는 감상(鑑賞) 전문가이다. 조선 후기에 들어서면 사대부에서 평민까지 서화와 골동품 소장 붐이 일어났는데, 이를 감별할 수 있는 능력은 김광수(金光遂)에서 시작하여 서상수로 이어진다.

백동수(白東脩)는 이덕무의 처남으로서 정조시대 최대 남아였으나, 가난의 궁핍을 면하지 못했다. 박제가는 백동수가 강원도 기린으로 떠날 때 〈송백영숙기린협서(送白永叔基麟峽序)〉에 '진정한 친구는 무엇인가?'하고 되묻는다. 천하의 벗은 가장 곤궁할 때 사귄 벗이고, 우정의 깊이는 가난을 상의한 일로 알 수 있다며, 말하고 싶은 것이 있어도 말할 수 없는 것이 있고, 말하고 싶지 않아도 저절로 말하고 싶어지는 친구가 있는데, 이 사람이 진정 친구라 한다.

마지막으로 초정 박제가와 추사 김정희의 만남이다. 김정희의 총명함을 가르칠 만한 인재로 초정만 한 인물이 없었지만, 이들의 만남 과정에 대한 기록은 없다. 아마도 신분 차이에서 발생한 불편함을 감추기 위해서이겠지만, 정조 사후 1801년 박제가는 함경도 종성(鍾城)으로 귀양 가고, 1840년 김정희는 제주도로 유배 가는 등 정치적 박해로 후세에 문집을 편찬하는 과정에서 배제되었을 것으로 추측한다.

그토록 아름다운 이들 백탑파의 우정은 어떻게 되었을까? 그로부터 세월이 6년 흘러 지난날 정월 대보름날 종로 운종교(雲從橋)에서 유금이 다리 위에서 춤을 추었고, 유득공은 거위 목을 껴안고 장난을 쳤는데, 지금은 모두 가난과 병으로 간혹 만나면 아무 탈 없음을 다행으로 여기며, 수표교 위에 나란히 앉아 옛 추억을 회상한다.

"달은 바야흐로 서쪽으로 기울어 순수하게 붉은빛을 띠고 별빛은 더욱 흔들흔들하며 둥글고 커져서 마치 얼굴 위로 방울방울 떨어질 듯하며, 이슬이 짙게 내려 옷과 갓이 다 젖었다. 흰 구름이 동쪽에서 일어나 옆으로 뻗어 가다 천천히 북쪽으로 옮겨 가니 성 동쪽에는 청록색이 더욱 짙어졌다. 맹꽁이 소리는 눈 어둡고 귀먹은 원님 앞에 난민들이 몰려와서 송사하는 것 같고, 매미 소리는 일과를 엄히 지키는 서당에서 시험일에 닥쳐 글을 소리 내어 외우는 것 같으며, 닭 울음소리는 한 선비가 홀로 나서 바른말하는 것을 자기 소임으로 삼는 것 같았다." (박지원 지음 〈연암집(하)〉 돌베개, p.328)

그토록 아우라 넘치던 백탑파 실학자들은 정조 사후 병으로 죽거나 귀양 간 후 소리 없이 사라지거나 천주교 박해로 죽임을 당한다. 이제 그들의 꿈은 별이 되어 하늘나라로 되돌아가고 그들의 기개는 달이 되어 큰 바다로 사라졌다. 그러자 국부의 비밀을 찾으려는 결사도 사라지고 만다.

평평하지 않으면 운다

제국이 망할 때 지식인은 두 종류로 나누어진다. 한 부류는 거대한 질서에 도전하여 새로운 질서를 만들려고 한다. 모두 비참한 최후를 맞이하지만, 후세를 위해 글을 남긴다. 글을 남기는 않은 지식은 없다. 그 글은 후세에 수없이 재 인용되지만, 붕괴의 역사는 반복한다. 다른 부류는 그 예민함으로 운다. 이 울음은 거대한 제국의 영광이 사라지는 아쉬움의 울음이며, 자신이 아무것도 할 수 없다는 초라함에 우는 울음이다. 울지 않으면 지식인이 아니다.

서기 476년 로마제국이 멸망할 때 정치가이자 철학자인 보에티우스(Boethius, 480~524년)는 제국의 멸망을 앞두고 이성을 지키고자 노력하였다. 로마 원로원을 지키려고 하였으며, 부패한 정치인과 야합하지 않아 수많은 정적을 만들었으며, 피해망상증이 있는 왕 테오도리쿠스(Theodoricus, 재위 471~526년)의 분노로 사형에 처해진다. 그가 감옥에서 최후의 순간까지 기록한 책이 〈철학의 위안〉이며 사라져 가는 제국의 마지막 위대한 지식을 다음 세대에 남겼다. 제국 말기의 지식인의 죽음은 비참할 정도로 처절하다. 그를 독약이나 교수형으로 죽이는 대신 머리에 밧줄을 계속 묶어 눈알이 빠지고 뇌가 터져 죽였다는 설도 있다.

당송팔대가인 한유(韓愈)는 '불평즉명(不平則鳴)', 즉 시대가 평평하지 않으면 운다고 한다. 대저 물건은 그 평(平)을 얻지 못하면 운다. 초목은 소리가 없으나 바람이 흔들면 운다. 물은 소리가 없으나 바람이 불면 운다. 금석이 소리가 없으나 이를 치면 소리가 난다. 사람의 말에도 또한 그러하다. 그만둘 수 없음이 있고 난 뒤에야 말하는 것이니 그 노래에 생각이 있고 그 울음에 마음속 응어리가 있다. 대저 입에서 나와 소리가 되는 것이 모두 불평함이 있기 때문이 아닌가?

아이의 울음을 가장 먼저 알아차린 이는 엄마다. 아빠는 아이의 울음을 귀로 듣지만, 엄마는 아이의 울음을 마음을 듣는다. 귀로 들으면 아이의 울음이 시끄러운 소리가 되지만, 마음으로 들으면 아이의 울음이 불평으로 들린다. 불평으로 들어야 아이의 배고픔을 알아차릴 수 있고, 아픔을 알아차릴 수 있으며 마음속 응어리를 알아차릴 수 있다.

1780년, 역사의 변곡점에서도 그렇다. 왜 역사의 변곡점이라 하는가? 애덤 스미스가 〈국부론〉을 출판한 연도가 1776년 3월이며, 이 해는 조선 3대 명군이라 불리는 정조대왕이 즉위한 해이다. 국부론은 애덤 스미스가 '보이지 않은 손', 즉 자유시장의 작동원리를 밝힌 책이며, 그 시기에 영국은 산업혁명의 속도를 내기 시작한다. 반면에 조선은 자신보다 열등하다고 생각했던 여진족이 명을 멸망시키고 청을 세웠다는 충격과 더불어 명보다 훨씬 더 부강한 나라로 만들었다는 믿을 수 없는 현실을 인정해야만 하는 힘든 시기를 보내고 있었다. 또한 여진족이 대륙을 지배한다는 정신적 충격과 이에 대한 반발로 그들의 이상향이라 여겼던 성리학이 조선 땅으로 건너와 중국의 적통(嫡統)을 이었다는 선민사상에 우쭐하였다.

북학파들을 그토록 비분강개로 내몬 것은 다름 아니라 우리 역사에서 단 한 번만이라도 중국보다 더 잘살아보자는 울분에서 비롯되었다. 중국을 이길 수 없다는 거대한 벽은 사대주의(事大主義), 모화사상(慕華思想)으로 빠져들고 드디어 작은 중국, 소중화(小中華)가 되기를 간절히 원했지만, 청나라를 다녀온 이들의 눈에는 그런 사상은 거짓이고 허구이며 실체가 아니라고 강변하며 변혁을 주장하지만 탄탄한 벽에 좌절한다. 그들의 꿈은 그들의 강역에서 타인의 전쟁이 두 번 일어나고 식민지를 겪고 또다시 동족 간 전쟁이 일어난 후 이룰 수 있었다.

무시할 수는 있어도 배워야 한다

학문이란 무엇인가? 생각을 삼가고(愼思), 분명하게 논변하며(明辯), 자세히 묻고(審問), 널리 배우는(博學) 것에 있다. 잘 듣는 일은 그저 묵묵부답이 아니라, 잘 생각하여 잘 질문하는 것이다. 통섭(統攝)의 '섭(攝)'은 귀가 세 개이며 그중 하나는 마음에 있다.

연암은 "모르는 것이 있으면 길 가는 사람이라도 붙들고 물어야 하고, 심지어 어린 노비(僮僕, 동복)라 하더라도 나보다 글자 하나라도 더 많이 안다면 우선 그에게 배워야 한다."라고 한다. 자기가 남보다 모자란다고 여겨 부끄러운 생각이 들어 자기보다 나은 사람에게 묻지 않는다면, 평생토록 어쩔 수 없이 고루하고 편협한 세상에서 스스로 갇혀 지내게 된다.

나는 배움의 길에는 다른 길이 별로 없다는 것을 잘 안다. 비법 한두 개를 안다고 될 일도 없지만, 그것마저 알려고 노력하지 않으면 전혀 답이 없는 것도 사실이다. 그저 어둠 속에서 길을 더듬듯이 묻고 답하고, 생각하고 그렇게 한 걸음 한 걸음 다가갈 뿐이다.

북학파의 '북학(北學)'은 박제가가 〈맹자〉의 진량(陳良)의 말을 인용하여 지었다. 〈맹자〉에 "나는 중화의 문화로 오랑캐를 변화시켰다는 말은 들었지만, 중화가 오랑캐에게 변화를 당했다는 이야기는 듣지 못했다. 진량은 초나라 출신이다. 주공(周公)과 공자(孔子)의 도를 좋아하여 북쪽의 중국으로 가서 공부했다. 북방의 학자 중에 진량보다 나은 자가 없었으니 진량을 호걸의 선비(豪傑之士)라 이르는 바이다"에서 따온 말이다. 즉 초나라는 외진 구석에 있는 나라로 양쯔강을 건너 선진문물이 있는 북쪽에서 배워야 한다는 뜻이다. 어쩌면 북학파들은 호걸지사(豪傑之士)가 아니라 호걸지사(胡傑之士)를 원했는지도 모를 일이다.

이들이 배워야 한다고 주장한 사상은 "이용(利用)이 있은 다음 후생(厚生) 할 수 있고, 후생 한 연후에 '정덕(正德)'할 수 있다."라는 이론이다. 즉 과학기술을 이용하여 삶에 영향을 미치는 각종 도구나 시설을 개선하여 백성들의 삶이 높아져야 올바른 정의와 올바른 덕이 나온다는 사상이다. 이런 생각은 조선 사대부의 기존 생각과는 전혀 다른 발전 경로다. 2021년 지금도 '도덕'과 '정의'가 먼저 있어야 경제가 발전한다는 사람이 많은 것을 보면 얼마나 획기적 사고라는 것을 잘 안다. 그렇다면 이용후생은 어디서 오는가? 정밀한 제도에서 나오며, 정밀한 제도는 과학기술이 바탕이 되어야 한다고 봤다.

그런 관점에서 북학파는 자연스럽게 상공업의 중요성을 인식하였으며,

경세치용(經世致用)의 학문인 경영학과 경제학, 명물도수(名物度數)의 학문인 수학과 물리학, 화학, 생물학 등 자연과학이 부국강병에 이른다고 해석하여 이에 대한 많은 저술을 남겼다. 지금의 수준으로 보면 아주 얕은 수준의 지식이지만 그 당시에 사대부가 이런 글을 쓴다는 것은 혁명에 가까운 생각이었다.

북학파(北學派)는 몇 가지 공통된 특징이 있다. 첫째는 한양 백탑 근처에 살았다. 모두 도시 사람으로 농업보다는 상공업에 친밀할 수밖에 없는 환경이었다. 둘째는 서얼 출신이 많았지만, 신분에 구애됨이 없이 사상과 문학을 공유했다. 학제를 넘나들었다. 셋째는 모두 연경(北京)을 다녀온 경험이 있다. 홍대용을 시작으로 유득공, 이덕무와 박제가, 박지원, 김정희가 북경을 다녀와 그들의 문물을 실증하고 돌아왔다. 넷째 사회의 지배구조에 대한 날카로운 비판의식과 더불어 경세제민의 부국론을 이야기했다. 마지막으로 이들은 '가난'을 개인 탓이 아니라 '국가' 탓이라는 인식으로 나라를 개혁하지 않으면 가난을 해결할 수 없다고 여겼다.

배우려 하지 않은 민족에게 미래가 없다. 어린 노비한테도 배워야 하고, 적한테도 배워야 하거늘, 하물며 우리보다 나은 이웃 나라 청이나 일본에서 배우기를 꺼렸다. 그 결과 후대는 그 대가를 참으로 혹독하게 치르게 된다.

가난은 나라님의 책임

북학파 실학자의 첫 번째 고뇌는 '가난'을 부끄럼 없이 끄집어내는 일이다. 사대부들의 생활 속에 감추어져 있는 지독한 '가난'을 일부러 끄집어내고 부끄럼 없이 기록한다. 오늘을 사는 우리도 가난을 부끄러워한다. 어린 시절 가난이 부끄러워 집안 형편이나 부모의 직업을 속인 적이 있고, 지금도 인스타그램이나 페이스북에 자기 과시가 넘쳐나는 것은 "나는 지금 '우아하게 잘살고 있다는 것'을 드러내고 싶은 기본 욕망에 충실"하기 때문이다.

북학파 실학자들은 가난을 미화할 수 있었다. 그들의 실력으로 안빈낙도(安貧樂道, 가난을 편안하게 여겨서 도를 즐김)나 수분지족(守分知足, 자기 분수에 알맞은 만족함을 깨닫는 것)의 우아하고 고귀한 선비의 삶을 멋들어지게 읊조릴 수 있었지만, 그들은 그런 행동을 거부하고 가난의 실체를 있는 그대로 밝혀냈다.

우선 이덕무의 〈이목구심서(耳目口心書)〉에 나와 있는 자기 고백이다. 이덕무는 박지원보다 네 살 아래였고, 박제가보다 열세 살이나 위이며, 정조는 이덕무가 죽자 내탕금(임금의 개인 비자금) 500냥을 하사하고 유고집을 간행하라고 할 정도로 뛰어난 인물이지만 가난했다.

"내 조그마한 초가집이 너무나 추워서 입김이 서려 성에가 되고 이불깃에서는 와삭와삭 소리가 날 지경이었다. 나는 비록 성품이 게으르지만, 밤중에 일어나 황급히 〈한서(漢書, 한나라 역사서)〉 한 질을 이불 위에 죽 덮어 조금이나마 추위를 막아보았다. 만약 그렇게 하지 않았다면 얼어 죽어 후산(后山)의 귀신이 되었을 것이다. 그런데 어젯밤에도 내 집 서북쪽 모퉁이에서 매서운 바람이 불어와 등불이 심하게 흔들렸다. 추위에 떨며 한참을 생각하다가 마침내 〈노론(魯論, 논어)〉 한 권을 뽑아 바람막이로 삼았다. 스스로 임시변통하는 수단이 있다고 으쓱댔다." (한정주 지음 〈이덕무를 읽다〉 다산북스 p.499)

그는 그런 생활도 얼마 가지 못하고 결국 〈맹자〉 7권을 팔아 밥을 지어 먹고 유득공에게 자랑하니, 그도 즉시 〈춘추좌씨전(春秋左氏傳)〉을 팔아 쌀을 사고 남은 돈으로 술을 마셨다고 이서구에게 자랑한다.

초정 박제가는 나이 24살 때 어머님이 48세에 돌아가시자 〈서풍수정기후(書風樹亭記後)〉에 사대부 여인의 가난한 삶이 '넋이 녹고 뼈가 저미지 않을 수 없으며, 구슬피 울며 눈물이 비 오듯 흘리지 않을 수 없다고' 스스로 고백한다.

"그릇을 씻다가 내 어머님을 생각하면, 아침저녁 끼니도 잇지 못할 양식으로 음식을 준비하시던 일이 떠오르지 않을 수 없으니, 다른 사람도 그렇겠는가? 횃대를 어루만지며 내 어머님을 생각하노라면, 못 쓰게 된 솜으로 늘 추위와 바람을 막아 줄 옷을 다 지어 주시던 것을 떠올리지 않을 수 없으니, 다른 사람도 나와 같겠는가? 등불을 걸다가 내 어머님을 떠올려 보면, 닭이 울 때까지 잠을 못 이루시며 무릎을 굽혀 삯바느질하시던 모습이 생각나지 않을 수 없으니, 다른 사람에게 이런 경험이 있겠는가?" (박제가 지음 〈정유각집(하)〉 돌베개 p.449)

가장 압권은 연암 박지원이 지은 「맏형수 공인 이씨 묘지명(伯嫂恭人李氏墓誌銘)」이다. 큰형수는 16살에 시집와서 아들 셋을 낳았으나 모두 죽고, 명문대가의 맏며느리로서 20년 동안 집안 대소사와 제사를 모시느라 뼛골이 빠지도록 일하며 식량이 거의 바닥이 날 정도로 가난하게 살다가 55세에 사망하였다.

"우리 형님이 이제 늙었으니 당연히 이 아우와 함께 은거해야 합니다. 담장에는 빙 둘러 뽕나무 천 그루를 심고, 집 뒤에는 밤나무 천 그루를 심고, 문 앞에는 배나무 천 그루를 접붙이고, 시내의 위와 아래로는 복숭아나무와 살구나무 천 그루를 심고, 세 이랑 되는 연못에는 한 말의 치어를 뿌리고, 바위 비탈에는 벌통 백 개를 놓고, 울타리 사이에는 세 마리의 소를 매어 놓고서, 아내는 길쌈하고 형수님은 다만 여종을 시켜 들기름을 짜게 재촉해서, 밤에 이 시동생이 옛사람의 글을 읽도록 도와주십시오." (박지원 지음 〈연암집(상)〉 돌베개 p.335)

이 이야기를 들은 큰 형수는 비록 병이 심하였지만 자기도 모르게 벌떡 일어나 머리를 손으로 떠받치고 한 번 웃으며 말하기를 "이는 바로 나의 오랜 뜻입니다" 하였다. 이어 연암의 처남인 이재성(李在誠)은 "최근 세상의 가난한 선비 집안의 부인네들에게는 가난이 바로 병이요, 병이 바로 가난이다. 가난이라는 병이 단단히 엉겨 붙어 벗어 내고 떼어버릴 길이 없어, 집집마다 똑같은 증세요, 사람마다 매한가지 빌미이다."라고 하였다.

과반지붕(裹飯之朋)이라는 말이 있다. '밥 싸 들고 찾아가는 벗'이라는 뜻이다. 연암 박지원은 돈이 떨어져서, 제자인 박제가에게 돈을 꿔 달라고 편지를 보낸다.

"(벼슬이 싫어) 무릎을 굽히지 않은 지 오래되고 보니, 어떤 좋은 벼슬도 나만은 못할 것일세. 내 급히 절하네. 많으면 많을수록 좋으이. 여기 또 호리병을 보내니 (술을) 가득 담아 보내 줌이 어떠하실까?"라고 하니, 박제가는 "열흘 장맛비에 밥 싸 들고 찾아가는 벗이 되어 주질 못하여 부끄럽습니다. 공방(孔方) 2백을 편지 전하는 하인 편에 보냅니다. 호리병 속의 일은 없습니다. 세상에 양주(楊州)의 학(鶴)은 없는 법이지요. '양주의 학'이란 '한꺼번에 좋은 일을 다 가질 수 없다.'는 뜻이다.

가난으로 병이 들고 고된 노동으로 병이 든 사대부 여인들의 약은 무엇일까? 상자 속에 가득 들어있는 엽전 꿰미이며, 광에 가득 들어있는 쌀과 곡식이다. 이것을 한번 보기만 하고 이것을 한번 어루만지기만 하여도 병이 씻은 듯 나을 것이라 한다. 얼마나 가난에 한이 맺혀져 있을까? 오죽하면 관복에 그려진 이무기가 엽전 꿰미의 꿈틀거리는 모습으로 보였을까?

왜, 북학파의 실학자들은 양반집 가문의 며느리와 딸을 통해 '가난'을 부끄러워하지 않고 극명하게 부각하려고 했을까? 바로 '가난'은 개인의 문제가 아니라 나라의 문제이며, 나라를 가난하게 만든 이용후생하지 못한 학문과 제도 때문이며, 이에 대해 기성 사대부들에 대한 날카로운 비판의식이 담겨있다. 예나 지금이나 가난한 사람을 임시방편으로 해결할 수 있지만, 가난을 없애는 유일한 방법은 부유한 시스템을 만드는 일이다. 분배를 통하여 가진 자와 못 가진 자의 갈등을 임시 해결할 수 있지만, 한계를 뛰어넘는 성장만이 가진 자와 못 가진 자의 계급투쟁을 자극하지 않고 위대한 사회를 건설할 수 있다.

법고창신을 드날리며

북학파 실학자의 두 번째 고뇌는 인식체계다. 연암은 법고창신(法古創新)을 이야기했고, 이덕무는 작고양금(酌古量今)을 거론했으며, 김정희는 실사구시(實事求是)를 설파했다.

북학파 실학자들은 하나 같이 지적 호기심과 책 읽기에 미친 사람처럼 당시에 간행된 모든 책을 읽고 사유하고 토론하고 변증했다. 그들은 연행 사절단으로 청나라 수도 연경에 도착하면 반드시 들려야 하는 곳이 유리창(琉璃廠)이다. 유리창은 자금성을 지을 때 필요한 유리와 벽돌을 만드는 공장으로 궁궐을 짓고 나자 쓸모없는 공장에 서책과 종이, 서화와 골동품을 판매하는 거리로 바뀌었다. 그 규모는 좌우 10여 리나 이어졌으며, 천하의 지식인이 드나들던 인문학의 중심지가 되었다.

하지만, 그들이 사유하고 토론하고 변증한 이후 가장 경계한 것은 무엇인가? 지배 세력의 좀비와 같은 곡비(哭婢) 선비가 되지 않은 일이다. 양반집 상가에서 대신 울어주는 노비처럼, 지배 세력의 이데올로기를 한없이 되풀이하는 선비가 아니라, 진부함을 벗어던지고 다름을 추구하는 일이었다.

박종채의 〈과정록〉에 "'우리나라 사람들 문집은 상갓집 곡비(哭婢)의 울음소리와 같다.' 옛사람은, '얼굴이 둥글면 모난 데를 그리고 얼굴이 길다면 짧은 부분을 그린다'라고 했거늘, … 지금 사람들은 이 뜻을 모르고 종이 가득히 진부한 말과 죽은 구절만 채워 넣고 있다. 그러면서 한다는 말이, '이렇게 해야만 법도에 맞고 충실한 글이 된다'라고 한다. 나는 모르겠다. 이게 무슨 글 쓰는 법인지?" (박희병 옮김 〈나의 아버지 박지원〉 돌베개 p.183)

그렇다면 어떤 글쓰기인가? 당시에 글쓰기란 단순한 글쓰기가 아니라 삶 자체이며, 자신의 존재를 증명하는 일이고, 살아있음을 드러내는 일이다. 연암은 박제가의 「초정집서(楚亭集序)」에서 밝힌 법고창신(法古創新)은 옛 문헌을 찾아 고증은 하되, 현재의 시대정신에 맞게 변형해야 하는 것이다. 내가 방금 읽은 SCI(Science Citation Index) 논문도 과거의 사실을 바탕으로 한 이론이며, 지금은 물론 가까운 미래, 먼 미래의 지식은 아니다. 더구나 자연과학이 아닌 사회과학은 그 정도가 더 심하다.

"문장을 어떻게 지어야 할 것인가? 어떤 이들은 반드시 '법고(法古: 옛것을 본받음)' 해야 한다고 한다. 그래서 마침내 세상에는 옛것을 흉내 내고 본뜨면서도 그것을 부끄러워하지 않은 자가 생기게 되었다. … 그렇다면 '창신(創新: 새롭게 창조함)'이 옳지 않겠는가? 그래서 마침내 세상에는 괴벽하고 허황되게 문장을 지으면서도 두려워할 줄 모르는 자가 생기게 되었다. … 아! 법고 한다는 사람은 옛 자취에만 얽매이는 것이 병통이고, '창신' 한다는 사람은 상도(常道)에서 벗어나는 게 걱정거리다. 진실로 '법고' 하면서도 변통할 줄 알고 '창신' 하면서도 능히 전아(典雅)하다면, 요즈음의 글이 바로 옛 글인 것이다." (박지원 지음 〈연암집(상)〉 돌베개, p.23)

글을 쓰는 사람이 빠지기 쉬운 오류는 귀고천금(貴古賤今, 옛날은 귀하며 현재는 천하다는 뜻)의 인식이다. 과거는 행복하고 아름다워 살기 좋았는데, 현재는 슬프고 어렵고 힘들다고 주장한다. 이는 인간의 인식체계로 과거는 아름답고 행복한 것만을 저장하고 싶어 하고, 현재와 가까운 미래는 불안과 두려움으로 인식하여 그렇게 기억한다. 그 결과 많고 많은 인문학 강좌는 법고창신의 사고가 없이 '우리 것이 좋은 것이야'로 끝맺음하기에 십상이고, 현실과 전혀 다른 인식체계로 그럴듯한 곡학아세 지식인이 되기 쉽다.

이덕무는 〈영처잡고(嬰處雜稿)〉에서 법고창신과 비슷한 작고양금(酌古量今)의 사고체계를 논했다. 책의 중독에 빠진 사람은 과거를 벗어날 수 없고, 책의 중독에 빠지지 않는 사람은 생계형이 되어 경박하다.

"세속을 벗어난 선비는 하는 일마다 옛것만을 따르려고 한다. 세속에 따라 사는 사람은 하는 일마다 지금 것만을 좇으려고 한다. 서로가 서로에 대해 몹시 분개하면 배격하니 중도(中道)에 들어맞기 어렵다. 스스로 '옛것을 참작하면서 지금 것을 헤아린다(酌古量今)'라는 좋은 방도를 바탕으로 삼는다면, 사군자(士君子)가 중정(中正)의 학문을 하는 데 무슨 해로움이 있겠는가?" (한정주 지음 〈이덕무를 읽다〉 다산북스 p.169)

나는 이덕무의 작고양금은 박지원의 법고창신의 다른 버전이라 생각한다. 이덕무는 서얼 출신 천재이고 연암은 권벌 출신 천재다. 서로 결이 다르다. 연암은 거침이 없는 대자유로 시원시원하지만, 이덕무는 사유가 정밀하고 세밀하며 조심스럽다. 그렇지만 그들의 지향점은 같다.

그들의 방대한 독서와 사유, 토론, 변증에서 찾은 시대정신은 무엇인가? 나라가 쇠약한 근본 원인이 '검소'함을 지나치게 추종했기 때문이라 주장하면서, 도덕 지상주의 성리학을 비판한다.

박제가의 〈소회(所懷)〉는 1786년 임금의 조회에 참석하여 느낀 점을 기록한 글이다. 조선의 가장 큰 폐단은 가난인데, 이 가난은 검소한 것이 그 원인이라고 주장한다. 역발상이 아름답다.

"비단옷을 입지 않으니 나라에는 비단을 짜는 베틀이 없고, 그렇다 보니 비단 짜는 여인의 기술이 사라졌습니다. 음악을 숭상하지 않으니 오음(五

音)과 육률(六律)이 조화롭지 않습니다. 물이 새는 배를 타고, 씻기지 않은 말을 타며, 찌그러진 그릇에 밥을 먹고, 도배가 안 된 방에 거처하기에 공업과 목축과 도자의 기술이 끊어졌습니다. 심지어 농업이 황폐해져서 농사짓는 법을 잊어버렸고, 상업이 천시되니 사람들은 직업을 잃었습니다." (박제가 지음 〈정유각집(하)〉 돌베개 p.202)

이는 연암의 「북학의서」에 언급한 "예(禮)는 차라리 소박한 것이 낫다고 생각하고 누추한 것을 검소하다고 여겨 왔으며"와 일맥상통하다.

사람의 본성은 잘 변하지 않는다. 사랑하고 미워하며, 부를 좋아하고 가난을 싫어하며, 권력을 좋아하고 천함을 싫어하고, 그렇지만 사회가 붕괴되지 않는 이유는 그들의 욕망이 서로 부딪히는 경계에서 파국으로 몰아가지 않도록 제어하는 힘이 있기 때문이다. 그것을 동양에서는 '예(禮)'로 자신을 먼저 다스리기를 좋아했고, 서양에서는 '경쟁'의 원리로 풀어 서로서로 이이제이하는 전략을 추구했다. 문제는 하부구조의 탄탄함이다. 하부구조가 없는 예는 허망하고, 하부구조가 없는 경쟁은 삭막하다. 하부구조란 이용후생으로 부를 축적하여야 하며, 그 부가 착취되지 않아야 한다. 그런 연후에 경쟁이 극에 달해도 예가 살아 있을 것이고, 예가 극에 달해도 경쟁이 있을 수 있다.

변혁은 한 사람으로부터 시작되지만

북학파 실학자의 세 번째 고뇌는 '지기(知己)', 자기를 알아주지 않음에 대한 아쉬움이다. 변혁은 한 사람부터 시작하지만, 뒤따라오는 사람이 있어야 길이 만들어진다.

1780년 연암은 연행사절단으로 자금성 밖 '유리창'이라는 서점가를 구경하는데, 그 충격적인 신문물의 장관을 보고 굴원(屈原)에게는 어부가 있었고, 석가에게는 가섭(迦葉)이 있었으며, 공자에게는 안회(安回)가 있었듯이 "이 세상에 진실로 한 사람의 지기만 만나도 아쉬움이 없으리라." 하며, 지기를 잃은 슬픔은 아내 잃은 슬픔보다 크다고 말한다.

"내가 다행히 눈을 지녔지만 뉘와 더불어 내 보는 것을 같이하며, 내가 다행히 귀를 지녔지만 뉘와 더불어 내 듣는 것을 같이 함께하며, 내 다행히 입을 지녔지만 뉘와 더불어 나의 맛을 함께하며, 내 다행히 코를 지녔지만 뉘와 더불어 내 맡는 것을 같이하며, 내가 다행히 마음을 지녔지만 장차 뉘와 더불어 나의 지혜와 영각(靈覺)을 함께한단 말인가?" (연암집(하) 돌베개 p.347)

이들은 왜 이토록 지기를 그리워하며, 지기를 자신의 또 다른 나처럼 여기며, 지기를 그리워하는 마음이 간절하였을까? 조선 땅에는 자신의 이상을 알아주는 사람은 백탑파의 지기 몇몇과 정조 대왕 단 한 사람, 그리고 중국 땅, 그들이 연경에서 만난 청의 지인들이 있었다. 그들은 모두 연행사절단으로 청에 가면 그곳에서 선비를 만나고 교유했다. 그들과는 말이 통하고 생각이 통하고 이상이 같았기 때문이다.

1756년 담헌 홍대용은 연경 유리창에서 육비(陸飛)와 엄성(嚴誠), 반정균(潘庭筠)을 만났다. 이 세 사람은 모두 절강성 항주 사람으로 문장과 예술이 뛰어난 선비여서 필담을 나누고 헤어지면서 "한 번의 이별로 영영 이별이니 저승에서 서로 만나도 부끄러움 없이 살기를 바랍니다"고 한다. 이들의 필담을 기록한 책이 〈천애지기서(天涯知己書)〉이며, 엄성이 죽자 홍대용에게 부고를 보내고 홍대용은 그 답례로 애사와 먹과 향을 항주로 보내고, 그의 아들은 답례로 아비의 유집(遺集)을 홍대용에 보내 9년 만에 돌고 돌아 비로소 받게 되었다. 홍대용이 죽자 연암은 중국의 지기에게 또다시 부고를 보낸다.

이러한 전통은 박제가의 제자인 추사 김정희에게도 전해져, 24살 동지부사(冬至副使)로 연경에 가서 옹방강(翁方綱), 완원(阮元)을 만나 금석학을 배웠다. 추사의 호 완당(阮堂)은 완원의 '완'자를 가져와 스승에게 존경을 표한다. 1840년 김정희는 나이 55세에 뜻하지 않은 송사에 휘말려 제주도로 위리안치(圍籬安置) 유배를 떠난다. 위리안치란 집 둘레에 탱자나무를 심어 가시울타리를 만드는 형벌이다. 10년 유배 생활에 변치 않은 지조를 보인 사람이 제자 이상적(李尙迪)이며, 추사는 세한도를 그려 이상적에게 준다.

세한도는 '우선시상(藕船是賞), 완당(阮堂)'으로 이어지며 발문(跋文)에 사마천의 말을 인용하여 "권세와 이익으로 뭉친 자들은 권세와 이익이 다하면 사귐이 소원해진다."라고 세상의 인심을 말하였지만, 우선(藕船, 이상적의 호)은 날씨가 추워진 뒤에야 소나무와 잣나무가 늦게 시듦을 아는 것처럼 변치 않은 의리에 고마움을 표현한다. 마지막 문장은 전한(前漢) 시대의 급암(汲黯, 사람 이름)이나 정당시(鄭當時, 사람 이름)의 고사를 인용하면서, "한번 죽었다가 한번 살아나서 사람의 정을 알게 되었고, 한번 가난해졌다가 한번 부유해져서 사람 사귀는 태도를 알게 되었고, 한번 부귀했다가 한번 빈천해지자 사람의 진심을 알게 되었다."라면서, 변치 않은 지조를 노래했다. 이에, 이상적은 청나라 선비 16명에게 청유십육가(淸儒十六家)의 제찬(題讚)을 받아 온다.

종자기(鐘子期)가 세상을 떠나자 백아(伯牙)가 거문고를 끌어안고 "장차 누구를 향하여 타며 장차 누구로 하여금 듣게 하겠는가?" 하고 칼을 뽑아

단번에 다섯 줄을 긁고 거문고를 부수고, 밟고, 패대기쳐서 아궁이에 불태워 버린 후, 스스로 이렇게 자문(自問)했을 것이다.

"속이 시원하냐?"

"시원하고 말고."

"울고 싶으냐?"

"울고 싶고말고"

아마도 눈물이 그렁그렁한 그 울음소리는 천지를 가득 메우고, 때가 되면 꽃이 절로 피어나고, 때가 되면 물이 절로 흘러 폭포가 되는 큰 산에 홀로 남겨졌다는 서러움에 더하여 나를 알아주는 지기마저 없다면 그 기쁨과 고뇌를 누구와 더불어 나뉘리(연암집(하) 돌베게 p.34). 맛난 음식을 마주하고, 아름다운 풍경과 마주할 때, 함께 할 사람이 없다면 진정 외로운 사람이다. 역사에서 변혁의 길을 걷는 사람, 걷고자 하는 사람, 뒤따라가는 사람도 이와 같다.

벽(癖)과 치(痴)의 세상

북학파 실학자의 네 번째 고뇌는 '벽(癖)'과 '치(痴)'의 광(狂)이다. 벽은 질병(疾) 아래에 벽(壁), 편벽함을 두었고, 치는 질병(疾) 아래에 지(知), 앎을 둔 글자로, 모두 병 가운데 지나치게 치우친 것을 말한다.

벽이 있다는 것은 홀로 자기만의 세계를 개척하여 전문의 기예를 익히는 사람이며, 치란 자기가 좋아하는 것에 미친 바보를 말한다. 우리가 그들의 이야기를 들을 수 있는 것은 그들이 생계형 글뿐만 아니라 바로 그들만의 고유한 '벽(癖)'과 '치(痴)'로 쓰인 독특한 문집을 남겼기 때문이다.

박제가는 장인어른 이관상(李觀祥)의 제문인 「제외구이문공(祭外舅李公文」에서 미칠 광(狂)의 종류를 밝히고 그렇게 될 수밖에 없는 사유를 밝혔다. 온 세상 사람이 술에 취해있는데, 나 혼자 술에 취하지 않아 "'너' 술에 취했지?" 하고 물으면, 그 사람은 취한 사람은 내가 아니라 '너'라고 주장하니 답답하여 미칠(狂) 수밖에 없다고 이야기한다.

"대저 광(狂)에는 너무 맑아서 미친 것처럼 보이는 청광(淸狂)과 세상의 혐의를 피하기 위해 거짓 미친 양광(佯狂)도 있습니다. … 옛날에 얼굴

<그림 5> 귀스타브 쿠르베(Gustave Courbet), 보들레르의 초상(Portrait of Baudelaire). 1847년, 54×61cm. 파브르 미술관. "보들레르의 악의 꽃, 그것은 신의 세계에서 인간의 세계로 왔다는 증거이며, 그것의 시작은 탐(探)함에서 시작되었다."

을 씻지 않고 대야의 물을 마셔버린 자가 있었습니다. 그의 벗이 이를 조롱하며 크게 미쳤다고 여겼지요. 그 사람이 말했습니다. '남들은 겉으로 씻고 나는 안으로 씻은 것일세.' 오호라, 공의 광(狂)은 안을 씻는 그런 부류입니까?" (《정유각집(하)》 돌베개 p.413) 하면서 "썩은 유(儒)자들이 경전의 장구를 가지고 활과 화살을 모욕하고, 무인이라고 공을 비웃어 광(狂)으로써 이를 대하니 더욱 광망(狂妄)한 것은 성품이 광(狂)한 것이 아니라 속된 선비를 좋아하지 않음이 광망했다"고 말한다.

이덕무는 스스로 지은 「간서치전(看書痴傳)」에서 자신은 책만 읽는 바보이며, 책 읽는 즐거움 이외의 그 어떠한 세간의 평가에도 마음을 두지 않았으며, 추위와 더위 심지어 배고픔과 아픔마저 잊고 책을 읽었다고 한다. 이 정도는 되어야 벽과 치에 빠진 것이다.

"목멱산(木覓山, 남산) 아래 어리석은 사람이 있었는데, 어눌(語訥)하여 말을 잘하지 못하고, 성품은 게으르고 졸렬해 시무(時務)를 알지 못하였으며 … 이를 두고 다른 사람들이 욕을 해도 변명하지 않고, 칭찬을 해도 자랑하거나 뽐내지 않으며, 오로지 책만 보는 것을 즐거움으로 삼아 추위나 더위, 배고픔이나 아픈 것도 전연 알지 못하였다. 어렸을 때부터 스물한 살이 되기까지 하루도 손에서 고서(古書)를 놓지 않았다. 그의 방은 매우 작았다. 그러나 동창과 남창, 서창이 있어 해의 방향을 따라 밝은 곳에서 책을

보았다." (한정주 지음 〈조선 최고의 문장, 이덕무를 읽다〉 다산초당 p.94)

박지원은 「형언도필첩서(炯言挑筆帖書)」에서 아무리 작은 기예(技藝)라도 다른 모든 것을 포기하여만 이룰 수 있는데 나라를 다스리는 경세에는 두말할 필요가 없다면서 과거에 나오는 공부만 하는 기존의 사대부를 비난한다.

"최흥효(崔興孝)는 나라에서 글씨를 제일 잘 쓰는 사람이었다. 일찍이 과거에 응시하여 시권(試卷)을 쓰다가 그중에 글자 하나가 왕희지의 서체와 비슷한 것을 발견하고는, 종일토록 들여다보고 앉았다가 차마 그것을 버릴 수가 없어 시권을 품에 품고 돌아왔다." (〈연암집(하)〉 돌베개 p.81)

최흥효처럼 이해득실을 떠나, 과거시험을 보다가 우연히 쓴 글자 중 하나가 왕희지체를 닮았다 하여 시험 시간 내내 답을 짓지 않고 쳐다보다가 차마 그 글자가 아까워 시험지를 제출하지 않고 갖고 올 정도가 되어야 제대로 벽과 치에 빠진 것이다.

박제가는 「백화보서(百花譜序)」에 꽃 그림에 미친 삼양재(三養齋) 김덕형(金德亨)을 이야기하면서 벽(癖)이 없는 사람은 아무짝에도 쓸모가 없는 사람이라고 말한다. 지금으로 말하면 전문가이다. 전문가를 존중하지 않는 세상은 발전이 없다. 전문가를 넘어 통섭형 인재를 원하지만, 전문가가 되지 않고는 통섭형 인간이 될 수 없다.

"김군은 화원을 찾아 서둘러 달려가, 눈은 꽃만 주목하여 온종일 깜빡이지도 않고 오도카니 그 아래에 자리를 깔고 눕는다. 손님과 주인이 한마디 말도 주고받지 않으니, 이를 보는 자는 반드시 그를 미쳤거나 멍청이라고 생각하여 웃고 손가락질하며 욕하기를 그치지 않는다. 그러나 그를 비웃는 자의 웃음소리가 끝나기도 전에 비웃는 생각은 이미 스러지고 만다." (《정유각집(하)》 돌베개 p.146)

연암은 북학파들이 갔다 온 유리창 길거리에 서니 스스로 미치광이로 변하려고 한다. 자신이 입고 있는 옷과 갓은 세상이 알지 못하고, 가문에 얽매여 있던 조선의 반남 박씨도 세상이 알지 못하고, 자신이 하는 조선의 말은 세상이 더 알지 못하니, 자신은 여기서 성인도 되고 부처도 되고 호걸도 되리라 말한다.

벽과 치는 새로운 세상으로 들어가는 문이다. 어느 나라도 나라가 쇠퇴하는 징후가 있는데, 그중 하나가 엘리트들의 지대추구(地代追求, 국가 보조금을 얻기 위한 수많은 정책 등)이다. 나라가 흥할 때 엘리트들은 지적 영역을 넓히거나 새로운 분야의 개척을 위해 몸부림친다. 대항해 시절 서양의 귀족이 그랬다. 새로운 무역항로를 개척하기 위해 항해술과 전쟁학에 몰두하여 세계사를 새로 만들었다. 무엇이든 세계 최초를 찾아 고고학과 생물학을 배워 5대양 6대륙을 탐험하여 세계 최초의 발견에 자신의 이름을 새기고자 하였다. 그들은 눈을 기존 체제에서 벗어나 새로운 체제의 창조에 돌렸다. 그 사회의 지배층이 상자 속에 갇혀 탈출하지 못하고 내부에 갇히게 되면, 지배층은 그들의 관심을 내부로 돌려 치졸한 권력 싸움에 몰입하거나 지대추구를 위해 하위계층을 착취한다. 벽과 치의 세상, 상자 밖으로 탈출하려는 그들의 기개는 정조가 죽자 서서히 닫히기 시작했고 그렇게 저물어 갔다.

[쉬어가기]

이름 석 자

김춘수 시인은 '꽃'이라는 시에서 "내가 그의 이름을 불러주기 전에는/ 그는 다만/ 하나의 몸짓에 지나지 않았다./ 내가 그의 이름을 불러주었을 때/ 그는 나에게로 와서/ 꽃이 되었다."라고 한다. 시인은 누군가 이름을 불러줄 때 비로소 온전한 '나'가 드러나고 그 '이름'이 후세에 전해짐을 알았다.

조선 후기 김홍연(金弘淵)이라는 사람이 있었다. 그는 왈짜 신분으로 한량도 아니며 그렇다고 시정잡배도 아니었다. 집안에 돈이 많아 그로서 할 수 있는 지위재(地位財, positional goods)를 마음껏 추구하고 그렇게 살았다. 그 당시의 지위재는 세상에 10대도 없는 '메르세데스-마이바흐 S600'과 같은 자동차가 아니라 중국의 진귀한 그림이나 보도(寶刀), 거문고, 기이한 화초와 이름난 백마였다. 그것만으로 지위재가 채워지는 것이 아니라 당연히 이름난 '기생'이 옆에 있어야 했다. 타고난 힘과 재능이 있어 무과에도 급제할 만하였고 "기생 둘을 양옆에 끼고 두어 길 되는 담장을 뛰어넘을 수"도 있을 정도의 풍류도 알았다.

하지만 그는 허전하였다. 그것으로 세상에 이름을 널리 알릴 수가 없었다. 그는 천하의 명문장을 지을 만한 능력도 없었으며, 세상을 구할 만한 영웅의 기재도 아니며, 천하에 명시를 남겨 후대에 전할만한 시재(詩才)도 없었다. 그는 가만히 생각하여 이르기를 천하 명산에 자신의 이름을 손수 새겨 후대에 이름을 남기기로 하였다. 그러면 천년만년 자신이 이름이 전해지리라.

연암은 산을 좋아하여 금강산, 속리산, 천마산, 묘향산에 올랐는데 반드시 사람이 보일 듯 말 듯한 바위 꼭대기에 '金弘淵'이라는 세 글자가 있었다. 산천을 좋아하는 사람은 대개 다른 사람이 가지 않은 곳을 억지로 올라가 자기만의 풍경을 좋아한다. 조선시대에 산을 오른다는 것은 썩은 잔교(棧橋)를 지나야 하고 엉성한 나무 사닥다리를 올라야만 풍경을 얻을 수 있고 자신만이 그것을 보았다는 자랑을 할 수 있었다.

그런데 그가 그 위치에 가면 어김없이 나타나는 세 글자가 '金弘淵'이었다. 때로는 생살여탈권을 쥐고 있는 관찰사도 아니면서, 천하의 이름을 떨친 양사언(楊士彦, 1517년~1584년)도 아닌 것이, 듣지도 보지도 못한 이름도 없는 '金弘淵' 세글자가 있는 것을 보고 그만 화가 나기도 하고, 또한 길을 잘못 들지 않았다는 위안을 삼기도 했다.

그러던 어느 날 평양 길거리를 지나가고 있는데 뒤에서 쑤군대기를 '이 이가 김홍연이다'라는 말이 들렸다. "대심(大深), 그대가 발승암(髮僧菴)이 아닌가?" 대심은 그의 자요, 발승암은 그가 스스로 부르는 이름이었다. 그러자 김이 고개를 돌려 뚫어지게 쳐다보더니 그대가 나를 어떻게 아오? "옛날 금강산 만폭동에서 벌써 그대를 알았네, 그대의 집은 어디 있는가? 옛날 모은 재산을 지금도 가지고 있는가?"

김홍연은 허탈한 표정으로 집이 가난하여 다 팔아넘기고 이제는 몹쓸 병에 걸려 온몸이 훼손되고 아내도 없이 절에 의지하여 살아간다고 했다. 그러면서 "내가 이제 늙어서 다 죽게 되었소. 마음은 벌써 죽고 터럭만 남았으며, 거처하는 곳은 모두 암자요." 하면서 그대가 조선 제일의 명문장가이니 그대의 글에 의탁하여 후세에 이름이 전해지기를 원한다면서 한 편의 글을 부탁한다. 그는 여전히 자신의 포부인 이름이 후세에 알려지기를 간절히 원하고 있었다.

이름 석 자를 후대에 알리기 위해서는 누군가가 내 이름을 불러주어야 한다. 아무리 남들이 다 찾는 천하 명산에 이름을 새겨 놓은들 그들이 나를 불러주지 않으면 그 이름이 후세에 전해지지를 않는다.

김홍연은 까마귀는 검은 세상만 옳다 하고, 백로는 흰색만 옳다 하는 세상에서, 검은색도 아니요, 흰색도 아닌 보라색이 있다고 하여 버림받았다.

무엇을 아무리 얇게 베어 낸다고 하더라도 양면성은 언제나 존재한다. 설사 그것이 내가 원하는 것이 아니더라도 인정하지 않으면 다툼밖에 남는 것이 없다. 김홍연은 세상인심에 벗어나 의연하게 살았지만, 마지막 욕심 이름만은 어쩔 수 없었다. 그렇지만, 백이(伯夷)와 숙제(叔齊)가 사마천에 의지하듯(사마천이 사기열전의 첫 번째 인물로 백이와 숙제를 논하여 의로움(義)의 대명사가 됨), 안회(顏回)가 공자에 의지하듯(공자가 논어에서 안회가 어짊(仁)의 일인자라고 말함), 연암에게 의지하여 바위가 아니라 종이 위에 그 이름을 후세에 전하게 되었으니, 그런 면에서 그는 반쯤은 성공한 셈이다.

깨진 기와 조각과 마른 똥 덩어리

북학파 실학자들은 백탑 근처에 옹기종기 모여 어깨를 서로 맞대고 머리를 맞대면서 사유와 변증을 하면서 과연 무엇을 깨달았을까? 과연 그들은 국부의 비밀을 찾았을까? 찾았다면 무엇일까? 이용후생 학문인 명물도수(名物度數)의 중요성을 언급하고, 수레를 이용하는 법, 하천에 다리를 놓는 법, 질퍽한 도로를 없애는 방법, 먼 항해를 할 수 있는 배를 만드는 법, 벽돌을 이용하는 성을 쌓은 방법, 물레방아를 이용하는 곡식을 찧는 일, 무엇보다 10만 명이나 되는 과거 지망생의 숫자를 줄여야 한다고 설파하지만, 개혁된 것은 아무것도 없다.

당시, 청은 농경시대 제국으로서 군사적으로나 경제적으로 세계 최강의 지위를 누리고 있었다. 일본은 창조적 쇄국정책을 수행하여 서서히 서양 문물을 받아들였지만, 조선은 그런 청나라의 실용 정신을 무시하고 일본의 서양 문물을 외면한 채, 오로지 성리학만 추구하던 시절로 성리학의 본질은 사라지고 형식만 남아 허례허식이 나라 전체를 가득 메우고 있었던 때이다.

그럴 때 청나라 연경을 가지 못한 선비들이 갔다 온 선비들에게 "무엇이 천하의 제일 장관이었느냐고?"이냐고 묻는다.

일류 선비는 정색하고 "황제와 장상, 선비와 서민들까지 모두 머리를 깎았으니 오랑캐요, 오랑캐는 개돼지나 다를 바 없다. 그러니 뭐 볼 게 있느냐"고 말한다. 겉에 드러난 현상만을 보고 사물을 이해한다. 청은 만주족이라 풍습이 중국과 달라 변발을 하고, 옷도 중국과 다르며, 말은 당연히 다르다. 중국만 쳐다보는 중국 바라기에 그것은 중국과 다르기에 '오랑캐'이고 '개돼지'가 된다.

어쩌면 대다수 사람은 여기에 머물며 한평생 살다가 죽는다. 수박 겉핥기식 인식체계다. 수박은 둥글고 푸른 물체에 검은 줄무늬가 위에서 아래로 톱니바퀴처럼 그려져 있다. 대다수 사람은 그 안에 달콤한 과즙이 있다고 생각하지 않고 겉만 수천만 번 핥아도 달콤한 맛은 알 수 없다.

이류 선비들은 이렇게 말한다. "진실로 10만 대군을 얻어 산해관으로 쳐들어가서, 만주족 오랑캐들을 소탕한 뒤라야 비로소 천하제일 장관을 이야기할 수 있다."라고 다들 춘추대의(春秋大義, 중국을 사모하는 이데올로기)를 이야기한다. 명나라는 임진왜란 때 조선을 도와 왜군을 물리쳤다. 그래서 명나라는 재조지은(再造之恩)의 나라다. 따라서 청은 명을 없앤 원수이기 때문에 만리장성이 시작되는 산해관으로 10만 대군을 몰고 쳐들어가 복수를 한 다음에야 천하 장관을 논할 수 있다고 비분강개한다.

이들은 누구일까? 권력을 잡아 지배층의 이데올로기를 만든 사람이고 그를 추종하는 무리다. 알면서도 따른다면 권력욕이고 모르고 따른다면 반쪽 진리를 신봉하는 무리다. 이들은 사물의 본질보다는 그 시대가 만들어 놓은 이념에 갇혀 사고하고 행동한다. 궁극적 요인의 탐색을 거부하고 행동하기를 주저한다. 강한 충격이 없으면 탈출하기 어렵다. 설사 강한 충격이 발생하여도 더 나쁜 방향으로 진행한다. 조선은 을병대기근을 통해 결정적 분기점을 맞이하였지만, 그 반대 방향으로 나아갔다. 노비의 확충과 양반의 양산이다. 새로운 계층으로 발돋움 되어야 할 상공인은 싹을 움틀 기회마저 상실하였다. 창강(滄江) 김택영(金澤榮)은 연암 박지원을 조선 제일의 문장가라 일컬었지만, 그런 문집조차 1932년 식민지 시대가 되어서야 활자본으로 인쇄될 정도로 위험한 글이었다.

삼류 선비인 백탑파는 중국의 제일 장관은 "저 깨진 기와 조각에 있고, 저 버려진 똥 부스러기에 있다."라고 통렬히 조선 사회를 비판한다. 사물의 궁극적 본질은 겉으로 드러난 현상이나 편향된 이념이 아니라, 본질이다. 연암은 강대국의 비밀, 국부의 비밀을 '깨진 기와 조각'과 '똥 덩어리'에서 찾았다.

깨진 기왓조각과 똥 덩어리는 천하에 가장 쓸모없는 물건이다. 그럼에도 깨진 기왓조각으로 담을 쌓을 때 사용하고 흙길을 메우기도 한다. 똥 덩어리는 어떠한가? 사람이 가장 싫어하는 물건이지만, 금덩어리처럼 아까워하며 말똥이 길바닥에 떨어지기 전에 삼태기로 받쳐 들고 줍는다. 그들은 천하의 모든 부국강병이 여기에 숨어 있다고 보았다. 저 맨 밑바닥 계층까지 스며든 빈틈없는 정밀한 제도와 단단한 하부구조 없이 이런 일은 불가능하다. 이는 허례가 아니라 이용이며 이념이 아니라 실용이다. 사람의 인식과 행동을 옭아매는 거의 유일한 것은 습관과 관습, 제도이다. 아무리 좋은 제도라도 시대가 지나면 변하는 법, 좋은 제도를 꾸준히 바꾸고 새로 만드는 것이 부국강병에 이르는 길이다.

경계에 서서 눈물을 짓다

우리가 너무나 잘 알고 있는 어느 나라의 1794년에서 1796년 사이의 시골 풍경이다.

"그 나라 국민의 대다수는 직접 먹을거리를 재배하고 옷감을 짰으며, 옷과 신발을 만들었다. … 또한, 나무로 집을 짓고 연료를 확보했으며, 동물의 힘을 빌렸다. 제조업이 발전하기 시작할 무렵에는 수력을 활용해 조악한 기계를 돌렸다. 당시 농부가 쓰던 쟁기는 나무막대에 약간의 쇠붙이와 소가죽을 더한 것으로, 고대 로마인이 썼던 쟁기보다 별반 나은 것이 없었다. 마차 바퀴 자국으로 깊게 파인 도로에는 바위와 그루터기가 널려 있었다. 도로는 폭우가 쏟아지면 진흙탕으로, 가뭄이 길어지면 먼지투성이로 변했다."

미국의 모습(〈미국 자본주의의 역사〉 세종서적 p.51)이다. 미국의 시골 모습이 조선의 시골 모습과 같은 무렵, 이덕무, 박제가, 유득공, 서이수는 1779년에 초대 규장각 검서관이 되었으며, 박지원은 1780년에 〈열하일기〉를 썼으며 정조는 1800년에 죽었다.

<그림 6> 존 헨리 퓨젤리(John Henry Fuseli), 악몽(The Nightmare). 1781년, 126.6×101.6cm. 디트로이트(Detroit. MI. U.S.A). “낮과 밤, 성(聖)과 속(俗), 모순과 진리의 이분법적인 사고의 틀 안에서는 아무것도 할 수가 없다. 거기에는 악마만 있다.”

인구가 1만 6천 명 이상의 도시는 필라델피아, 보스턴, 뉴욕뿐이었으며 연경(북경)은 300만 명, 에도(동경)는 100만 명, 한양(서울)은 20만 명, 런던은 75만 명이었다. 도시 인구는 그 나라의 발전을 나타내는 지표이다. 도시는 직접 생산이 아니라 소비가 주를 이루고 있어, 판매와 유통을 위한 교통이 있어야 하며, 상하수도, 화재, 각종 사건이 발생하며 이를 처리하기 위한 촘촘한 제도가 정비되어야 한다. 이런 관점에서 미국은 동아시아 3국은 물론 유럽보다도 훨씬 뒤처진 나라였다.

백탑파는 연행사절단이나 통신사 일원으로 청과 일본을 갈 때 잘 닦여진 도로와 다리, 운하를 보고 얼마나 부러워했던가? 거기에 비하면 미국은 가장 가난한 나라에 속했다. 백탑파 실학자들이 그토록 외쳤던 이용후생, 기부방곡(旣富方穀, 부유하게 살아야 착하게 행동하는 것)은 상공업의 발달로 농업 중심 사회가 상공업 중심으로 변화되어야만 가능한 일이다. 농경시대의 모습은 미국이나 로마나 조선이나 당나라나 별반 차이가 없었다.

누가 먼저 기존 제도를 허물고 상공업 중심으로 창조적 파괴를 하느냐에 달려있었다. 그 달리기 경주에서 유럽이 가장 먼저 앞서 달리기 시작하였고, 일본은 뒤따라갔으며 청과 조선이 뒤이어 달렸으며, 미국은 이제 막 출발 선상에 있었으나 결국 최종 승자가 된다.

백탑파 실학자의 고뇌, 그들의 삶을 하나로 꿰는 도(道)는 무엇인가? 표면에 드러난 증상들을 관찰하고 그 아래에 숨겨져 있는 사실과 사실을 선으로 연결하고, 선과 선으로 면과 공간을 만들 때 궁극적으로 변혁이 일어난다.

그들이 사물을 바라보는 관점은 바로 '경계(際)'였고 중심부가 아니라 변방이었다.

연암은 「이존당기(以存堂記)」에서 진사 장중거(張仲擧)의 이야기를 한다. 그는 걸출한 인물로 키는 팔 척 남짓에 기개가 뛰어나 사소한 일에 얽매이지 않았으나, 술을 좋아하고 호방한 까닭에 술에 취하면 술주정을 부렸다. 이 때문에 동네 사람이 그를 싫어하고 괴롭게 여기어 미친 사람으로 취급하고 친구들 사이에도 비방이 잦았다. 이에 스스로 자신의 행실을 뉘우칠 겸 반성할 요량으로 방을 깨끗이 쓸고, 문을 닫아걸고, 발을 내리고 '이존(以存)'이라 써서 방문(堂)에 걸고 금주를 단행한다.

그러자 연암은 "팔척장신의 몸을 어떻게 방 안에 숨길 수 있느냐 하면서 숨긴다고 숨겨지느냐?"라고 반문한다. 또한 "어떤 사람은 술로 몸을 숨기려 하고, 또 어떤 사람은 낚시로 몸을 숨기려 하고, 또 어떤 사람은 여색으로 몸을 숨기려 하지만 모두 실패한다"라고 꼬집는다. 그러면서 길(道)이란 어려운 것이 아니라 인간이 외물과 반응하는 그 찰나에 존재하는 것이며 그 찰나를 놓치지 않고 관찰하여 그것을 예(禮)로 통제한다면 어디를 가든지 무엇을 행하든지 자신을 보존할 수 있다고 말한다.

경계는 변방이다. 경계는 서로 다른 두 물질이 만나는 지점이고, 서로 다른 두 세계가 만나는 지점이고, 서로 다른 두 문화가 충돌하는 지점이다. 경계는 중심부가 아니라 중심부가 소멸되는 변방이다. 경계는 권력의 한 가운데의 주류가 아니고 권력의 말단이다. 경계는 일류가 아니라 삼류다. 경계는 정책이 아니라 실행이다. 경계는 서로 다른 두 사상이 융합되고, 서로 다른 두 문화가 뒤엉키고, 서로 다른 두 경험이 경합을 벌인다. 역사란 늘 경계에 있던 나라가 중심부로 진입을 하고, 중심부에 있던 나라가 변방으로 밀려난다. 위대한 나라는 경계에서 한계를 넘는다.

1800년 그들의 영특한 리더 정조가 49세에 죽었다. 그들의 꿈과 이상도 그들의 말에 귀를 기울여 주는 사람도 사라졌다. 그들의 사유와 실천은 여기서 끝이 났다.

우리는 정조를 개혁 군주라고 말하기를 좋아하지만, 정조는 농업 기반 성리학이 지배하는 이상향을 꿈꾼 리더였다. 만약에 정조가 좀 더 오래 살았더라면, 그리고 실학자들과 좀 더 면밀한 토론과 실증, 변증들이 오갔다면, 제도를 개혁하여 중상주의를 채택하고 부국강병의 길로 조선이 방향을 틀었을 것이라는 아쉬움을 토로(吐露)한다.

하지만 역사는 그렇게 흘러가지 않았다. 정조가 갑작스레 죽자 순조가 11살에 등극한다. 영조 대왕의 둘째 계비인 정순왕후 김씨가 수렴청정을 하면서 그나마 움트기 시작한 개혁적 시도는 모두 사라지고 정약용, 정약전, 이가환을 비롯한 남인 계열 실학자들이 '천주교'를 핑계 삼아 제거되고, 북학파 실학자들은 병들어 죽거나 옛 송사를 핑계로 귀양보낸다.

1839년 아편전쟁이 일어난다. 중국은 영국에 패배한다. 이양선이 제주도에 정박하기도 하고 수없이 지나가지만, 조선의 지식인은 이들의 실체를 이해할 단 한 사람의 지식인도 갖지 못한 불행한 나라로 전락한다.

19세기 중반, 비서구 나라 선각자의 눈앞에 마주한 유럽의 막강한 실체를 앞두고 4가지 방안을 고민한다. 터키처럼 변화의 핵심이 문화와 제도에 있다고 여겨 문화와 제도를 그대로 수용하려 하였으며, 중국과 일본처럼 문화는 그대로 두고 제도와 기술만 수용하는 변증법으로 접근했다. 중체서용(中體西用)과 화혼양재(和魂洋才)이다. 마지막 방법은 조선처럼 쇄국을 통해 스스로 근대화하는 방법이다. 일본이 채택한 화혼양재만 성공하고 나머지는 모두 실패했으며, 그중 최악은 쇄국 전략이다.

일본의 화혼양재가 성공할 수 있었던 이유는 창조적 쇄국을 하였기 때문이다. 나가사키 데지마를 통하여 작은 바늘구멍을 열어둔 채 서양을 관찰하고 실험하고 실증한 후 변화의 물결이 일어날 때 변화의 물결을 이끌 계층을 만들었다. 새로운 계층의 형성은 새로운 기술로 새로운 부를 창출할 수 있다는 것을 보여줄 때만 가능하다. 반면에 조선의 기존 정치와 제도, 이념은 결코 허약하지 않았다. 실학자 몇몇이 체제를 허물기에는 너무 거대했다. 단단하게 권력과 연계된 토지 기반 부의 고착화를 신흥 상공업 계층으로 쇠사슬을 끊기에는 부를 창출한 실증사례가 너무 적어 계층이 형성되지조차 않았다. 오히려, 새로운 계층의 탄생을 두려움으로 인식한 사대부는 단단히 자신을 가둘 뿐만 아니라 나라마저 단단히 갇히게 하였다.

후지(後識)

2021년 10월 백탑파 실학자들이 환생하여 밤늦도록 백탑에 모여 사유하고 변론하고 변증하면서 맑은 인연을 모아 국부의 비밀을 찾기 위한 새로운 이론을 만든다면 그 서문에 무슨 말을 기록할까?

우선 그들이 죽은 후의 역사를 짧게 분석할 것이다. 만천명월주인옹(萬川明月主人翁)이자 그들의 주군이었던 정조가 죽자 나라는 급격히 실학에서 성리학으로, 개방에서 폐쇄로 이어지고, 그토록 자신을 짓눌렀던 이념에 단단히 갇혀 가는 모습을 목격한다.

그로부터 39년 뒤 중국에서 아편전쟁이 일어나지만, 그 영향을 과소평가함은 물론 왜 발생하였는지조차 탐구하지 않은 사실을 알고 깜짝 놀란다. 그들이 더 놀란 것은 일본에 대한 정보는 이덕무의 〈청령국지(蜻蛉國志)〉와 정약용의 〈일본론(日本論)〉밖에 없고, 기존 지배층은 여전히 편견과 무지에 사로잡혀 일본을 알려고 하지 않는 용감함에 혀를 내두를 것이다.

이어 점점 쇠약해지는 자신의 나라와 열강들이 조선을 먹어 삼키는 비참한 과정, 나라 잃은 서러움, 광복과 더불어 물밀듯이 밀려온 서구의 냉전 패권 주자 미국과 소련 그리고 이어진 전쟁, 지독한 가난과 굶주림, 외국의 원조 없이는 살아갈 수 없는 나라, 자신이 살던 시대보다 더 열악한 백성들의 삶을 보고 얼마나 원통하고 한스러웠을까?

언제 다시 달빛 속 운종교를 걸으면서 도포와 갓이 밤이슬에 젖도록 '아름다운 삶을 노래'할 수 있을까를 회상하면서, 잠시 잠깐 시름에 젖어 한눈을 파는 사이, 똘끼로 뭉친 깡마른 사내가 나타나 20년 만에 나라를 부국강병의 반석 위에 올려놓고 사라진다. 이어서 노사갈등, 민주화운동, 디지털시대의 숨 가쁜 시대가 지나자 그의 후손은 아프리카 대륙 전체보다, 러시아의 광대한 대륙보다 더 잘 사는 나라가 되었지만, 또다시 스스로 폄훼하면서 '헬조선'이다, 가장 '불평등'한 나라다, '없어져야 할 역사다' 하면서 시계의 방향을 과거로 돌리려는 것을 보고 화들짝 놀란다.

오호라, 이들은 분연히 무덤 속에서 다시 뛰쳐나와 디지털트랜스포메이션 혁명 시대에 걸맞은 인간 해석에 골몰하면서, '이용후생', '법고창신'의 붓을 다시 잡아 "부국강병의 길은 창조적 파괴의 길 위에 있다. 비용 없는 창조적 파괴는 없다. 비용 없이 혜택만 있다 하는 사람은 선동꾼이다."라고 울부짖을 것이다.

4부 망국의 징조들

<사진 4> 지리산, 임걸령, 2016.12.24. “내 너 잘난 것도 알고, 똑똑한 것도 알고, 부자가 될 것도 알고, 고위 관료가 될 것도 알지만, 네가 잘 난 이유는 나라가 있기 때문이니, 너보다 모자라고 뒤처진 사람을 배려하라”

잊힌 자의 모습

세상에서 버려진 자의 모습은 어떤 모습일까? 세상에서 잊힌 자의 모습은 어떤 모양일까? 조선은 동방의 고요한 은둔의 나라로 전락하여 세계사에서 잊힌 자의 모습으로 변해갔다. 우리 강역에서 발생한 거대한 두 개의 전쟁에서 우리의 이름을 붙일 수도 없었다. 청일전쟁과 러일전쟁이다. 백조의 겉모습은 우아하지만, 물밑의 두 발은 헤엄치기에 여념이 없다. 조선의 겉모습은 조용하지만, 물밑에서 벌어진 약육강식은 우리 역사를 흑역사로 접어들게 만들었다.

해적질하는 나라 미리견(彌利堅)

1653년 1월 하멜은 네덜란드 텍셀(texel)을 출발하여 대만으로 향하였다. 대만에 도착한 그는 총독부의 명령으로 다시 일본으로 출항하였지만, 도중에 폭풍우로 배가 난파되어 제주도에 상륙한다.

이들은 제주도에서 해남으로, 다시 영암, 나주, 장성, 정읍, 태인, 김제, 전주, 공주를 거쳐 한양에 당도하고 효종을 알현하여 훈련대장에게 인계된다. 억류 중 청나라 사신에게 탄원하였지만, 실패하고 다시 전라 강진 병영에서 노역 생활을 하다가 일본 나가사키로 8명이 탈출하고 8명은 조선에 남겨졌고 나머지는 죽었다.

그가 남긴 표류기에 조선 사람은 “매우 도둑질을 잘하며 남을 속이거나 거짓말도 잘한다. 조선 사람을 신뢰할 수 없다. 동시에 조선 사람은 너무 단순하고 쉽게 속기 때문에 어떤 일을 하도록 설득하는 것도 어렵지 않다.”라고 기록한다.

나는 하멜의 인식을 근대화된 국가의 국민과 근대화되지 못한 국가의 국민 사이에서 발생한 인식 차이라고 생각한다. 단위 시간당 생산성 개념이 있는 국민과 단위 시간당 생산성 개념이 없는 국민, 교역을 통하여 계약의 신성한 가치를 아는 민족과 교역이 없어 계약의 신성한 가치를 모르는 국민 사이의 인식 차이며 국민성은 아니라고 생각한다.

나는 조선 정부가 하멜을 어떻게 인식하였는지가 주 관심사다. 하멜을 처음 치계(馳啓, 보고서를 올림)한 제주 목사 이원진의 기록이다.

"어느 사람인지 모르겠으나 살아남은 자가 38인이며 말이 통하지 않고 문자도 다릅니다. … 파란 눈에 코가 높고 노란 머리에 수염이 짧았는데, 혹 구레나룻은 깎고 콧수염을 남긴 자도 있었습니다. 그 옷은 길어서 넓적다리까지 내려오고 옷자락이 넷으로 갈라졌으며 옷깃 옆과 소매 밑에 다 이어 묶는 끈이 있었으며 바지는 주름이 잡혀 치마 같았습니다." (신복룡 역주 〈하멜 표류기〉 집문당 p.9)

그리고는 "크리스천인가?" 물으니 "예"라 답하고, 조선을 '고려'라 하고, 중국을 '대명' 혹은 '대방'이라 한다. 일본 낭가삭기(나가사키)를 가려다 난파되었다고 하며, 이를 보고 받은 조정에서는 한양으로 올려보내라고 명한다.

하멜 일행은 한양에 도착하여 효종을 알현했지만, 별다른 질문이 없었으며, "노래와 춤을 하라"는 명령을 받았다. 서울 양반과 여인들, 아이들은 마치 놀잇감 보듯이 그들의 훈련 모습과 춤을 보고 싶어 하루라도 조용히 숙소에 있을 수가 없었다. 특히 "양반댁 하인이 자신을 숙소에서 끌어내어 조롱하고 짐승처럼 데리고 놀았다"라고 한다.

그들이 조선을 탈출하여 일본 나가사키에 도착하니 일본인 두 사람이 54개의 질의서로 심문을 하였으며 그 질의서 일부다.

"너희는 어느 나라 국민이며, 또한 어디에서 왔는가? 너희들은 어떻게 그곳에 가게 됐으며, 또한 무슨 배로 갔는가? 승조원은 몇 명이며 대포는 몇 문이 탑재되어 있는가? 승조원과 물건 및 대포는 어느 정도 건졌는가? 그들의 총과 무기는 어떠했는가? 조선의 성과 요새는 있었는가? 그들은 해전을 위해 어떤 배를 가지고 있었는가?" (p.42)

조선은 왜 묻지 않았을까?

너희들은 어떤 배로 어떤 무장으로 얼마나 걸려서 이곳까지 왔으며 식량과 물은 어떻게 조달했는가? 너희들이 사는 나라는 어떤 전쟁을 하였으며, 무엇으로 생계를 유지하느냐고 왜 묻지 않았을까? 이미 조선에는 박연(朴延)이 생존했기 때문에 언어에는 전혀 지장이 없었다.

왜, 조선 사대부의 관심사는 온통 생김새와 복장에만 관심이 있었을까? 생김새와 복장이 달라서 남만 오랑캐라고 취급하고 그들보다 도덕적으로 우월하다는 자부심을 이곳에서도 찾으려 하지 않았나 생각한다.

1719년 통신사절단으로 일본 에도(동경)에 간 신유한(申維翰)이 〈해유록(海游錄)〉에서 보인 인식도 비슷하다.

"그들의 성정은 대개 속은 조급하고 겉은 경박하여 자기에게 유리할 때는 좋아 까불며 간과 쓸개를 온통 내놓다가 조금 마음에 거슬리면 안절부절 강동강동 뛰며 죽을지 살지를 몰라 한다. 대화를 해도 눈치만 보고 일을 만나면 버마재비가 수레 막듯 한다. 다 박쥐의 마음이며 벌같이 쏘려 한다. 넓은 도량으로 백성들의 무거운 희망을 풀어 줄 만한 사람은 하나도 없다."

(신찬순 옮김 보리출판 p.366)

1780년 이러한 사대부의 대외 인식은 박지원의 〈열하일기〉에도 고스란히 남아 있다.

"황제는 머리를 깎았고, 장상(將相)과 대신 등 모든 관원이 머리를 깎았으며, 선비와 서민들까지 모두 머리를 깎았더군요. 공덕이 비록 은나라·주나라와 대등하고, 부강함이 진나라·한나라보다 낫다 한들 백성이 생겨난

이래 여지껏 머리를 깎은 천자가 없었습니다. 아무리 드높은 학문을 이루었다 한들 일단 머리를 깎았으면 오랑캐요, 오랑캐는 개돼지나 마찬가집니다. 개돼지에게 뭐 볼 게 있겠습니까?" (고미숙 엮음 〈열하일기〉 북드라망 p.237)

1871년 4월 고종은 신미양요가 발생하기 직전 어전회의(御前會議)에서 "미리견(彌利堅, 미국)은 어떤 나라인가?" 하고 영의정 김병학(金炳學)에게 묻는다.

"여러 부락으로 구성된 미리견은 최근에 설립된 야만 국가로 영길리(英吉利)와 친밀한 관계를 유지하면서 다른 야만 국가들과 서로 소통하고 있으며, 미리견 사람들은 마치 개나 양과 같아 도덕과 윤리가 없으며, 해적처럼 노략질을 좋아하고, 오직 그들의 이익만을 추구하는 나라입니다." (강종일 지음 〈고종의 대미외교〉 일월서각 p.111)

이에 고종은 "조선은 천 년 동안 예의와 정의를 숭상한 나라였다. 어찌 우리가 개나 양과 같은 야만인들과 평화롭게 지낼 수 있겠는가?"라고 답한다.

한 나라의 국왕과 제2인자인 영의정의 대외 인식 수준이 너무나 보잘것없다. 미국이라는 나라의 군사력이 어떻고, 그들의 대외 관계는 무엇이며,

조선에 어떤 영향을 미치는지를 논의해야 했지만, 여전히 산업혁명의 변화된 물결을 인지하지 못하고 농경시대의 덕목인 공자의 '예법'이 무너질 것만 걱정했으니, 공자의 '예법'이 아무리 뛰어나도 새로운 패러다임으로 부강(富强)을 이루지 못한다면 나라가 저절로 무너진다는 것을 왜 몰랐을까? 더구나 청의 수도를 다녀온 기록을 연행록(燕行錄, 북경을 다녀온 기록)이라 하고 명의 수도를 다녀온 기록을 조천록(朝天錄, 하늘이 만든 나라에 들어간 기록)이라 하며, 일본을 청령국(蜻蛉國, 일본의 지형이 잠자리를 닮아서 붙여진 이름)이라 하여 자존심을 세우는 것도 좋았지만, 그에 못지않게 실력도 갖추어야 '정신승리'의 오류를 극복할 수 있다.

거문도 앞바다는 말없이 흐르고

이 세 마리가 돼지를 놓고 싸우고 있었다. 이들 곁을 지나가던 이가 "무엇 때문에 다투는 것인가?"하고 물으니 이 세 마리가 "살이 통통한 곳을 차지하려고 다툰다."라고 말한다. 지나가던 이가 "너희들은 섣달 고삿날이 되면 돼지가 띠 풀에 그을려 죽게 될 것을 걱정하지 않고 또 무엇을 걱정하는가?" 하자, 세 마리 이는 함께 모여 돼지를 물어뜯고 피를 빨아 먹었다. 돼지는 여위었으므로 사람들은 당장 죽이지 않았다.

1885년 4월 15일 영국은 세척의 함대를 파견하여 불시에 해밀턴 항(Port Hamilton), 거문도를 불법 점령한다. 거문도는 군사적으로 대한해협에서 대마도를 제외하고 가장 쓸모가 있는 섬이다. 당시에는 증기선으로 군함을 운행하였기 때문에 근접항해만 가능하였고, 중간에 저탄기지(貯炭基地)가 필요했다.

19세기 패권 경쟁은 영국과 러시아의 대결이다. 1812년 나폴레옹은 영국을 견제하기 위해 '대륙봉쇄' 전략을 펼치나, 이에 미온적인 반응을 보인 러시아를 침공한다. 모스크바 원정은 길어지는 보급로와 혹독한 추위, 러시아의 초토화 작전으로 실패한다. 그 결과 유럽 역사에서 주변국에 머물러 있던 러시아가 파리를 점령하고 핵심 국가로 성장한다. 이제 영국은 앙숙이었던 프랑스와 손을 잡고 다시 러시아의 패권을 견제하고, 독일은 프랑스와 러시아의 틈바구니를 헤치면서 힘겹게 독립 국가의 모습을 갖추어 간다.

영국과 러시아의 패권 전쟁은 거의 1815년에서 1905년까지 100년 동안 이어졌다. 러시아는 영토확장과 부동항(不凍港)을 건설하기 위해 크림전쟁(1853년)과 아무르와 연해주 영토확장, 대마도 점령, 영흥만(永興灣, 원산) 야욕(1886년) 등으로 남진(南進)을 시도했고, 영국은 캄차카반도 기습공격, 거문도 점령 등으로 남진을 막았다.

동아시아는 1839년 아편전쟁 이후 후끈 달아오르는 제국주의 전쟁터가 되었다. 여기에 고요한 동방의 은둔 나라 조선도 피해 갈 수 없었다.

조선에서 강자는 여전히 청이다. 청은 조공체제의 종주국임을 자인하면서 열강의 흉내를 내고 원세개(袁世凱, 위안스카이)를 통하여 조선을 착취한다. 일본은 아편전쟁 이후 탈아입구(脫亞入歐, 국가의 체제를 아시아에서 유럽형으로 변신) 전략을 내세워 근대화를 시작했고, 아직은 자신의 힘을 가늠할 수 없었다. 영국은 아편전쟁 이후 중국에 자신의 이익을 심기에 여념이 없었다. 프랑스와 독일은 영국에 편승하여 중국에 자국의 이익을 도모하고 있었다. 미국은 1853년 함포로 일본을 개항시켰지만 1865년 남북전쟁을 끝내고 본격적으로 동아시아 열강 대열에 합류하고 있었다.

이제 조선은 영국과 러시아 패권 전쟁 아래 청과 일본의 대립, 독일과 프랑스의 전통적인 견제, 미국의 개입으로 이이제이(以夷制夷)와 합종연횡(合從連衡), 혼전(混戰)이 난무하는 각축장(角逐場)이 되었다. 물론 열강들이 다툰 이유는 자국의 이익 때문이며, 조선을 위해서가 아니었다.

열강의 침략은 제너럴셔먼호 사건과 병인양요를 시작으로 남연군 도굴사건, 신미양요, 운요호 사건, 강화도 조약, 거문도 점령(1885년)으로 이어지며, 자국에서 발생한 임오군란, 갑신정변, 동학혁명은 그 팽팽한 균형을 깨트리는 좋은 구실을 제공하였다.

구한말(舊韓末, 조선 말기에서 대한제국 시기) 열강이 동아시아를 침략한 전략은 거의 비슷하다. 약육강식이다.

첫 번째 전략은 "상대의 곤궁(困窮)을 이용하여 자신의 이익을 챙겨라."다. 청에서 태평천국의 난이 발생하자(1856년), 영국은 태평천국의 난을 핑계로 제2차 아편전쟁을 일으킨다. 이는 예상되는 러시아의 중국 침략에 앞서 자국의 기득권을 방어하려는 전략이다. 하지만, 러시아도 태평천국의 난을 이용하여 천진 조약(1858년)을 맺고 외교 사절단, 북경 상주, 내륙 항해권 등을 확보한다.

1880년 청의 외교관 황준헌이 쓴 〈조선책략〉도 러시아의 견제를 위해 한반도에 강대국을 들여놓음으로써 자국의 이익을 챙기려는 수법이다. 〈조선책략〉은 '중국과 친하고 일본과 결속하며 미국과 연합'해야 한다는 외교 전략이며, 청은 일본보다 러시아의 국력을 더 심각하게 보았다. 이에 조선은 구미 열강과 외교를 수교한다.

두 번째 전략은 "전선(戰線)을 분산시켜 상대의 발목을 묶어라"다. 영국이 인도 식민지에서 발생한 세포이 반란(1857년)으로 발목이 묶이자, 러시아는 청으로부터 아무르강 우안과 연해주 영토를 확정하여 자국의 이익을 확대하였다. 청과 러시아가 투르키스탄에서 분쟁이 발생하여(1871년) 발목이 묶이자, 일본은 재빨리 대만 원정(遠征)을 단행(1874년)하고, 류큐를 병합하고 오키나와로 개칭(1879년) 하고 운요호 사건을 일으킨다.

세 번째 전략은 "강대국의 공백을 파고들어라."다. 이는 지역 패권을 노리는 떠오르는 강자가 주로 쓰는 전략이다. 영국과 러시아가 핵심 이익인 중국에 전념하여 상대적으로 핵심 이익이 아닌 조선에서 다툼을 자제하자, 프랑스가 천주교 박해를 핑계로 병인양요를, 미국이 제너럴셔먼호 사건을 핑계로 신미양요를, 독일은 상인 오페르크로 하여금 남연군 도굴사건을 일으켰다.

네 번째 전략은 "분쟁을 만들어 상대를 공격하라"다. 청과 러시아가 투르키스탄에서 분쟁이 발생(1871년)하여 조선에 힘의 공백이 발생하자, 이 틈을 노려 일본이 고의로 분쟁을 만들고 도발한다. 대표적으로 운요호 사건(1875년)을 핑계 삼아 강화도 조약(1876년)을 맺는다.

다섯 번째 전략은 "중재를 통하여 자국의 이익을 확보하라"다. 영국은 일본이 대만을 침략하자 양국을 중재하면서, 조속히 화의를 맺게 하고, 일본에는 중국이 아니라 한반도로 방향을 돌리라 한다. 영국은 중국에서 자국의 이익을 지킴은 물론 향후 러시아 패권 경쟁에서 일본을 활용하려는 전략이다. 이는 결국 동아시아의 전략적 파트너로 일본을 활용하게 되는 계기가 된다.

마지막은 "오랑캐를 오랑캐로 다스려라"다. 이 전략은 내가 강하여 상대를 움직일 수 있을 때 가능하다. 하지만 힘이 없는 청이나 조선이 이 전략을 구사했을 때는 오히려 역공을 당한다. 청은 한반도에 일본과 러시아의 독주가 예상되자 영국, 독일, 미국을 끌어 들어왔지만, 기대와 달리 영향력만 악화되었다.

조선은 청의 압제를 벗어나기 위해 영국과 미국을 이용했으나 기대 이하의 효과를 얻게 되자, 드디어 일본을 이용하여 갑신정변을 일으켰다. 하지만 결과는 청의 입지만 강화되었다. 또한 조선은 영미의 배신감과 일본의 강압을 막기 위해 러시아를 끌어들였으나, 거꾸로 서구 열강에 버림받는 꼴로 변했다.

나는 강대국의 핵심 이익이 무엇이며, 여기에 따라 지역 패권을 노리는 중진국의 전략이 구한말 열강의 직접 침략 원인이라 생각한다.

19세기는 영국과 러시아의 패권 전쟁이며, 동아시아에서 양국의 핵심 이익은 중국이다. 영국은 홍콩을 발판으로 자국의 이익을 극대화하려 했으며, 러시아는 연해주를 통해서 이익을 극대화하려 한다. 한반도는 핵심 이익이 침해되지 않는 범위에서 자국에 유리한 이합집산, 이이제이 전략을 구사했다. 프랑스와 독일도 유사하다. 프랑스는 전통적인 경쟁국인 영국과 독일의 부상을 견제하려는 전략으로 이이제이를 했으며 역시 궁극적 핵심 지역은 중국이다. 독일은 본토가 러시아에 직접적인 위협에 노출된 상황에서 이를 견제하려는 심리로 조선에 임했다. 미국은 핵심 이익이 중국이지만, 증기 군함의 전력으로는 연안 항해가 필요하였기 때문에 한반도가 중간 경유지로 매우 중요했다.

청은 조선에 대해 '종주권'이라는 애매한 논리로 기득권을 유지하려 했다. 처음에는 러시아를 견제하기 위해 열강과 외교관계를 맺으라 압박하였고, 나중에는 일본을 견제하기 위해 열강을 이용했다. 하지만, 청은 근대화되지 못한 관계로 국력의 한계를 금세 노출하여, 열강의 먹잇감으로 전락하여, 영향력을 급격히 상실한다.

마지막은 일본이다. 일본 안보의 최전선은 조선과 러시아다. 조선은 국력이 약하여 위협을 느끼지 못했지만, 조선이 병합 혹은 또 다른 강대국의 지배 아래 놓일 경우, 직접적인 안보 위협에 노출된다. 가장 위협적인 나라가 러시아였다. 만약에 조선이 러시아와 병합되거나 러시아의 지배 아래 놓여 영흥만이나 부산, 진해에 해군기지가 건설된다면 일본의 안보에 엄청난 영향을 미치게 된다. 따라서 조선 침략에 가장 심혈을 기울인 나라는 일본이 된다.

구한말 한국의 가장 큰 실수는 무엇일까? 나라의 인재를 하루아침에 기를 수도 없고, 국력을 하루아침에 키울 수도 없지만, 국가의 전략적 방향 부재와 국론 분열이 가장 큰 문제였다. 여전히 개화와 쇄국 사이에 오락가락하는 사이 열강의 이해에 따라 걷잡을 수 없는 풍랑을 맞이하였다.

조선의 전략적 가치는 무엇일까? 나는 지정학적 가치와 시장의 가치로 구분한다. 우선 조선은 국력이 약하여 시장 가치는 없었으며 지하자원은 있었지만 한반도에서 채굴하여 자국으로 수송하기에는 가치가 너무 적었다. 가장 큰 전략적 가치는 지정학적 위치다. 자국의 핵심 이익에 근접한 나라가 러시아와 일본이다.

러시아는 부동항을 위해 꼭 필요하지만, 시베리아 횡단 철도로 전략적 가치가 퇴색하였다. 서구 열강은 홍콩이나 천진을 통하여 직접 중국을 공격하면 되었지, 구태여 한반도를 경유하여 중국을 공격할 필요가 없었다.

어느 나라의 역사에도 반드시 결정적 분기점이 있다. 나는 구한말 열강의 침략을 당하고 일본에 식민지 지배를 당한 결정적 분기점을 영국의 거문도 점령이라 생각한다. 조정은 영국의 낌새를 알아야 했다. 이후 조선은 고종의 아관파천으로 서구 열강에 한반도가 러시아에 병합될 우려와 이로 인한 자국의 핵심 이익인 중국에 위협이 되리라는 판단으로 러일전쟁 때 일본을 지원하였고, 한반도는 서구 열강의 관심 영역에서 멀어져 국제 사회에서 고립무원이 되고 마침내 일본에 의해 마침표를 찍게 된다.

타인의 전쟁터가 된 한반도

조선 정조 시절에 송욱(宋旭)이라는 사람이 있었다. 그가 술에 취해 쓰러져 일어나 보니 "솔개도 울고, 까치도 지저귀며, 수레 소리, 말발굽 소리, 절구 찧는 소리, 그릇 씻는 소리, 늙은 하인, 어린애, 남녀 종들이 왁자지껄하는 온갖 소리가 다 들리는데" 오직 자신의 소리만 들리지 않았다. 자신이 사라진 것이다. 깜짝 놀라 다시 한번 좌우를 살펴보니 "저고리와 바지, 갓도 횃대에 걸려 있고, 거문고는 뉘어져 있고, 가야금은 세워져 있으며, 심지어 대들보의 거미줄, 창살에 붙어 앉은 쇠파리 등 방안의 온갖 물건이 다 보이는데", 오직 자신의 모습만 보이지 않았다. 자신이 사라진 것이다.

우리만 모르는 우리, 우리 사회만 모르는 우리 사회, 우리나라만 모르는 우리나라, 노예가 되어 봐야 자유를 알 수 있고, 굴종을 당해 봐야 전쟁의 소중함을 안다. 흑역사(黑歷史), 우리 역사에서 지우고 싶거나 잊고 싶은 몇 안 되는 부끄러운 과거, 바로 청일전쟁과 러일전쟁이다. 우리 영토 안에서 벌어진 전쟁이고, 우리나라의 운명을 결정한 전쟁이었지만, 우리 군인이 싸우지 않았다 하여 전쟁의 이름에 우리나라 이름이 없다.

1894년 조선에서 동학운동이 발생한다. 청이 2,800명을 아산만으로 파병

하자, 일본은 8,000명을 제물포로 상륙시켜 서울로 진격한다. 표면적 이유는 천진 조약에 따라 양국이 파병할 때 상호 파견해야 한다는 이유이다.

청일전쟁의 시작은 그해 7월 25일 일본 해군이 아산만 입구의 풍도(豊島)에서 청의 함대를 기습공격하여 까오성호(高陞號)를 격침시킨다. 일본은 기습공격한다. 러일전쟁, 태평양 전쟁 모두 기습공격 형태를 띠었다. 전쟁의 양상은 서양 열강의 예상과 달리 일본이 성환 전투, 황해전투, 평양전투에서 대승을 거두고 10월 하순 압록강을 건너 랴오둥반도와 뤼순(旅順)을 점령한다. 그해 12월 공주 우금치에서 일본군 200여 명은 관군을 지원한다. 우금치 전투의 결과는 자명했다. 처음 2만 명으로 시작한 전투에서 전봉준은 "2차 접전 후 1만여 명의 군병을 점고하니 남은 자가 불과 3천 명이었고, 그 뒤에 다시 2차 접전하고 점고하니 5백여 명에 불과했다." 20,000대 2,700 전투, 일본군의 사망자 통계는 찾을 수 없었다. 일본군은 동학군과의 전투에서 36명의 희생자가 발생했는데 단 1명만이 전투에서 죽고 나머지는 질병에 의해 죽었다고 한다.

왜 청일 전쟁에서 패권국인 영국과 러시아가 이 전쟁을 수수방관하였는가?

우선 영국은 경제적인 면에서 청의 대외 교역량의 65%, 해운 운송의 83%를 차지했으며, 이는 청에서 다른 나라와 무역을 비교했을 때 영국이

19배나 많은 수치다. 충분한 경제적 이점이 있음에도 불구하고, 왜 청을 돕지 않고 일본의 침략을 방관하였는가? 영국은 청이 러시아를 막을 수 없다고 생각하였으며, 유사시 일본 해군이 필요하다고 판단했다. 정확한 분석이었다. 반면에 러시아는 1891년에 시베리아 횡단 철도가 완성되기 전까지는 군사적 행동을 할 수가 없었다. 일본으로서는 러시아가 시베리아 철도가 완성되어 연해주에 육군이 주둔하기 전에 한반도에서 청을 몰아내어야 다가올 지역 패권 경쟁에서 승리할 수 있었었다.

그 당시 조선의 제일 과제는 수천 년 동안 이어져 온 중국의 속박에서 벗어나는 일이었으며, 러일전쟁 이후가 되어서야 본격적인 일본의 합병을 두려워했다. 서대문에 있는 독립문은 청일전쟁 이후 시모노세키 조약(1895년)에 따라 "청은 조선이 완전무결한 자주독립국임을 확인한다."에 따라 선각자 서재필이 중국 사신을 맞이하는 모화관(慕華館, 중국을 사모한다는 뜻의 객관 이름)을 헐고 그 자리에 착공하여 1897년에 완공한다. 일본은 청일전쟁 승리로 랴오둥반도와 뤼순을 점령한다. 랴오둥반도는 톈진항을 바라보는 전략요충지라는 것을 누구나 알 수 있다. 핵심 이익이 겹치는 러시아와 프랑스, 독일이 일본을 간섭하여 반환토록 촉구한다. 일본은 이들 3국과 전쟁할 시기가 아니라 판단하고 철수를 한다. 동맹국이 없었다. 일본은 영국에 간청했으나, 영국은 "러시아와의 전쟁을 각오하지 않고는 일본을 도울 수 없다"고 거부한다.

명성황후는 러시아의 일갈(一喝)에 피 흘려 빼앗은 영토를 반환하는 일본을 보았다. 인아거일책(引俄拒日策, 러시아를 가까이하고 일본을 덜어낸다)을 시행한다. 이이제이(以夷制夷)다. 1895년 일본은 조선에서 핵심 이익을 놓칠까 두려움에 빠지자, 성급하게도 이노우에(井上馨)는 미우라(三浦梧樓)를 사주하여 건청궁에서 명성황후를 시해한 후 불태운다. 을미사변(乙未事變)이다.

어떤 나라가 다른 나라를 점령할 수 있고 침략할 수 있지만, 그 나라를 완전히 멸하지 못한다면 절대로 해서는 안 되는 일이 있다. 그 나라의 상징물을 훼손하면 안 된다. 왕조시대에 왕과 왕비는 그 나라의 상징물이다. 전시도 아닌데 왕비가 살해된 사건은 그 나라 역사가 존재하는 한 기억될 것이고 잊지 않고 분노할 것이다. 우리나라가 유독 일본에 대해 지나치게 반일감정을 갖는 결정적 분기점이 명성황후 시해 사건이다. 일본은 그렇게 잔혹한 행위를 하지 않아도 그렇게 역사는 흘러갔을 것이다. 하지만, 이 사건은 우리 역사에서 기억되고 또 기억되어 일본을 증오하는 마음이 잊히지 않을 것이다. 이후 단발령이 발령되자 전국에서 반일 의병(乙未義兵) 활동이 거세게 몰아친다.

삼국간섭을 주도한 러시아는 청과 비밀동맹을 체결하여 동청철도부설권(東淸鐵道敷設權)을 획득하고 여순(旅順)과 대련(大連)을 25년간 조차하여 만주를 지배하려 한다. 고종은 신변 위협을 느껴 아관파천을 하고 친러 정부를 수립하지만, 러시아는 시베리아 횡단 열차가 완공될 때 까지 일본과 대립을 자제한다.

1899년 산둥반도에서 시작한 의화단(義和團) 사건이 이듬해 만주로 파급되자, 러시아는 동청철도를 보호한다는 명목으로 만주를 무력 점령하고, 난이 진압된 후에도 철수를 거부한다. 일본과 러시아는 조선을 두고 타협안을 찾기 시작한다. 최초의 구상은 "대동강과 원산 사이 북위 39도를 경계로 러시아와 일본이 분할 점령하자"는 안이다. 러시아는 군사적으로 자국 함대의 운항이 방해가 된다는 이유로 거부한다.

1905년 5월 27일 토요일, 영국과 미국의 지원을 받은 도고 헤이하치로는 동이 틀 무렵 쓰시마에서 러시아 함대를 침몰시킨다. 일본은 유럽 땅을 제외하고 최초로 증기 군함을 만들었고, 증기 군함을 갖게 되자 청과 러시아를 무찌르고 동아시아 최강자로 등극한다. 드디어 핵심 이익인 조선을 합병한다.

1780년 연암 박지원은 만리장성을 넘어 열하로 황제의 칠순 잔치 사절단으로 갔다. 그로부터 125년 동안 도대체 무슨 일이 발생한 것일까? 그토록 지독한 장애 요인은 무엇일까? 왜 그렇게 혁신 기술을 거부하였는가?

우리는 몰랐다. 새로운 패러다임으로 조금씩 조금씩 밀려드는 낌새를 놓쳤다. 서구 열강의 군함과 대포는 보았지만, 그 너머에 있는 거대한 괴물 '단단한 하부구조'를 보지 못했다. 성리학 이외는 잡학으로 취급하였고, 양반 이외의 계층은 착취의 대상이 되었다. 사농공상의 신분제도로는 아무것도 할 수 없었다. 새로운 정치구조와 경제 제도, 군대 양성과 교육 혁신이 필요하다는 것을 인식했지만, 그날이 올 때 까지는 참혹한 어둠의 세월을 보내야 했다.

국가란 무엇인가? 영토와 인구가 많다고 강대국인가? 영국, 네덜란드, 스페인, 포르투갈, 몽골 모두 우리나라와 비슷한 영토와 인구를 가졌지만, 강대국이 되었다.

강대국이란 그 강역 안에서 만들어지는 생산량이다. 아무리 넓은 국토를 가진 나라도 삽으로 일을 한다면 생산성이 낮아 후진국이 된다. 파괴적 기술 그 너머에 존재하는 '괴물'의 실체를 알아야 한다. 언제나 기술이 앞서나가고 하부구조가 뒤따라간다. 강대국일수록 틈이 좁고, 후진국일수록 틈이 넓다. 조선은 최소한 그 틈이 200년 이상 벌어졌다. 역사의 변곡점은 이 틈을 말하고, 이 틈을 메우고, 이 틈을 타고, 새로운 경로로 이동될 때 부국강병에 이른다.

관군(官軍)은 보이지 않고 의병(義兵)만

나라가 위기에 빠져 전란에 휩싸일 때 힘없는 민초(民草)들이 가장 먼저 일어나고 가장 나중에 눕는다. 김수영님의 '풀'이라는 시만큼 민초를 잘 대변한 글은 없다. "풀이 눕는다/ 바람보다도 더 빨리 눕는다/ 바람보다도 더 빨리 울고/ 바람보다 먼저 일어난다." 이것은 백성의 삶이 아니지만, 백성의 삶으로 되었다.

왜, 전란 때마다 관군은 보이지 않고, 의병만 찬란한 기록을 남겼는가? 관군은 정규군이다. 정규군은 나라가 키운다. 훈련은 물론이고 무기와 장비를 지급하며, 엄격한 시험을 거쳐 무관으로 임명된다. 그럼에도 불구하고 정규군인 관군이 무너진 그 자리에 훈련과 장비가 부족한 백성들로 구성된 의병이 전장을 누비고, 때론 치명적인 승리를 가져온다.

역사적으로 강대국은 그 나라 인구의 1%를 상비군 즉 정규군으로 양성했다. 로마제국, 에스파냐, 네덜란드, 영국, 프랑스, 프로이센 등 그 나라 인구 1%를 정규군으로 보유하는 일은 언제나 힘겨운 일이다. 비록 전시에는 1%를 웃돌아 2~3%로 높아졌으나 늘 1% 황금률로 수렴되었다. 만약에 이런 불문율은 어기고 인구 1% 이상 군대를 유지할 경우, 결국 제국은 경제

〈그림 7〉 에드바르 뭉크(Edvard Munch), 질투(Eifersucht). 1896년, 32×45cm. 라스무스 마이어 컬렉션(Tel Aviv Museum of Art). "바다는 파도를 쳐야 바다가 되고, 여인은 앙탈을 부려야 여자가 되는 법, 흔들림이 있어야 바람이 분다."

적-군사적 악순환에 갇혀 붕괴하였다. 로마, 에스파냐, 프로이센도 예외가 아니었다.

유럽은 300년 전쟁을 통하여 인구 1%를 정규군으로 양성하기 위한 재정개혁으로 상업-군사 복합체인 중상주의를 만들었으며, 원활한 징집을 위해 대의 정치를 발전시켰지만, 조선은 그런 하부구조를 개혁하지 않아, 율곡의 10만 양병설이 공허한 메아리로만 흘렀을뿐더러, 나라의 재정 부족으로 허약한 관군이 되기에 십상이었다.

의병의 구조는 단순하다. 의병장은 그 지역에 덕망 있는 선비이며, 의병은 그 지역의 권문세가의 농경지에서 살아가는 백성이다. 그들의 전술은 게릴라전이다. 적은 병력으로 지형의 이점을 이용한 기습 공격은 성공할 가능성이 매우 컸다.

그렇다면 왜 그들은 목숨을 내놓아야 하는 위태로운 전쟁터에 스스로 뛰어들었으며, 백성들은 어떤 인센티브가 있었기에 의병이 되려 하였는가? 우선 자신의 목숨과 재산을 지키려는 본능이며, 나라를 지킨다는 생각보다는 임금에 대한 충(忠)과 선비로서 불의(不義)에 맞선다는 의(義)일 것이다.

우리나라는 노블레스 오블리주(nobless oblige)가 형설 될 문화적 토양이 없다. 관병은 없고, 의병만 있는 나라에는 노블레스 오블리주라는 전통이 싹트지 않는다.

유럽 귀족은 세습되기 때문에 그 명분으로 전쟁 발생 시 참여하는 것이 의무이고 전쟁이 일어나야 새로운 신분 상승이나 봉토 확장이 가능했다. 따라서 귀족들은 싸움에 대한 인센티브가 강했고 그 결과 늘 전쟁이 발생했으며 더불어 과학 기술과 조세, 정치제도의 변화에 민감한 반응을 보였다. 반면에 조선은 세습되지 않는 과거를 통해 엘리트를 선발했기 때문에 전쟁으로 인해 자신의 부와 직위가 사라지는 것을 염려했을 뿐만 아니라, 전쟁보다는 '안주'를 선택하려는 압력이 높았고, 그 결과 전쟁 비용을 충당하려는 조세제도의 혁신과 부국 하려는 경세 능력이 현저히 떨어지기 시작했다.

우리나라에서 마이클 샌델 교수의 〈정의란 무엇인가〉라는 책이 무려 100만 부 이상이 팔렸다. 우리는 무엇을 그리워하기에 그의 책을 읽고 또 읽었는가?

인간의 본연적 문제인 정의를 생각게 하는 많은 케이스도 있지만, 그가 우리에게 울림을 준 것은 그 잘난, 미국에서 최고의 엘리트들인 '하버드대생'에게 "내 너 잘난 것도 알고, 똑똑한 것도 알고, 너가 졸업을 하면 대기업의 임원이 되어 엄청난 부자가 될 것이고, 정계에 진출하여 상원이나 연방정부의 고위 관료가 되겠지만, 너가 잘 사는 이유는 미국이라는 사회 때문이니, 너보다 능력이 모자라고 경쟁에 뒤처진 사람을 배려하라"라는 이야기다. 현대판 귀족주의, 귀족 정신이다.

결국, 노블레스 오블리주가 없는 사회는 지속 성장을 할 수 없다. 국가가 어두운 곳을 모두 책임지기에는 너무 많은 비용이 든다. 어느 교수가 "젊은이여 분노하라, 네가 취직이 안 되는 이유는 재벌 탓이고 사회 탓"이라고 말하는 것과 완전히 대비 되며, 기업가를 공공의 적으로 만들어 놓고 사회적 책무를 다하라고 윽박지르는 문화와도 정반대이다. 어쩌면 고위 관료와 장군을 영혼 없는 공무원으로 만들어 놓은 체제에서도 노블레스 오블리주 사회는 영원히 오지 않는다.

나라가 누란의 위기에 빠졌을 때 관군은 보이지 않고 의병만 보이면, 의병의 역설에 빠진다. 의병이 돋보이면 보일수록 나라의 하부구조는 엉망이 되어 가고, 잘난 사람의 노블레스 오블리주는 멀어만 간다. 노블레스 오블리주의 씨앗이 있다면, 지금이라도 성공한 기업가, 나라에 공을 세운 군인, 저명한 학술가에 대한 명예를 존중하는 풍토이다. 잘난 사람을 더 잘나게 만드는 방법이 노블레스 오블리주다.

국가 붕괴의 모습들

어떤 나라도 흥망성쇠(興亡盛衰)를 벗어날 수 없으며, 영원한 제국 로마도 멸망했으며, 유라시아 대륙을 지배한 몽골도, 해가 지지 않은 나라 영국도 그렇게 쇠퇴의 길을 걷다가 다시 일어서기도 하고 영원히 주저앉기도 한다.

오늘 이야기는 나라가 망하기 직전의 모습이다. 망할 때 드러나는 현상은 수만 가지 있지만, 궁극적 요인은 한두 가지다. 조선이 망한 책임은 "양반, 사회의 지도층에 있다."라는 명제는 대다수 서양인 선교사의 시각이며 내 견해와도 일치한다.

헤세는 〈조선, 1894년 여름〉에서 조선은 지금 보다 훨씬 더 민족(종족) 중심으로 밀집되어 살았다고 주장한다. 헤세의 눈에 나라의 모든 것이 무너져 어디 성한 곳이 한 군데도 없었던 그 시절에도 그의 눈에 비친 가장 경이로운 모습은 외모였다. 조선인의 외모는 중국인이나 일본인과는 확연히 달라 경제가 무너져 식량 공급과 의료 시설이 붕괴되었는 데도 건장한 체격과 건강한 모양에 너무 놀란다. 이러한 시각은 오페르트의 〈금단의 나라 조선〉, 이숍의 〈조선과 그 이웃나라〉에서도 비슷하다. 헤세는 중국과 확연히 다른 종족으로 몽골족과 코카사스족이 뒤 섞여 있다고 봤다.

“째진 눈에다 마른 체격을 가진 황색 피부의 중국인이 작고 단단하며 잽싼 일본인과 구분되듯이, 어두운 피부의 건장한 조선인 역시 일본인과 확연히 구별된다. … 조선인은 아무르 지역의 타타르인을 떠올리게 한다.” (p.19)

나라가 망하기 직전의 붕괴 모습, 첫 번째는 국가의 주권(主權) 문제, 즉 나라가 완전한 독립체였느냐 문제다.

1894년 조선의 주권은 청의 속국이냐 아니냐를 증명하는 문제로 여행가뿐만 아니라 외교가, 군사 전략가, 선교사에게도 제일 과제였다. 헤세는 조선이 독립된 주권의 나라임을 실증하기 위해 모든 자료를 뒤지고 찾아보았지만, 알면 알수록 조선은 청나라의 속국임이 틀림없다고 증명하게 된다.

유럽은 1684년 30년 전쟁을 통하여 베스트팔렌조약을 체결한다. 이 조약은 국력과 관계없이 모든 나라가 동등한 자격으로 대우받으며, 각국은 상호 외교관을 파견하여 대등한 수준에서 통상한다. 중국은 대륙을 통일한 후에 명나라 때 조공 질서라는 국제관계를 완성하였다. 조공 질서란 중국만이 황제의 나라이며, 중국을 제외한 모든 나라는 왕이 다스려야 하고 그 결과 군비(軍備) 감시와 한 등급 아래인 왕의 책봉을 승인받아야 한다. 중국과 조공 관계가 형성되면 무역이 허락된다. 그러한 질서 아래 1890년 고종의 어머니 조대비가 승하하자 청나라 황제에게 서신을 보낸다.

"당신의 신하, 조선의 왕 이희(고종)는 제 어머니 대비 조씨가 광서(청 황제) 16년 4월 17일 서거했음을 공손히 알립니다. 지금 저는 황제 폐하 앞에 큰 걱정과 슬픔에 잠겨 무릎을 꿇습니다. 당신의 종(노예)은 몹시 가슴 아픈 초상 때문에 불행한 심정으로 이 작은 나라를 바라보고 있습니다. 상(喪)이 종(노예)에게 닥쳐 종(노예)은 이를 공손히 폐하께 아룁니다. 종(노예)은 폐하께서 자비롭게 배려해주시기를 바랍니다." (p.132)

두 번째는 무너진 군대의 모습, 자강(自强)의 흔적이다.

그는 지구상 수많은 나라를 여행하였고, 수많은 군대를 보았지만, 그중에서도 가장 기이한 군대를 조선에서 보았다고 증언한다.

바로 전형적인 당나라 군대의 모습이다. 정부의 공식 기록에는 120만 대군이라고 기록되어있지만, 조선 군대는 어디에서도 찾을 수 없었다고 매우 신비로워한다. 일본군 여단이 제물포에 상륙했을 때 단 한 명도 나타나지 않았으며, 수도 방위와 왕궁 호위는 일본 군대가 도맡아 하고 있었다. 이들은 활과 화살, 화승총, 솜으로 가득 채운 갑옷에 짚신으로 무장하고 유럽 군대와 맞섰다. 무기가 열세다 보니 훤히 뚫린 벌판에서 적군의 공격을 받으면 무조건 도망갔다. 아마 헤세의 눈에 "군사 전략의 제1원칙이 도망"처럼 보였다. 그럴 수밖에 없었다. 평지 전투는 몰살에 가까운 희생자를 내니 산성으로 도망간 다음 전투를 치렀다. 또한, 말(馬)이 부족하여 기병대를 구성할 수 없으니, 공간적 전술의 한계에 직면했다. 오직 보병만으로 구성된 나라, 거기에다 무너진 성벽에 녹슨 대포, 군대를 양성할 인재도, 첨단 무기를 살 재원도 더더욱 없었다.

세 번째는 경제의 붕괴, 백성들의 삶이다.

조선을 여행하기 위해 많은 짐이 필요한데, 그중 가장 무겁고 기이한 짐은 바로 엽전 꾸러미다. 엽전은 가운데 구멍이 있어 지푸라기로 끼워서 운반하는데, 1달러를 환전하면 엽전 6,000개, 무게는 대략 6kg에 해당한다. 여행을 하기 위해서는 말이 필요했는데 제물포에서 한양까지 말 한 마리를 빌리는 데 드는 비용이 2만 냥(엽전 2만 개), 대략 3달러가 필요했다. 말이 워낙 귀해서 말 몰이꾼이 반드시 동반해야 했다. 말의 문제는 연암 박지원의 북학파들이 줄기차게 주장한 것으로 수레의 도입과 도로의 정비 없이는 부강할 수 없다는 것을 여실히 증명했다.

경제가 무너지면 이방인에게 백성이 '게으르다'는 인상을 지울 수 없다. 힘 좋고 건장한 사내가 하루 종일 놀면서 담배나 피우고 어슬렁거린다. '죽은 나라'의 모습이다. 1960년대 우리의 모습과 별반 다르지 않다. 내 어린 눈에 비친 아버지 세대는 온종일 골방에 처박혀 담배와 술, 화투를 한 모습 기억밖에 없다. 이제 대구와 부산, 마산에 공장이 들어서자, 게으름은 사라지고 그 많던 시골 젊은이들이 일자리를 찾아 떠났으며, 그 빈자리에 장남(長男)만이 덩그러니 남아 고향을 지켰다.

마지막으로 백성의 애절한 슬픈 모습이다.

나라가 붕괴 직전에 처한 백성의 모습 중 하나는 '더럽다'라는 인상이다. 지금의 대한민국 여성은 세계에서 가장 깔끔하고 깔끔한 체를 하고 예쁘고 늘씬하지만 불과 126년 전의 모습은 이와 완전히 정반대였다.

"조선인처럼 깨끗함과 불구대천의 원수인 민족은 얼마 되지 않을 것이다. 특이한 점은 이들이 오물 한가운데 살고 있으면서도 흰옷을 입는 것이다. 이들의 몸은 지저분하고, 머리카락과 수염에는 결코 가위를 대지 않으며, 거주지는 묵은 때와 해충으로 가득하다. 그런데도 이들의 민족의상은 아랍인들의 의상보다 더 하얀색이다." (p.91)

가장 충격적인 묘사는 25만 명가량 사는 5만 채의 초가집으로 뒤덮인 서울의 모습이다. 상하수도 개념이 없으니 비만 오면 길이 도랑이 되고 도랑이 길이 되었으며, 그 길로 온갖 오물이 쏟아지니 서울은 온통 '똥' 천지인데도 불구하고 '흰옷'을 고집하는 경이로운 민족이라 생각했다.

또 하나 특이한 사실은 조선인은 엄청난 대식가(大食家)라고 이야기한다. 조선인은 이웃 나라보다 고춧가루와 식초, 양념을 곁들여서 고기를 더 많이 먹는다고 한다. 무엇보다도 놀라운 사실은 엄청난 '양'이다. 어머니들은 아이들이 더 삼킬 수 없을 때까지 억지로 밥을 먹이고 나서 커다란 나무 숟가락을 뒤집어 아이의 배를 눌러 공간을 확보한 다음, 다시 아이한테 밥을 꾹꾹 채운다고 한다.

내가 나를 모르고, 남이 나를 더 정확하게 아는 것처럼, 외국인의 눈에 조선의 숙박은 세계 최악 중의 최악이었다. 숙박이라는 개념이 없었으며 온돌방은 대개 외양간 옆에 붙어 있었다. 밤이 되면 방안에는 온갖 종류의 벌레들이 사람을 피를 빨기 위해 습격을 한다. 아무리 결사 항전을 한들, 진흙집과 외양간에서 쏟아지는 이들을 당할 재간이 없었다. 한마디로 침대나 침대보, 이불, 요는 벌레 저장소나 다름없었다.

구한말 조선을 방문한 유럽인의 시각으로 조선을 바라보면 서양의 우월적 편견이나, 잘못된 정보로 왜곡된 서술도 많지만, 그 당시 조선의 실상을 알기 위한 자료로도 매우 소중하다. 어느 나라도 망하기 직전 자신의 모습을 있는 그대로 기록하기에는 너무 불편하고 그럴 여유도 없다. 그렇지만 부국강병의 비밀을 찾기 위해 반드시 들여다봐야 할 자료가 있다면 나라가 망하기 직전의 모습이다. 정직한 자기 평가만이 숙명처럼 달려드는 운명을 물리칠 수 있는 거의 유일한 방법이다.

바늘 틈으로 이룬 창조적 쇄국

한비(韓非)는 천하의 세 가지 도리를 설파하였다. 지혜(智)롭다고 하여 공을 세울 수 있는 것이 아니고, 힘(力)이 있다고 하여 들어 올릴 수 있는 것이 아니며, 강(强)하다고 하여 이길 수 있는 것은 아니라는 것이다. 데이비드 랜즈(David Landes)는 공존할 수 없는 세 가지 법칙을 설파했다. 개인 간 두드러진 힘의 불균형이고, 권력 도구의 개인 접근성이며, 집단이나 나라 간의 평등성이다.

일본은 근대식 대포와 증기 군함, 근대식 총을 도입하자 영국과 싸워 자신의 힘을 검증한 후 서양 열강의 연합군에 도전한다. 기습 공격한다. 하룻강아지 범 무서운 줄 모르고 덤볐다가, 처절하게 패배하고 그들의 힘을 인정한다. 그리고 아직은 힘이 부족하다는 것을 알고 혹독한 준비를 한 다음 다시 도전한다. 그 상대가 바로 쓰시마 해전의 러시아 발틱함대였다.

우리는 근대화 과정에서 조선과 일본을 비교하고, 그들의 잘남을 시기하고 우리의 못남을 아쉬워한다. 하지만, 국가 혁신은 유럽이나 일본처럼 작은 나라가 국경을 맞대고 국가 간 경쟁할 때 가능하지, 조선이나 중국처럼 지역적으로 홀로 떨어져 강력한 중앙집권 체제를 형성한 나라에서는 변혁

〈그림 8〉 우타가와 히로시게(Utagawa Hiroshige), 카메이도의 매실상점 (Plum Garden in Kameido). 1857년, 카메이도 텐진샤 미술관. "산은 산이요, 물은 물이지만, 산과 물이 제 자리를 오기까지 왜 그리 어려운지? 일본은 그렇게 변해갔다."

적 혁신을 하기에는 불가능할 정도로 힘이 든다.

일본은 1871년 폐번치현(廃藩置県)을 함으로서 중앙집권 국가를 완성하였지만, 조선은 1392년 개국부터 강력한 중앙집권 국가였다. 그만큼 조선과 청은 근대라는 국가 형태로 나라를 부수기가 어려웠다.

우선 일본의 정치구조를 이해할 필요가 있다. 일본은 에도(동경, 江戸)에 바쿠후(막부, 幕府)가 있고 지방에는 번(番)라는 통치 조직을 갖는다. 바쿠후는 외교와 사법권, 번을 통치하는 중앙 정부이며 번은 바쿠후의 통제에 따라 조세와 병력을 갖는 지방 정부이다. 따라서, 바쿠후는 다이묘(番主, 大名)가 반란을 일으킬까 염려하여 참근교대(参勤交代)를 시행하여 일 년에 한 번씩 에도에 머물게 하고 처자식을 인질로 거주시켰다.

일본은 4개의 창을 통하여 대외 문물을 받아들였다. 조선과는 쓰시마 섬을 통하여 1607년부터 1811년까지 약 200년 동안 통신사(通信使)가 오갔다. 또한, 나가사키의 데지마를 통하여 네덜란드와 교류하였으며 그들로부터 총기와 의학지식, 풍설서(風說書)라는 해외정보를 받아들였다. 1820년경 영국이 1차 산업혁명에 성공하여 과거와 다른 형태의 선박과 무기로 일본에 위협을 주니 대륙으로 통하는 통신사는 자연 폐쇄된다.

메이지 유신 이전 막번(幕番)은 대부분 심각한 재정위기를 맞았다. 혁신의 궁극적인 요인은 결핍이다. 재정위기에는 다양한 요인이 있지만 대부분 참근 교대의 막대한 비용, 바쿠후의 대규모 토목공사, 번 주들의 사치한 생활, 쌀값의 하락 등이었다. 이러한 재정개혁에 성공한 번(番)이 규슈지역의 사가(히젠) 번, 사쓰마 번, 도사 번, 시모노세키의 조슈 번으로 서남 지역의 4개 번이며, 서양과 직접 교류가 활발한 지역이고 도자기 산업이 성공한 지역이다.

이들은 공통적인 성공 패턴을 갖고 있다. 어느 번이 성공하면 이웃 번들은 후진성의 이점을 살려 더 좋은 모델을 개발하고 그 이웃 번은 벤치마킹하여 한 발 더 앞서 나간다. 그들의 성공 모델은 오사카 상인들한테 빌린 돈을 못 갚겠다고 파산 선언을 한다. 그다음 스스로 근검절약하며 사무라이 인원을 줄여 재원을 확보한 다음, 설탕과 면화 등 환금작물을 집중적으로 육성하며, 도자기 등 밀무역을 통하여 자본을 축적한다. 그와 동시에 인재를 키우기 위해 바쿠후 몰래 영국으로 유학 보내고, 서양식 대포와 군함, 총을 구매하고 근대식 군대로 변모한다.

이는 어느 사회, 어느 나라도 비슷한 성공 신화다. 하지만 일본 만의 독특한 행태가 여기서 발생한다. 근대화에 성공했다고 생각하는 번(番)들은 하룻강아지 범 무서운 줄 모르고 반드시 서양과 전투를 치른다. 물론 패배한다. 그리고 다시 지독한 내공을 쌓는다. 더닝 크루거(Dunning-Kruger) 인지 편향이 일본 전체에도 존재했다. 더닝 크루거 인지 편향은 책을 한 권 읽을 때 세상을 다 얻은 것처럼 자신만만하지만, 세상 경험을 하고 공부를 더 하면 할수록 자신감이 점점 줄어들고 급기야 깊은 나락에 빠지는 현상을 말한다. 그 전쟁이 바로 사쓰에이 전투와 시모노세키 전투다. 구글과 아마존, 삼성이 강한 이유는 창업자들이 실패를 무릅쓴 과감한 투자에서 오는 것처럼, 역사의 변곡점에서 개인뿐만 아니라 나라도 기존 질서와 다른 과감한 물리적 혁신 공간이 필요하다.

오전에는 항복식, 오후에는 환영식

그 나라 국민은 유례없이 예의 바르지만, 그러나 또한 그들은 불손하며 건방지다. 그 나라 국민은 너무 고루하지만, 그러나 또한 그들은 새로운 일에도 쉽게 순응한다. 그 나라 국민은 유순하지만, 그러나 또한 그들은 상부의 통제에 좀처럼 따르지 않는다. 그 나라 국민은 충실하고 관대하지만, 그러나 또한 그들은 불충실하며 간악하다. 그 나라 국민은 자기 행동을 다른 사람이 어떻게 생각하는가에 놀랄 만큼 민감하지만, 그러나 또한 그들은 다른 사람이 자기의 잘못된 행동을 모를 때는 범죄의 유혹에 빠진다.

역사에서 인과관계는 얼마나 지속할까? 우리는 잘못된 일은 조상 탓으로, 잘된 일은 조상 덕으로 말하면서 인과의 원인을 시간 속으로 넘긴다. 그와 비슷한 시각으로 많은 원인을 역사 탓으로 돌리기도 한다. 특히 한일관계는, 얽히고설킨 것이 너무 많아 인과관계를 찾을 수 없지만, 그럴듯한 좋은 일은 우리 덕이고 나쁜 일은 일본 탓으로 돌린다.

근대화 과정에서 필요한 막대한 재원은 도자기 산업에서 나왔다. 일본의 도자기 역사는 정유재란 남원성 전투에서 시작된다. 일본으로 끌려간 도공들은 규슈지역에 흩어져 백토를 찾고 물레를 돌려 가마를 열었다. 일본이 가장 좋아하는 다완(茶碗)은 사가 번의 이삼평이 연 아리타 도자기이며, 사쓰마 번의 심수관이 연 사쓰마야키, 조슈 번의 이작광이 연 하기야키 등 모두 번의 재정 확충에 필요한 첨단 제품이었다.

이들이 만든 도자기는 나가사키의 네덜란드 동인도 회사를 통하여 유럽으로 수출되었고, 유럽의 상류층은 물론 서민까지 반할 만큼 인기를 끌었다. 고객이 도자기를 주문했을 때 정작 놀란 것은 도자기가 아니라 겉 포장지에 그려진 우키요에(浮世繪)였던 것처럼, 일본은 '산업'이 무엇인지 이해하고 있었고, 유럽 예술가들 사이에 자포니즘(Japonism)이 성행할 만큼 문화도 성숙했다.

이들 도공이 조선 출신이라 하여 일본 근대화 과정을 조선 덕이라 말하고, 도자기 산업으로 자본을 비축한 사쓰마 번이 정한론(征韓論)을 들고나오자 일본 탓으로 돌린다.

사쓰마는 해남처럼 일본의 맨 남쪽 끝에 있다. 사쓰마 가문은 우리와 악연이 많다. 정유재란 때 남원성을 몰살시키고, 박평의와 심당길 도공을 끌고 갔으며, 이순신 장군을 노량해전에서 전사시킨 시마즈 요시히로(島津義弘, 17대 당주, 1535~1619년)가 이곳 출신이다. 그의 11대 후손 시마즈 나리아키라(島津斉彬, 28대 당주, 1809~1858년)는 일본에는 축복이었으며,

조선에는 불행이었다. 군화보다 플루트를 좋아한 프로이센의 계몽 군주 프리드리히 2세처럼, 그도 막부(幕府)의 쇄국 정책에도 불구하고 문호를 개방하여 인재를 양성하였으며, 난학(蘭学)을 받아들여 공부하고 실험한다. 영어로 일기를 쓸 정도로 서양 정보에 정통하였기에, 1840년 아편전쟁 소식을 접하자마자 중국의 패배를 예측하고 일본이 근대 국가로 개조하지 않으면 서양의 식민지가 될 것으로 판단했다.

1851년 그는 근대식 공업단지를 열고, 용광로, 대포, 가마솥 제작소, 금속 세공소 등을 세웠으며, 방직 공장, 도자기, 제약, 설탕 공장 등 부국강병의 초석을 다졌다. 또한, 조선소를 세워 서양식 군함 쇼헤이마루(昇平丸)를 진수시켜 바쿠후에 헌납하면서 마스트 후미에 욱일승천기를 올려 최초 일장기의 효시를 만들었다. 그런 그가 1858년 50세 나이로 갑작스럽게 사망한 것이 그나마 조선으로서 천만다행이었다.

1862년 8월 히사미츠(1817~1887년)의 참근교대(参勤交代) 행렬이 요코하마를 지날 때 영국인이 말을 탄 채로 들어서자, 사무라이는 무례하다는 이유로 칼을 휘둘러 세 명의 사상자를 낸 사건이 발생한다.

영국은 2만 5천 파운드의 배상과 사무라이의 처벌을 요구하지만, 사쓰마번은 거절한다. 1863년 7월 영국 함대는 사쓰마만으로 침입하여 증기선 3

척을 나포하자, 사쓰마 번은 선전 포고로 받아들여 포격전을 벌었지만, 영국의 상대가 되지 않았다. 대포는 명중률이 떨어졌고 화약은 폭발하지 않았다. 다행히 영국군이 돌풍이 부는 바람에 나포한 배를 불 지르고 철수하여 더 큰 피해를 막을 수 있었다. 그 후 사쓰마 번은 영국을 상대할 능력이 없음을 깨닫고 3년 후 바쿠후 몰래 일본 최초로 19명을 밀항시켜 영국으로 유학 보낸다. 거기에는 13세 소년도 있었다.

이처럼 일본은 철저하게 자기를 패배시킨 나라에서 그들의 이길 군사력과 과학 기술을 배우고, 무기를 구매하고, 군함을 만들어 때를 기다린다. 그 결과 사쓰마는 메이지 유신 3걸 중 2명인 사이고 다카모리(西鄕隆盛)와 오쿠보 도시미치(大久保 利通)를 배출하고, 쓰시마 전투에서 발틱 함대를 격침시킨 도고 헤이하치로(東鄕平八郎)를 키운다.

일본은 강한 나라에 약한 모습을, 약한 나라에는 공격적 자세를 취한다. 일본만 그런 것이 아니다. 국제 정치학의 주류를 이루고 있는 공격적 현실주의 이론도 그렇다. 만약에, 국가보다 상위의 권위를 가진 강력한 조직이 있어 약한 국가를 보호해줄 수 있다면, 이런 현상이 발생하지 않겠지만, 국가 간 생존은 철저한 힘의 논리로 움직이고 상대방의 의도를 정확하게 알 수 없기에 늘 공격적 태도를 보인다.

눈에는 눈 꺼풀이 있고, 마음에는 마음의 꺼풀이 있다. 눈을 쉴새 없이 깜빡거려 눈꺼풀이 열고 닫히지만, 한번 마음의 꺼풀이 끼면 아무리 가까운 사이라도 믿지 못할 지경에 이른다. 일본에 대한 편견이다.

사가 번과 사쓰마 번은 철제 대포와 조선소, 설탕과 면화와 같은 새로운 근대화 공업과 농업을 실험하여 성공한 반면, 조슈 번은 내해로 진입하는 길목인 시모노세키의 간몬해협을 틀어쥐고 한 단계 더 어려운 무역, 금융, 물류를 통해서 성장한다. 스스로 근대화에 성공했다고 자만한 사쓰마 번이 사쓰에이 전투(1863년)로 영국의 힘을 경험했고, 조슈 번은 영국, 프랑스, 네덜란드, 미국의 연합국과 시모노세키 전투(1864년)에서 또 한 번 자신의 힘을 실험한다.

물론 패배한다. 오전에는 패배의 항복 의식을 하고 오후에는 무역을 받아들이는 환영식을 한다. 2차 세계대전 때 가미카제 특공대를 보내 그토록 치열하게 싸웠던 미국과도 항복하자마자 성조기를 흔들면서 맥아더를 환영했다. 어쩌면 그들은 실력을 검증하기 위해서 전쟁을 하지만, 전 국민에게 그 사실을 분명히 알리려고 전쟁을 하는 것 같다.

역사는 수많은 사람이 만들어낸 결과라서 그 인과관계를 밝히기가 매우 어렵다. 그래서 몇몇 사람 중심 영웅주의 관점에서 설명하기를 좋아한다.

일본의 근대화 과정에서 반드시 만나는 한 사람이 요시다 쇼인(吉田松陰)이며, 그의 결기(決起)로 시작되었다는 이야기를 좋아한다.

요시다 쇼인(吉田松陰)은 안세이 사건(1859년)으로 사형이 집행된 뒤 시체를 벌거벗겨 나무통 속에 넣은 채로 매장되었으며, 그때 나이 겨우 30세였다. 대원군이 가야사를 불태우고 그 자리에 선친의 묘를 쓰면서 안동김씨의 세도 정치를 없애겠다고 결기를 품었다면, 요시다 쇼인은 서양 열강을 배척하지 말고 받아들여 부국강병을 이룬 후 외세를 쫓아내고 조선을 침략한 후 대동아공영(大東亜共栄)을 실현하자고 결기를 품었다. 쇼카손주쿠(松下村塾, 송하촌숙)로 사람을 키웠고, 시대를 얻었다.

일본 근대화의 마지막 행위는 삿초동맹(薩長同盟, 1866년)이다. 사카모토 료마의 노력으로 사쓰마 번과 조슈 번이 동맹을 맺어 바쿠후를 타도하기 위해 뭉쳤고, 바쿠후는 이에 위협을 느끼고 대정봉환(大政奉還, 1867년, 막부에 있던 정치권력을 천황에게 되돌려 줘야 한다는 정치 혁명)을 단행함으로서 메이지 유신이 탄생한다. 그런 료마도 31세에 암살을 당했으니, 근대화 과정은 결기로 뭉친 사나이들의 작품이라고 할 수 있다.

그렇지만 세상의 큰일은 그리 쉽게 마무리되는 것이 아니다. 문제는 역시 군대다. 메이지 신정부는 국민 개병제의 군대와 사무라이 중심 군대의 양성 문제로 세이난(1877년)이 발생하고, 이를 끝으로 사무라이는 공식적으로 역사의 뒤안길로 사라진다. 이제 사무라이들은 메이지 유신의 하급 관료나 상업 활동의 산업 전사로 거듭나게 되고 명실상부하게 새로운 상공업 계층으로 자리매김한다.

역사를 해석함에 수많은 퍼즐 가운데 몇 개를 들춰내어 전부인 양함은 사후확증 편향 오류에 빠진 것이다. 그럼에도 불구하고 몇 가지 단순한 원칙이 있다. 일본이 근대화에 성공한 원인은 신분과 관계없는 인재 등용, 새로운 학문에 대한 포용적 자세, 창의적 혁신 공간, 부를 축적하는 상업적 열기 등이며 무엇보다도 국가의 흔들림 없는 방향성이다. 물론 성공하려면 기존의 가치를 대부분 버려야 하는 용기 못지않게 행운도 뒤따라야 한다.

[쉬어가기]

사탕수수와 하와이 독립자금

1902년 12월 22일 한 무리의 조선인은 인천 제물포를 출발해 일본 나가사키에 들러 신체검사를 받고 이 중 102명이 갤릭호에 몸을 실어 하와이 호놀룰루에 도착했으며, 그들은 엄격한 심사를 마친 후 사탕수수 농장인 와이아루아(Waialua)와 모쿨레이아(Mokuleia)캠프에 도착했다.

사탕수수 노동은 '노예'가 아니면 할 수 없는 가혹한 노동이라, 지구 곳곳에 설탕 생산이 있으면 어김없이 등장한 것이 노예무역이었으며 가혹한 착취였다. 이들 102명으로 시작한 하와이 이민자의 하루 품삯은 69센트, 이 돈을 쪼개고 또 쪼개어 '독립자금'을 만들어 상하이 임시정부에 전달하였으며, 김구 선생님은 윤봉길 의사의 거사 자금으로 사용한다. 1932년 4월 29일 상하이의 훙커우 공원에서 열린 천황 생일날 윤봉길 의사는 "일본 제국주의를 타도하자"라면서 폭탄을 던졌다.

이제 우리는 윤봉길 의사에게 죽임을 당한 상하이 총사령관 시라카와 요시노리의 운명을 이해하기 위해서는 어떻게 사탕수수가 하와이에 왔으며, 이 설탕을 만들기 위해 102명이 상선을 타야 했는지 긴 여정을 들어야만

한다.

사탕수수는 기원전 8000년경 동남아시아 뉴기니섬에서 자랐다. 이내 중국, 인도차이나, 인도로 퍼졌으며 이슬람 정복자의 손에 들어간 이후 설탕으로 만들어졌다. 이슬람은 나일강, 팔레스타인 해안, 시칠리아 북부, 스페인, 크레타, 모로코의 산악 지대 등 한정된 지역에서 사탕수수를 재배하였다. 이제 사탕수수는 새로운 인생을 신대륙에서 시작한다.

콜럼버스는 카리브해에서 그들이 찾던 황금이나 향신료가 없자 "폐하, 이 제도(諸島)는 그야말로 사탕수수 재배를 위해 존재하는 땅"이라고 서신을 보낸다. 하지만 황금에 눈이 어두운 스페인은 그 자리를 떠나고 후발주자인 영국, 네덜란드, 프랑스가 들어와 수많은 섬을 갈가리 찢어 놓았다.

우리는 카리브해에서 프랑스 식민지 '아이티'를 빼고는 설탕을 이야기할 수 없다. 아이티는 섬 전체가 거대한 노예 감옥이며 설탕 플랜테이션이다. 아이티는 미국보다 두 배나 더 많은 흑인 노예를 실어 왔으며, 역사학자 에릭 윌리엄스는 "설탕이 없으면 '니그로'도 없었으며, 노예무역의 축적된 이윤이 없었다면 유럽의 산업혁명도 없었다."고 잘라 말한다.

프랑스에서 혁명이 일어나자 '아이티'섬에서 반란이 일어났고, 노예들이 자유를 얻자 섬은 해방을 맞이하였지만, 지속적인 배고픔을 면하지 못했다.

미국 해운업자는 아이티의 거대한 노예 노동력으로 만든 설탕이나 럼주를 식량과 목재, 영국 공산품과 교역하면서 부를 축적한다. 그 무렵 1848년 초 제임스 마셜(James Marshall)은 캘리포니아 새크라멘토(sacramento) 강가에서 사금을 보았다는 말을 이웃에게 전하자 그 말은 순식간에 전 세계에 알려졌고, 캘리포니아는 1만5천에서 25만 명이 사는 벌집으로 변했다. 동부에서 미국인이 달려오고 중국에서 이민자가 태평양을 건너오면서 25개국에서 온 외국 이민자가 전체 인구의 25% 차지하는 골드러시 시대를 맞이한다.

사람이 모이는 곳에 돈이 몰리며, 돈이 몰리는 곳에 사업가가 군침을 흘린다. 1856년 사금의 광풍이 휘몰아친 그곳을 쫓아간 독일 이민자 슈프레켈스는 인간이 있는 곳에 '설탕'이 필요하다는 본능으로 설탕 정제업에 손을 댄다. 그는 자연스럽게 설탕 공급원으로 카리브해가 아닌 하와이에 주목하면서 왕국의 비극은 시작된다.

1876년 하와이는 독립왕국으로 미국과 호혜 통상조약을 체결하고 설탕 무역의 특혜를 받는다. 인간에 있어 달콤함의 유혹은 끝이 없어 하와이 설탕 플랜테이션의 80%를 미국인이 차지하고, 하와이 본토 원주민 인구가 쿡 선장이 도착했을 때 30만 명에서 3만5천 명으로 줄어들자, 미국의 욕심은 야욕으로 돌변한다.

1890년 미국은 매킨리 관세법을 체결하면서 미국과 무역협정에 서명한 어떤 나라든지 설탕을 무관세로 수출할 수 있게 만들어 하와이의 특별지위를 상실케 한다. 1891년 하와이섬이 독립 국가로 존속하기를 원하던 릴리우오칼라니 여왕이 등극하자 합병론자는 쿠데타를 계획하고 미 해병대와 해군을 진입시켜 여왕을 쫓아내고 샌포드돌을 대통령으로 선출하여 미국과 합병을 추진하며, 결국 1898년 미국 윌리엄 매킨리 대통령은 하와이를 미국의 51번째 주로 편입한다.

하와이의 합병은 '설탕의, 설탕을 위한, 설탕에 의한' 것이었고, 그것은 한 사내의 욕심으로 부터 시작되었다.

1902년 미국에 합방된 3년이 되던 해에 동방의 고요한 나라 조선의 제물포에서 '102명'의 이민자가 하와이 사탕수수 농장을 향하여 떠난다.

1905년 5월 도고 헤이하치로는 대한 해협에서 핀란드만에서 출발한 러시아의 발틱 함대를 기다리고 있었다. 발틱 함대는 아프리카 희망봉을 돌아 마다가스카르에 잠시 정박했고, 다시 인도양을 건너 말래카 해협을 따라 싱가포르를 지나 극동의 마지막 귀항지 블라디보스토크에 도착할 예정이었다. 진해에서 숨죽여 기다리던 도고는 전투를 시작하여 발틱 함대 38척 중 31척이 나포하거나 가라앉았으며, 4,830명 전사, 5,907명 포로라는 대승을 거둔다.

일본이 동아시아의 주인이라는 사실을 전 세계에 알렸고, 전 세계는 이에 동의하면서 조선의 운명은 그렇게 결정되었으며, 하와이 사탕수수 농장에서 받은 임금은 다시 독립자금으로 전환되어 태평양을 건너 중국 상하이 총사령관 시라카와 요시노리를 죽이는 폭탄으로 변한다.

수많은 원인을 되묻지 않은 행위들

우리는 일본이 한반도를 지배하기 이전을 절대 이야기하지 않고 이후만 이야기한다. 나라가 근대화를 하지 못하여 열강의 먹잇감으로 전락한 이후에 발생하는 서러움, 착취, 아쉬움, 열등감, 학살, 잔혹성, 핍박, 만행, 수탈, 말살, 탄압 등 수없이 많은 것을 기억하라고 요구하지만, 왜 국가 전략은 없었는지, 왜 수없이 많은 기회를 놓쳤는지, 왜 방향성을 잃었는지, 왜 국제정세에 어두웠는지, 왜 창조적 쇄국을 하지 못하였는지? 왜 상공업을 등한시하였는지? 왜 그토록 도덕적 이념에 빠졌는지? 왜 성리학만이 최고의 진리라고 생각하였는지? 왜, 왜, 왜를 수없이 되묻는 행위를 하지 않는다.

역사에서 발생하는 비가역적 행위는 모두 같다. 전쟁에 패배한 이후 발생한 학살, 방화, 강간, 파괴, 착취, 살인, 구타 등 이미 패배자의 예정된 절차를 밟는 행위를 잔뜩 늘어놓고 가해자의 분노만 이야기한다면 이 또한 잘못된 일이다. 왜 전쟁이 발발했으며, 왜 전쟁을 준비하지 않았는지, 왜 침략의 징후가 많았음에도 놓쳤는지, 왜 패배했는지를 공부하지 않는다면 여전히 전쟁에서 질 것이다.

하버드대학 비즈니스 스쿨의 명예교수인 크리스 아지리스(Chris

Argyris)는 10년간 이 대학 졸업생의 성과를 조사했다. 놀랍게도 하버드라는 최고의 수재들이 생각만큼 많이 배우지 못했고, 의외로 아는 것이 없었다고 한다. 왜냐하면, 이들은 실패를 통해 학습할 기회를 상실하였기 때문이다. 이들은 매사에 비판을 방어적으로 차단하며, '비난'을 자기가 아닌 다른 사람의 것 혹은 모든 사람의 것으로 돌리면서, 학습할 기회를 놓쳤다. 사실, 눈 밝은 이라면 실패하는 순간 배우고 깨닫는다. 남 탓으로 돌리면 일순간 위기를 면할 수 있고 마음은 편안하다. 하지만 성장은 거기서 딱 멈춘다. 성공보다 성장이다. 성공은 최종의 목표가 아니라 지속 성장 과정이다. 구글의 창업자 래리는 "직원이 별을 따려고 나갔다가 달만 슬쩍 건드리고 왔다 해도 너무 거칠게 몰아붙이지 말라"고 한다. 우리 사회가 개인의 획일성보다는 다양성을, 처벌보다는 실패의 관용을, 틀림보다는 다름을 이해할 때 성장은 가능하다.

국가의 가난도 마찬가지다. 나라가 가난해지면 우리의 여성이 가장 먼저 이웃 나라 남성에게 착취를 당한다. 그다음이 노동 착취이며 그다음이 경제적 종속이며 그다음이 국가의 수모다. 어느 역사에서도 가난한 나라의 인권은 무시된다. 아무리 가해자의 도덕을 비난해 본들 그 틀을 벗어날 수 없다. 근대화를 이룬 유럽의 눈에 조선은 외계와 같았고 야만인 같은 외계인이었다. 지저분하고 더럽고 계획성이라고 전혀 없는 국민이, 무엇보다도 입에 담배만 문 채 일하지 않고 빈둥거리는 남자들을 볼 때, 오호라 "이 나라는 제대로 썩을 대로 썩었구나! 분명히 죽은 나라이며 망하지 않으면 이상한 나라"라고 직감을 한다. 하지만, 우리는 절대 이런 이야기를 하지 않는다.

푸른 눈의 이방인은 "일본 천황의 군대가 조선왕조보다 더 심각한 위해를 끼칠 수 있을까?"하고 의문을 품는다. 조선왕조는 백성의 마지막 푼돈까지 쥐어짜고, 마지막 한 톨의 쌀까지 빼앗아가지 않았는가? 그리고는 "백성의 문제가 아니라 무능하고 부패한 조선왕조의 위정자가 문제"라고 답한다.

마이클 브린은 〈한국, 한국인〉에서 "한국의 성리학자들은 14세기의 공산주의자 같다"고 했다. 늘 그런 것처럼 공산주의는 유토피아로 국민을 유혹하지만, 권력을 획득하자마자 실현될 수 없는 약속을 내팽개친다. 구한말 조선은 마약중독자가 통치해도 이보다 더 잘 할 수 있었다. 한 일본인 여행작가는 "똥, 담배, 이, 기생, 호랑이, 돼지, 파리"가 조선의 7대 특산품이 비아냥거릴 정도로 열악하였다.

우리도 할 말이 많다. 인종차별적 수준의 우월적 서양 시각과 제국주의의 침탈을 위해 '조선은 가난하고 지저분하고 미개해야만' 하는 시각, 그렇기 때문에 "조선은 침략당하는 것이 당연하다"는 인식, 우리는 그러한 불편함을 넘어야 위대함으로 나아갈 수 있다.

나는 국부의 비밀을 찾기 위해 몽골의 수부타이에서 포르투갈의 엔히크 왕자로, 스페인의 펠리페 2세, 네덜란드의 오렌지 공 윌리엄 1세, 영국의 해적왕 프랜시스 드레이크 경까지 살펴봤다. 역사의 변혁과정에서 아무리 대중의 힘을 강조한다 해도 빛 나는 별이 있기 마련이다. 특히 역사가 선형으로 진행되지 않고 불연속 단선을 그으면서 발전 경로가 매우 혼돈의 상태를 맞이할 때는 더욱 그렇다. 까만 밤에 불을 밝히는 등대는 하나지만, 그 불빛을 따라 항해하는 배는 수 없이 많다. 조선과 일본의 근대화 과정에서 가장 큰 차이는 방향성과 변혁적 인물이다. 조선은 근대화의 확고한 방향을 찾지 못해 이리저리 헤맬 때마다 변혁적 인물, 개혁적 인물을 죽였지만, 일본은 방향성도 잃지 않았고 개혁적 인물을 제거하지도 않았을 뿐만 아니라 더욱 키워나갔다. 왜 조선은 잘못된 방향으로 나갔을까? 거대한 변화의 흐름을 몰랐고, 작은 낌새를 알아차릴 만큼 절박한 위기감도 느끼지 못했으며, 몇 사람의 선각자가 깨부수기에는 너무나 성리학적 이념이 단단했다.

등 뒤에 또 나를 겨누는 자

어느 날 장자가 조롱 밤나무밭을 거닐다가 까마귀 한 마리가 날아와 자기 이마를 스치면서 숲에 앉았다. 장자는 까마귀를 잡으려고 얼른 화살을 쥐고 그 새를 쏘려고 했다. 문득 보니, 매미 한 마리가 나무에 앉아 제 몸을 잊은 듯 울고 있다. 그리고 바로 곁에는 사마귀 한 마리가 나뭇잎 그늘에 숨어 매미를 잡으려고 온 정신을 쏟고 있었는데, 까치는 사마귀를 노리면서 제 몸을 잊고 있었다. 그런 까마귀를 장자가 잡으려고 활을 들고 있었다. 그 순간 장자는 문득 자신도 사냥감이 될 수 있다는 생각에 등골이 서늘함을 느꼈고 화살을 집어던지고 달아났다.

1945년 8월 일본은 세계 최초로 원자폭탄에 희생되고 결국 항복하였다. 이는 일본이 항복하도록 결정적 계기를 만들어 준 하나의 요인일 뿐이다. 다른 하나는 만주에서 일본 육군이 괴멸되었고 마지막은 태평양에서 해군이 붕괴하였기 때문이다. 일본은 근대화 과정에서 인류 역사에 가장 찬란한 성공을 거두었지만 한 세대 후에 발생한 태평양 전쟁은 정반대의 국가 절멸 위기를 초래했다. 국가의 위기에서 원인은 같음에도 불구하고 그 위기를 대처하는 집단이 누구냐에 따라 완전히 다른 결과를 만들었다. 그토록 전 인류가 감탄한 메이지 유신의 성공적 세대가 저물고 그다음 세대에 발생한 태평양 전쟁은 정반대의 최악의 결과를 가져왔다.

왜 그런 결과가 발생하였는가? 자기 아버지 세대의 성공 요인은 "매 단계 마다 일본의 힘과 상대국의 힘을 정직하고 신중하게 평가했으며, 일본이 현실적으로 해낼 수 있는 수준에 대한 냉정한 자기 평가"가 있었기 때문이다.

1930년대의 일본 장교는 서구의 군사력에 대한 직접적인 경험이 없었다. 그 결과 젊은 장교들은 1937년 기습적으로 중국과 전면전을 실시한다. 1939년에는 러시아와 몽골에서 노몬한 기갑 전투를 벌여 패배한다. 대륙으로 진격할 수 없게 되자 방향을 돌려 1941년 미국의 진주만을 기습 공격하며 남태평양에서 영국 항모를 침몰시킨다. 1944년 인도의 임팔에서 영국과 인도군을 공격한 후 패배한다. 1945년 만주에서 육군이 소련에 궤멸되고, 히로시마와 나가사키에 원자폭탄이 떨어진 후 전쟁이 종결된다.

민족마다 엄연한 특징이 존재한다. 한국은 대충 얼렁뚱땅한 면이 강하지만, 일본은 전혀 없다. 이 말은 "일본은 주어진 환경에 적응하는 강도를 끝까지 밀어붙인다."라는 뜻이다. 다윈은 "강한 자가 승리하는 것이 아니라 경쟁에서 살아남는 자가 강한 자다."라고 했다. 메이지 유신의 일본은 환경에 적절하게 적응하였지만, 태평양 전쟁의 일본은 너무 환경에 적응하는 바람에 변화에 실패했다. 즉 "적응이 적응을 방해"한 결과를 만들었다.

일본이 태평양 전쟁에서 패배한 원인 분석이다.

첫째는 정신승리가 군사력을 이길 수 있다는 어처구니없는 발상으로 패배했다. 일본군은 모두 일관된 전략의 원형이 존재했는데, 그것은 일본인 특유의 정신적 승리로 백병전에 의한 최후의 총검 돌격이다. 해군도 육군의 백병총검주의와 비슷한 '함대 결전'이라는 전략 원형을 갖고 있다. 함대끼리 벌이는 함포 전이 해전의 승리라 여겨 전함의 주포에 매달려 표준화에 실패한다.

이러한 사상과 전략에 따라 미국과 완전히 상반되는 작전 운용개념을 만들었고 거기에 맞은 무기체계를 발전시켰다. 미국은 무기가 첨단화되어도 운용만큼은 누구나 쉽게 할 수 있는 표준화를 추구했지만, 일본군은 어느 한 기종을 최고로 만드는 일점호화주의(一點豪華主義)를 추구한 결과 그런 무기를 조작하는 데도 장인의 솜씨가 필요했다.

둘째는 일본 특유의 관료주의가 모든 작전을 망쳤다. 동경에 있는 대본영은 몽골의 국경에 있는 노몬한 전투까지 일일이 간섭하여 작전 지시를 내림에 따라 현장의 자율성을 저해하였다. 이는 현장 사령관이 작전을 수행하는 것이 아니라 대본영의 참모가 작전을 수행하는 형식이 되었고, 결국 작전 참모가 지휘관이 되는 참모 통수(統帥)가 되었다. 국가에는 참모조직이 있고, 집행조직이 있다. 대표적 참모조직이 청와대 비서실이며, 집행조직이 각 부처(部處)다. 참모의 권한이 장관보다 더 셀 때 나라가 혼란스럽게 된다.

셋째는 일본 특유의 집단주의다. 일본의 집단주의는 "개인의 존재를 부정하고 집단을 위해 봉사, 희생하는 것을 최고의 가치"로 여기는 의미가 아니며, "개인과 조직을 두고 둘 중 하나를 선택하는 관점"도 아니다. 일본 특유의 조화, "조직 구성원이 함께 살아가려면 사람과 사람 사이의 관계에 가치를 두어야 한다"는 지극히 일본다운 집단주의이다. '관계'에 가치를 두다 보니 냉정한 자기 평가를 할 수 없었다. 이러한 조직 문화는 장점도 많지만, 조직의 실패를 시스템으로 전환하지 못하여 같은 실패를 반복하는 경향이 있다. 노몬한 전투의 실패가 임팔 전투에서 그대로 반복되고 다시 해군으로 이어지는 최악의 결과를 만들었다.

마지막은 능력 위주 인사시스템이 아닌 연공 서열 위주 인사시스템을 적용하여 사관학교 졸업성적이 군 생활의 모든 승진에 그대로 적용됨에 따라 경험이 능력으로 발전할 수 있는 '자기혁신'에 실패했다. 조직 내에서 자기혁신이 가능해지려면 끊임없는 "변화, 갈등, 위기"가 조성되고, 이런 불균형을 극복하는 과정에서 "목표와 구조를 스스로 바꿀 수 있는 조직"이 되며 이는 필연적으로 개방형 구조가 되어야 한다. 일본이 그토록 소중하게 여기는 조화의 가치는 완전 균형이며, 환경이 급변하면 적응하기 어렵다.

일본은 전쟁에서 패배하고 한국은 독립한다. 하지만 또 다른 패러다임이 한국을 기다리고 있었으니, 바야흐로 세상은 바뀌는 중이었다. 냉전 시대, 소련을 종주국으로 하는 공산권 세력이 남한을 집어삼키려 한다. 식민지에서 해방은 되었지만, 해방의 기쁨보다 배고픔의 고통이, 공산 세력으로부터 역사를 지키는 일이 급선무인 시대로 접어들었다.

국가의 이성과 개인의 감성

1794년 맨체스터상인회는 “영국 해군이 값진 현지 제품을 싣고 지중해로 들어가는 선박을 보호하는 일의 중요성을 역설했다.” 영국은 목화가 자라지 않으며 전량 외국에서 수입해야 하며, 또한 자신들이 만든 제품을 모두 수출해야 한다.

상인은 목화를 재배하기 위해서는 대량의 토지가 필요하고, 그 토지는 원주민한테서 빼앗아야 한다는 사실도 잘 안다. 상인은 목화를 재배하는 일에 대량의 노동이 필요하고, 그 노동은 아프리카에서 공급하여 신대륙인 아메리카에 제공해야 한다는 사실도 잘 안다. 상인은 자신이 만든 제품을 인도나 아프리카, 신대륙에 판매하기 위해서는 관세로 상대방 정부를 무력화해야 한다는 사실도 잘 안다. 상인은 자사의 제품이 잘 팔리도록 그 나라의 자급자족 면직산업이 황폐되어야 한다는 사실도 잘 안다. 또한, 안정적인 목화를 공급받기 위해 대량의 자금이 필요하며 이 자금을 회수할 금융산업이 필요하다는 것을 잘 안다.

이 모든 것을 국가에 요구했고, 국가는 상인이 원하는 모든 요구사항을 들어주었다. 근대 국가가 탄생하는 순간이다. 정부의 역할은 상인이 구축한 글로벌 무역 네트워크를 무력으로 보호하는 일이며, 상인이 계약한 문서를 이행하도록 상대국을 강압하는 일이다. 강압 수단에는 군함과 대포, 해군과 육군이 필요했다. 이런 일을 하기 위해 점점 더 많은 전쟁자금이 필요했고, 그 전쟁자금을 조달하는 능력이 국가의 순위를 결정했다.

어느 나라가 더 오랫동안 전쟁을 지속할 수 있느냐가 번영의 열쇠가 되었다. 사회학자인 찰스 틸리(Charles Tilly)는 "전쟁이 국가를 만들었고, 그 국가가 전쟁을 한다."라고 했으며, 이언 모리스는 "전쟁은 국가를 만들고, 국가는 평화를 만든다."라고 했다. 국가는 부국강병의 첫걸음이었던 상인의 무역로를 확보하기 위해 사용된 군함과 대포의 연기에서 시작되었다.

최진석 교수는 '국가는 무엇인가'에서 "국가의 목표는 단 하나가 될 수밖에 없다. 그것은 '부국강병'이다. 부국강병을 이루는데, 도움이 안 되는 것은 어떤 것이라도 국가 단위에서는 배제되어야 한다. … 사실 부국강병에서도 '부국'이 '강병'을 위하는 것인 만큼, 국가에게는 '강병'이 최종 목적지다."

국가를 통치하는 리더십에는 두 가지밖에 없다. 거래적 리더십과 변혁적 리더십이다.

거래적 리더십은 국민과 소통하여 국민이 요구하는 모든 것을 다 받아주어 친화력이 있고 인기가 많은 리더십이다. 비록 국가가 쇠락한다고 하여도 국민의 요구를 들어 준다. 프랑스의 루이 14세는 낭트 칙령을 폐지하여 신교도인 위그노를 추방하였다. 그렇게 하면 유대인이 가진 부가 자국민에게 돌아갈 것으로 판단했다. 당시 사람들은 비난하기는커녕 열광적으로 환영했고, 죽은 뒤 30년에도 최대 업적으로 찬양하였지만, 위그노는 직물업자, 제지업자 등의 장인들이었다. 그들이 네덜란드와 영국으로 탈출함으로 세계 패권이 네덜란드로 이동하였음은 물론 프랑스가 근대화에 뒤처지는 결정적 계기를 만들었다.

반면에 변혁적 리더십은 개구리가 왕자로 탈바꿈하거나 논밭이 자동차 공장으로 탈바꿈할 때처럼 구조의 대변혁이 일어나 국가의 본질을 변화시키는 지도력을 말한다. 당대에 인기가 있을 수도 있고 없을 수도 있지만, 역사의 시간으로 보면 "오호라~" 감탄사가 저절로 터지게 하는 인물이다. 어느 역사에도 그런 분이 있다. 한강의 기적이 일어날 때도 그러했고 메이지 유신 때도 그러했고, 독일이 근대화될 때도 그러했고, 미국이 남북전쟁으로 둘로 쪼개질 때도 그러했다.

우리는 한 번도 경험하지 못한 새로운 경험을 하고 있다. 극단의 포퓰리즘, 극단의 거래적 리더십이다. 이제 "소는 누가 키우나?"라는 개그 콘서트의 장면은 역사의 뒤안길로 사라졌고 부국강병도 덩달아 역사의 뒤안길로 사라졌다. 키우지 않는 소를 잡아, 누가 더 많이 가져가느냐로 온 나라가 시끄럽다.

나는 배웠다. 선거를 통해 권력을 얻기에 표를 줄 계층을 위해 정치를 해야 한다는 것을, 그럼에도 지지 계층이 싫어하는 일, 공무원 연금을 개혁하고, 위안부 문제를 합의하고, 4대강을 건설하고, 기업을 위해 외교를 하고, FTA를 승인하고, 제주 해군기지를 건설하고, 한일 문화교류를 하고, … 그때만큼 한 계단씩 한 계단씩 나라가 발전되었다는 것을 안다.

지금 우리는 또다시 '국가의 본질이 무엇인가?'라고 물어볼 시기가 되돌아왔다. 제국이 무너진 것은 외적이 아니었다. 제국이 무너진 것은 내부의 붕괴 때문이다. 로마는 서커스로 망했고, 송나라는 그림으로 망했고, 스페인은 설탕으로 무너졌다. 모두 지배계층이 대중의 고통을 달래기 위해 포퓰리즘을 이용했고, 대중은 달콤함에 젖어 노동 강도를 잃었기 때문이다.

세상에나, 창조만 있고 파괴는 없고, 이익만 있고 손해가 없는 세상은 없다. 아무리 종이를 얇게 베어 낸다 해도, 그것을 나노기술로 베어 낸다 해도 언제나 양면성은 존재하고, 베어 내면 낼수록 더 날카로워진다.

이제, 역사의 새로운 변곡점이 온다. 디지털 변혁 시대, 저출산 고령화 시대, 성장이 멈춘 시대가 온다. 모두 다시 한번 강함을 준비해야 하고, 피나는 고통을 감내해야 하는 시기다. 무엇보다도 다가올 기술 패권 시대를 앞두고 다시 한번 춤추면서 허리띠를 맬 준비를 해야 한다.

5부 기적, 기적, 기적

<사진 5> 삼척 준경묘, 금강송, 2020.9.5. "새로운 산업은 파괴적 기술로 기존 산업을 갉아 먹는다. 카니발리제이션(cannibalization)이다. 일시적으로 자기 잠식을 각오하지 않으면 성장을 할 수 없다. 창조적 파괴다. 창조적 파괴를 두려워하는 나라는 미래도 없다."

오천 년 역사의 가장 경이로운 일

세상에서 가장 가난한 나라, 국제 사회의 원조로 살아가는 나라, 가혹한 식민지를 벗어나자마자 또다시 전쟁이 발발한다. 전쟁을 도와준 동맹국마저 '잊힌 전쟁'이라 부를 정도로 희망이 없는 나라, 역사를 주관하는 조물주가 있다면 분명히 이 나라는 버림을 받았다고 해야 할 나라가 드디어 국부의 비밀을 찾았다. 기적, 기적, 기적이다. 국부의 자물통은 여러 개지만, 열쇠는 단 하나, 그 단 하나를 찾았다. 어떤 사람은 일본을 이기기 위해, 어떤 사람은 공산화를 막기 위해, 어떤 사람은 천형(天刑)처럼 단단한 가난을 없애기 위해 그 열쇠를 찾았다고 한다. 하지만, 아무리 그것을 강조하고 이웃나라와 동맹국이 기술과 시장을 열어서 그렇다 해도, 뛰어난 변혁적 리더십이 없었다면 불가능한 일이었다.

항미원조, 또 다른 전쟁의 이름

1950년 6월 8일 조선민주주의인민공화국 조국통일민주주의전선 중앙위원회는 "남과 북 전체를 아우르는 선거가 치러질 것이며, 여기서 선출된 국회의원들이 해방 5주년인 8월 15일 이전까지 국회를 구성할 것"임을 공표하였다.

북한의 허무맹랑한 선언문에 아무도 주목하는 사람이 없었으며, 주목한다면 주목한 사람이 이상하거나, 북한의 전략에 매우 뛰어난 사람이다. 그로부터 정확히 17일 후 전쟁이 발발했다. 6·25 전쟁이다.

우리나라는 6·25 전쟁이라 말하지만, 중국은 항미원조(抗美媛朝)라 한다. 항미원조는 핵을 가진 미국에 대항하여 북한을 지원한 전쟁이라는 뜻이다. 기가 막힌 이름(Naming)이다. 문자는 말은 다 담지 못하고, 말은 뜻을 다 담지 못한다. 이 뜻은 지금으로부터 428년 전에 발생한 임진왜란을 '항외원조(抗倭援朝)'라 일컫는 인식과 같다. 즉 한반도에 어떤 상황이 발생하면, 한반도는 중국의 영향권에 있는 나라이고, 한반도의 종주국은 중국이니, 내 영역을 침범하지 말라는 경고의 뜻이 담겨있다. 구한말 이전의 인식과 똑같다. 그것이 일본이든, 미국이든 또 어떤 나라이든 중국은 한반도에 영향을 미치는 그 어떤 행위도 용납하지 못하겠다는 지극히 중국다운 대외 인식 조공(朝貢) 체제의 사고(思考)이다.

우리 역사 100년 이내 한반도 강역에서 커다란 전쟁이 세 번 일어났지만, 모두 전쟁 당사국인 한국의 이름은 없다. 첫째는 청일전쟁이고, 둘째는 러일전쟁이며, 마지막 전쟁은 6·25 전쟁이다. 참으로 기이한 전쟁 인식이며, 이런 전쟁 인식으로는 미래에 혹여 발생할 수 있는 전쟁을 또 이런 식으로 대충 얼버무리려는 안일한 역사 인식이 나를 두렵게 만든다. 조선시대 이후 문치(文治)가 주를 이루어 전쟁에는 빈약함을 들어냈다. 임진왜란은 20일 만에, 병자호란은 5일 만에, 6.25는 3일 만에 서울이 함락되었다. 점점 짧아지고 있다.

한반도는 지정학적으로 만주 대륙에서 남쪽으로 툭 튀어나와 해양 세력과 대륙 세력이 충돌하는 지점에 있다. 해양 세력은 한반도에서 불과 190킬로 떨어져 있는 일본이며, 대륙 세력은 중국과 러시아다. 일본이 눈을 위로 돌려 대륙을 바라볼 때 "한반도는 영원히 자신의 심장을 노리는 비수와 같은 모양"이다. 그렇지만 중국과 러시아는 한반도가 자신의 핵심 권역에서 멀리 떨어져 있어, 전에도, 지금도, 그리고 앞으로도 한반도를 실효적으로 지배할 가능성은 없다. 그렇지만, 우리가 힘이 약하고 누구의 힘이 우세하느냐에 따라 대륙으로 향하는 다리가 되거나 열도로 향하는 디딤돌이 될 수 있으며, 우리만 모르는 우리의 전쟁터가 된다.

1894년 일본과 청은 결국 조선 땅에서 전쟁에 돌입하고 평양 인근에서 충돌하였으며, 청은 패배를 한다. 청은 시모노세키 조약을 체결하여 조선을 '영원한 자유'의 지위에 동의하였으며, 타이완을 일본에 할양한다. 이 전쟁으로 청은 매우 허약하다는 사실이 밝혀졌으며, 서구 열강은 청에서 전리품을 뜯기 위해 하나로 뭉쳤고, 직접 이빨을 드러낸 나라가 러시아였다.

1904년 일본과 제정 러시아가 전쟁에 돌입했다. 일본함대는 인천에서 출항하여 북쪽 중국 여순(旅順, 다롄)으로 향했다. 일본 해군은 러시아가 점령하고 있던 압록강 전역에 공격을 가해 러시아군을 격파한다. 그러자 러시아는 최신예 발틱 함대를 극동으로 출항시킨다. 일본 함대는 진해에서 발틱 함대를 기다리다가 쓰시마 해협에서 침몰시킨다.

미국 시어도어 루스벨트 대통령의 중재로 뉴햄프셔주 포츠머스에서 조약이 체결되고, 러시아는 만주 지역을 상실했으며, 다시 한번 모든 열강은 조선의 '독립' 지위를 보장했다. 조선은 그렇게 모든 열강으로부터 '독립'을 문서로 보장받았다. 영원한 독립을 보장받은 대한제국, 어떤 나라가 자국을 지킬 힘이 없다면 독립은 발가벗겨지는 수모를 당하는 행위이고, 어떤 나라가 자국을 지킬 힘이 있다면 영원한 독립은 부국강병의 길목이 된다.

1945년 2차 세계대전이 종식되고 한국은 독립이 되어 영원한 자유를 얻었지만, 그 자리에 러일전쟁에서 패배한 소련과 구한말 영국을 대체한 새로운 해양 세력인 미국이 들어와 나라가 양분되었다. 아시아 대륙에서는 소련을 동심원으로 중국이 공산화되었으며, 인도차이나가 공산화되기 직전이었다. 동아시아 대륙의 유일한 한 점, 한국은 위태위태한 형국이었다. 미국은 2차 세계대전을 막 끝난 이후라 전쟁의 후유증으로 "누가 과연 핵무기를 가진 국가와 전쟁을 하겠는가?" 하는 안일한 전략으로 한반도에서 군비를 축소한다.

1950년, 이승만 정권은 숱하게 북한의 침략을 이야기했지만, 중국은 국공내전을 끝내고 이제 나라를 막 수립하여 전쟁을 수행할 여력이 없으며, 소련은 2차 세계대전 때 2천만 이상의 희생자를 내었기에 전쟁을 감당할 수 없다고 판단하고, 미국은 한국에 전쟁할 수 없는 경무기만 제공하였다. 엎친 데 덮친 격으로 국무장관 애치슨은 상원에서 애치슨 라인을 발표하고 한국을 그 선 밖에 존재한 영원한 독립의 나라로 만들었다.

전쟁을 일으킨 북한과 소련, 중국의 동기는 매우 복잡했다. 1950년 4월 김일성은 스탈린에게 남침 승인을 요청하자 스탈린은 그를 독려한다. 만약에 소련의 지지로 침략이 성공한다면, 소련은 한국에서 지배적인 위치를 차지할 수 있으며, 이는 러일전쟁 때 이루지 못한 꿈이 현실화되는 과정이었다. 무엇보다도 한반도가 중국의 영향력을 벗어나 아시아에서 평형추 역할을 할 수 있다고 기대했다. 특히 스탈린은 중국의 새로운 지도자 마오쩌둥이 공산권의 헤게모니 싸움의 잠재적인 적으로 간주하였다. 마오쩌둥은 역사를 통해 외부 세력이 강성할 때 한반도가 중국의 침략 루트로 이용된 사실을 잘 알고 있었다. 청일전쟁과 러일전쟁이 한반도에서 발생했으며, 특히 공산주의의 적대세력인 미국이 중국의 국경선인 압록강을 따라 주둔하게 되고, 베트남에 진출하여 중국과 국경선을 맞댄다는 두려움에 떨고 있었으며, 무엇보다도 국공내전 때 인민군으로 편입된 한국인이 30%를 차지하고 있다는 사실에 주목했다. 어쨌든 이들은 동화되든지 제거되어야 할 존재였다.

6·25전쟁, 항미원조의 최종 승자는 누구일까? 나는 단연코 한국이라 생각한다. 그다음은 일본이고 그다음은 미국과 중국, 소련이며 마지막은 전쟁을 일으킨 북한이다.

한국은 전쟁을 통하여 오랫동안 이어져 온 중국의 중력에 벗어나 정치와 문화를 독립할 수 있었다. 즉 대륙에서 뚝 떨어져 나와 이웃 나라의 간섭없이 새로운 패러다임인 서양의 자유민주주의, 시장경제, 법치주의를 받아들이는 행운을 얻었다. 한 사람의 변혁적 리더십이 작용한 결과다. 그리고 한국 땅에 가발공장, 고무신 공장, 합판공장을 짓고 전자산업에 이어 중화학

공업 단지를 만든 결과 국내총생산(GDP)이 러시아보다 많고 아프리카 대륙보다 더 많은 나라가 되었다. 다시 한번 더 뛰어난 변혁적 리더십이 작용한 결과였다.

일본은 공산주의와의 싸움으로 태평양 전쟁의 사과 한마디 없이 한반도에 개입할 수 있는 명분을 얻었으며, 경제도약이라는 제2의 부흥을 얻었다. 무엇보다도 자유민주주의 남한이 한반도에 있음으로써 안보의 불안을 덜 수 있었다. 그 결과 G2 국가로 성장하여 한때나마 미국을 위협했으나, 결국, 태평양 전쟁의 옹졸한 사과에 발목이 잡혀 잃어버린 20년으로 빠져든다.

미국은 2차 세계대전 전에 형성한 영토 라인을 따라 봉쇄를 유지할 수 있었고 남한이라는 자유민주주의와 시장경제의 성공사례를 얻었다. 또한, 고립주의 외교인 군비축소 정책을 버리고 다시 한번 군사 재무장을 하여 소련으로부터 서유럽을 지켜 낼 수 있었다.

중국은 핵을 가진 최강의 나라를 상대로 무승부를 펼쳤으며 확실히 북한을 자신의 영역 아래 두는 성과를 얻었다. 그러나 대만 점령을 100년 이후로 미루어야 하는 초라한 성적과 전쟁 후유증으로 4,000-6,500만명이 굶어 죽는 대약진 운동과 최악의 실책인 문화 대혁명의 혹독한 대가를 치렀다. 이는 청일전쟁 참전 이후 청이 멸망하고, 임진왜란 참전 이후 명이 멸망하고, 고구려 침략 이후 수가 멸망하는 징크스를 벗어나지 못했다.

소련은 전쟁 중에 중국에 제공하기로 한 무기 지원 약속을 어김에 따라 신뢰를 상실하였고 그 이후 공산권 헤게모니를 마오쩌둥에게 넘겼으며 다시는 블라디보스토크 아래로 영향권을 얻지 못했다. 그 결과 소련은 한반도에서 이방인에 머물렀고 여전히 어정쩡한 관계를 지금까지 이어 오고 있지만, 통일을 위해 반드시 원교(遠交) 해야 할 나라임은 분명하다.

마지막은 북한이다. 북한은 지구상에서 가장 가난한 나라, 가장 인권이 없는 나라가 되었다. 여전히 중국의 중력에 한 발자국도 벗어나지 못하고 봉건주의 왕권세습에 머물러 있다. 한반도는 근대 유럽과 같은 계몽주의 경험 없이 식민지 시대를 맞이하고 해방되었기에 북한은 너무나 쉽게 왕조 정치에 물들었고 인류 역사상 최악의 정치경제 체제라 할 수 있는 공산주의 나라를 지속하게 되었다.

역사의 거대한 흐름은 우리의 의지에 상관없이 도도히 흘러간다. 우리가 그 흐름을 거부할 수 있고, 그 흐름을 받아들일 수 있고, 그 흐름을 비난할 수 있다. 그렇지만, 언제나 역사에는 영웅이 나타나기 마련 우리는 위대한 두 분의 변혁적 리더십을 만나 기적적으로 나라를 회생시켜 반석 위에 올려놓았다.

게으른 종족이 부지런한 민족으로

왜, 1894년 세상에서 가장 게으른 종족에서 1960년 세상에서 가장 부지런하고 가장 많이 일하며, 어디에서나 '빨리빨리'를 외친 민족으로 바뀌었을까? 그 비결은 무엇인가? 만약에 외계인이 비행접시를 타고 한국에 와서 인간의 뇌 구조를 바꾸는 광선을 쏜 것도 아니며, 그 옛날 초등학교 교실 벽에 붙여져 있던 국민헌장 덕분이라고 말할 인과관계도 분명치 않다.

1894년 조선의 경제활동은 농업 중심이다. 개인은 토지 기반 농업의 힘든 노동을 해소하기 위해 공동 품앗이 형태로 일을 하였다. 한국은 밭이 아니라 논농사 중심 경제다. 논농사는 발이 진흙에 푹푹 빠지는 논에서 온종일 일을 해야 하므로 자연스럽게 남성 중심 사회를 이끌었으며, 기계화되지 못하였기에 공동 노동이 필요했다. 이는 힘이 좋은 사람이나 힘이 약한 사람이나 동일 노동 동일 임금 형태로 운영될 수밖에 없는 구조였다.

이 경우 개인의 능력에 따른 차별적 임금은 불가능하며, 힘이 좋은 사람이 더 열심히 일하려는 인센티브가 없다. 힘이 좋은 사람은 품앗이를 꺼리려 할 것이며, 이것은 공동체 생활에 위험이 되니 시기, 질투, 핍박을 받은 것은 당연하였다. 또한, 주 단위 노동이라는 개념도 없었다. 그럴 필요도 없었다. 시간을 구분하는데 월 단위이면 충분했고 농사짓는데 24절기이면 족했다. 거기에다 지배계층인 양반의 착취와 무능한 관료로 구성된 조정의 비효율성이 증대되자 부를 쌓으면 쌓을수록 더 많이 빼앗기는 구조가 정착되어, 차라리 벌열(閥閱)의 노비로 전락하고자 하는 인센티브가 더 커졌다. 나라는 기이한 구조로 변해갔다. 상층부인 양반과 하층부인 노비로 양분된 구조다. 상층부는 하층부를 착취한다.

이제 전국 곳곳에 공장이 생겼다. 단순 노동인 섬유공장이나 가발공장, 신발 공장, 합판 공장이 주류였다. 하지만 공장 생활은 개인의 능력에 따라 임금을 달리 받을 수 있는 시스템이다. 열심히 일하고, 더 많은 시간을 일하면, 더 많은 임금이 개인 통장으로 들어간다. 게으름과는 정반대의 시스템이 돌아가고, 그 어렵고 힘든 무논(물이 괴어 있는 논)의 노동을 견딘 남성이나 종일 온갖 허드렛일에 지친 여성이 일하기가 더 쉬운 구조였다.

나는 10살 어린 소녀다. 하루 일은 "아침 5시 30분에 시작해서 저녁 8시에 끝났고, 아침 식사, 점심 식사 그리고 두 차례의 휴식이 제공되었다." 이 소녀는 이 공장에서 벌써 2년째 일하고 있으며 또래 소녀들 25명과 함께 일하며, 그 가운데 성인은 세 명밖에 없다. 감독관은 일주일에 두 번 "손이 부어오를 때까지 매를 가했지만, 매를 들었다는 사실을 인정하지 않았다. 가끔 '가죽'을 사용해 어린 소녀를 지도했다."는 사실은 실토했다.

마치 우리나라 청계천 봉제공장 노동자의 이야기 같지만. 산업혁명 초기 영국의 아동 실태 보고서 내용 중 한 대목이다. 인간은 오랫동안 자연을 기반으로 살아왔기 때문에 오글거리는 공장에서 중노동을 하기까지 많은 시간과 눈물이 필요했다. 더러운 환경은 말할 것도 없고 인권 침해나 가혹한 노동 착취가 이어졌다.

지금은 '인간이 밀집된 공간에서 장시간 일하고 그 노동이 임금으로 환산되어 개인에게 지급된다.'라는 사실을 자연스럽게 이해하지만, 그것이 시스템으로 정착되기까지는 혹독한 과정과 오랜 시간이 필요했다. 산업혁명 이전의 인간과 산업혁명 이후의 인간은 겉모양은 같지만 속은 완전히 다르다. 인간성이 변한 것이다. 구한말 산업혁명을 이룬 서구 열강의 인간이 산업혁명 이전의 조선을 보았을 때는 미개하고 굼뜨고 게으르고 지저분하다는 인상을 받은 것은 당연한 귀결이었지만, 그것을 국민성이라 속단하기에 너무 이른 판단이다.

산업화 과정은 비슷했다. 1833년 영국 섬유공장의 어린 소녀의 풍경을 뒤로하고, 1911년 일본의 섬유공장에서는 영국보다 더 조직적인 착취가 일어났다. 후진국일수록 섬유공장에서 얻을 수 있는 생산성이 낮아서 가혹한 노동을 견뎌야 경쟁에서 이길 수 있다. 프랑스, 독일, 러시아 등 모든 나라가 같았으며 1960년대 한국의 모습도 이와 다르지 않았다.

이제, 어린 소녀와 여성이 공장 생활을 견뎌내자 드디어 남성이 더 거친 현장으로 진출했다. 1,000m 지하 갱도에서 석탄을 캐는 일이나, 1,500℃의 용광로 앞에서나, 깊은 바다의 심해 속에서, 하늘 꼭대기 첨탑 위에서 일하는 것도 가능해졌다.

이제 외국인의 눈에 '빨리빨리'를 외치고 일벌레와 같다고 비난을 받던 한국에서 '일자리'가 사라지고 있다. 노동집약형에서 자본집약형으로 일자리 형태가 바뀐 것이다. 노동집약형으로는 지금의 부를 누릴 수가 없다. 자본집약형은 자본이 노동을 대체하여 일자리가 쉽게 만들어지지 않는다. 새로운 산업이 만들어져야 한다. 새로운 산업은 파괴적 기술로 기존의 산업을 갉아 먹는다. 카니발리제이션(cannibalization) 현상이다. 일시적으로 자기 잠식을 각오하지 않으면 성장을 할 수 없다. 창조적 파괴다. 창조적 파괴를 두려워하면 더 좋은 일자리는 만들어지지 않는다.

이제, 부가 늘어나도 더 이상 사야 할 물건은 없다. 제조업의 한계다. 서비스로 일자리를 만들자. 정부가 규제를 풀어야 한다. 정부가 서비스료를 결정하는 한 혁신은 없다. 인문학이 갈 곳이 없다. 인문학이 살아야 하고 서비스 산업이 살고, 인문학이 죽으면 서비스 산업도 죽는다.

잃어버린 국부의 비밀

1967년 주식회사 현대, 자동차 산업 불가능. 1969년 주식회사 삼성, 반도체 산업 불가능. 1968년 포항제철, 건설 반대. 1967년 원자력 발전소, 건설 반대. 1968년 경부고속도로, 건설 반대. 우리 모두 불가능과 반대를 외쳤던 과거 역사다. 우리만 그러한 것이 아니라 국제 사회도 이 어이없는 계획의 비현실성에 동의하였다. 하지만 세계에 유례가 없는 성공을 거두었고, 누구나 다 아는 자랑스러운 신화가 되었다.

무엇이 불가능을 가능으로 만들었는가? 1960년대 인구는 2,500만 명 정도였다. 그 당시 공대 출신을 다 합쳐도 오늘날 카이스트 한해 졸업생 숫자에도 못 미친다. 자본은 없고 기술은 더 없었으며 기술자는 구할 수도 없었다. 신화의 궁극적 요인은 무엇인가? 남아 있는 유일한 자산은 독재자의 똘기와 못 배운 가난한 국민밖에 없었다. 〈생각에 관한 생각〉의 저자 카너먼 교수의 선호도 이론에 따라 이 나라가 할 수 있는 유일한 전략은 "낮은 성공 가능성의 높은 기대치로 '위험추구' 전략"만이 할 수 있었다.

1969년 1월 삼성전자는 이름도 모르는 후진국의 작은 회사, 36명으로 설립되었다. 이병철 회장은 기업이 지속 발전을 하려면 오직 하이테크 산업밖에 없다고 생각하고 반도체 사업에 뛰어들었다. 1983년 이병철 회장은 “왜 우리는 반도체 사업을 해야 하는가?”라는 도쿄 선언을 발표하자, 일본 미쓰비시연구소에서는 ‘삼성이 반도체 사업에서 성공할 수 없는 5가지 이유’라는 보고서를 발간했다. 보고서는 ‘협소한 내수시장, 취약한 관련 산업, 부족한 사회간접자본, 작은 회사 규모, 빈약한 기술’로 불가능하다고 진단했다.

강민구 판사는 〈인생의 밀도〉의 저자이며 ‘혁신의 길목에 선 우리의 자세’로 유튜브 210만 뷰를 달성했다. 그분의 회고다.

“초등학교 중반부까지는 미국 원조물 식량인 옥수수 가루로 죽을 끓여서 점심 급식 시간에 나누어 먹었다. 후반부에 가서 그 가루를 빵으로 구워서 나누어 급식했다. 도시락도 싸 가지고 다녔지만, 지금의 술빵 비슷한 옥수수빵의 고소한 그 향이 아직도 뇌리에 선명하다. 각 반 학생 중 그 빵조차도 자기가 먹지 못하고 집에 있는 조부모나 미취학 동생들을 주기 위해 싸서 가지고 간 친구들도 서너 명 이상 보였다. 학급 반장으로 그런 친구들에게는 남는 빵을 슬며시 하나 더 가지게 하는 방법도 어린 마음에 써 보았다.”

많은 사람이 강 판사와 비슷한 경험을 공유했으며, 나도 그런 경험을 했

〈그림 9〉 자크 루이 다비드(Jacques-Louis David), 호라티우스의 맹세(The Oath of the Horatii), 1785년, 3.26x4.2m. 루브르 박물관. "결기(決起), 세상을 바꾸려는 똘기를 가진 이들, 그들에게는 흔들림 없는 방향과 통찰이 있었다."

다. 서울대 이정동 교수는 〈축적의 시간〉에서 한국의 경제 성장은 '기적' 이외에는 다른 말로 표현할 수 없다고 했다.

"지금까지 한국 산업은 그 어떤 자료로 봐도, 기적이라는 표현에도 조금의 모자람이 없을 만큼 놀라운 속도로 발전해왔다. … 세계은행 통계에 의하면 1960년 우리나라의 1인당 국민소득은 1,107달러였다. (2005년 달러 가치 기준). 당시 아르헨티나는 3,732달러, 멕시코는 3,299달러, 터키는 2,345달러 정도였다. 그러나 한국이 2014년 기준 2만 4,565달러로 22배 성장하는 동안 아르헨티나는 2.1배, 멕시코는 2.6배, 터키는 3.7배 성장하는데 그쳤다. 과거 아시아를 대표하는 국가로 성장할 것으로 평가받던 국가들이 있었지만, 2014년 현재 필리핀이 1,649달러, 인도네시아 1,866달러, 말레이시아가 7,304달러 수준에 머물러 있다." (p.23)

우리나라에 많은 경제학자와 사회학자가 있지만, 이런 기적 같은 성공의 궁극적 요인을 분석한 이는 드물다. 모두 이념에 편향되어 이것 때문에 저것이 발생했다고 편협한 사고를 말한다.

1960년대 한국은 세계에서 가장 혁신적 벤처 국가였다. 피터 드러커가 그렇게 생각한 이유는 한 세대 동안 공무원, 선생보다 국가 성장을 위해 최고 인재를 이공계에 투입하였기 때문이다. 제조업 기반인 이공계 대학 졸업생 수가 인구 대비 가장 높은 나라이며, 미국 공대 졸업자와 비슷한 수를 배출했다. 고등학교 8개 반중 6개 반이 이과이며, 전교 1등에서 10등이 공대를 선택한 것은 당연하였고 학력고사 전체 수석은 늘 공대 지망생이 차지했다.

이는 조선왕조 500년 동안 시를 잘 짓는 사람을 과거로 선발하여, 사회 최고 대우를 했던 사농공상 구조를 깨는 일이었다. 조선은 수확체감의 법칙이 적용되는 사회였다. 농업 기반 경제 구조에서 생산을 늘리려면 추가로 토지와 노동이 필요했다. 이에 반해 상공업은 수확 체증의 법칙이 적용되어 농토가 필요가 없는 구조다. 따라서 상업과 공업은 농업 기반 사회질서를 깨트리는 위험한 직종이었으며, 동아시아 모두 같은 질서였으나 유독 조선만이 끈질기게 유지한 구조였다. 이런 구조를 없애지 않고는 사회가 성장할 수 없다. 실용이 답이었다. 기술을 가진 성실한 사람은 모두 부자가 되었다.

1997년 IMF, 자본주의 속성상 거품은 늘 붕괴하기 마련이지만 그 이후 사회풍토는 '각자도생'으로 급변하였다. 국가 발전에 기여하는 엔지니어보다는 직업의 안정성을 더 선호하여 공무원, 변호사로 회귀하였다. 이공계의 위대한 산업 전사는 국가 성장의 부품으로 사용되고 버려졌다는 분노와 좌절감에 사로잡혔다. 자기보다 훨씬 공부를 못한 공무원에게 굽신거려야만 생존을 할 수 있는 충격은 실업의 아픔보다 더한 배신감을 안겨주었다.

왜 그랬을까? 절대빈곤에서 탈출하여 고도의 성장기를 맞이하였고, 외환위기(IMF)를 극복하기 위해 총력을 기울였던 10년 동안 우리가 놓친 것이 무엇인가? 60년대, 70년대, 80년대는 하지 말라고 하는 분야는 더 지독히 도전했던 그 시절, 정부의 리더십과 기업가의 혁신이 불꽃 튀었던 똘기의 시대! 그 시대의 정신은 어디로 사라졌는가? 만약에 이 비밀을 안다면 우리는 국부의 비밀을 다시 찾을 수 있지 않을까?

다시 한번 비밀의 열쇠를 살펴보자. 도로를 건설하자 차가 생산되기 시작했고, 제철소가 쇳물을 토해내자, 후판을 사용하는 조선산업이 발달하였다. 초고속인터넷망이 설치되자 게임산업이 세계 최고가 되었다. CDMA가 최초로 상용화되자 휴대폰이 세계 최고가 되었다. 벤처기업을 육성하자 네이버, 카카오, 넥슨, 엔씨가 기죽지 않고 살아가고 있다.

지금 우리의 현실은 어떠한가? 직접 민주주의는 그 의도와 달리 조직과 자본을 가진 목소리가 큰 계층에게만 유리하게 작동하고 이들을 견제할 장치는 없다. "대한민국은 태어나지 말아야 할 국가이며, 삼성이 망해야 나라가 산다."라는 말로 역사를 왜곡하고, 시장경제를 부정한다. 국가가 지속 성장에 역량을 얼라인먼트(alignment) 하기보다는 포퓰리즘으로 나라 살림이 거덜 날 지경이다.

나무가 부러지는 것은 보이지 않은 좀 벌레 때문이고, 담장이 무너지는 것은 작은 틈 때문이다. 나무가 벌레를 먹었다 하여 강한 바람이 불지 않으면 부러지지 않으며, 담장에 틈이 생겼다 하여 큰비가 내리지 않으면 무너지지 않는다. 회색 코뿔소 영역이다.

우리는 자유와 시장경제, 민주주의 체제를 되돌릴 수는 없다. 이것을 기반으로 정책을 펴야 한다. 똘기의 시대처럼, 지금 경쟁력이 있는 분야가 아니라 장기적 부를 창출 할 수 있는 곳에 투자를 해야 한다. 인프라다. 인프라는 미래세대를 위함이다.

새로운 계층이 새로운 부를 창출해야 한다. 디지털트랜스포메이션 시대에 맞는 제2의 삼성, 제3의 현대를 만들어야 한다. 삼성이 문제가 아니라 삼성이 적은 것이 문제다. 대박이 나서 떼돈을 벌어야 개인과 조직이 움직인다. 그래야 인적자본과 물적자본이 몰려온다. 이제 국가의 간섭을 줄이자. 유니콘 벤처가 되도록 기존 제도를 허물면 그동안 축적된 에너지가 저절로 용출될 것이다. 갈 곳 없는 돈이 아파트로 몰려, 다 같이 망하는 일은 피해야 한다.

서울대 이정동 교수의 주장처럼 '창조적 개념설계' 역량을 갖춘 인재를 키우자. 저출산 타령만 할 것이 아니라 일당백 창의적 인간을 만들어야 한다. 인더스트리 4.0에 투자하자. 제조업을 스마트하게 하자. IT기업은 돈 벌어서 좋고 중소기업은 경쟁력이 있어 좋다. 국방이 돈만 쓰는 공간이 아니라 거대한 실험공간이 되어야 한다. 우리나라는 시장이 좁다. 실험할 공간이 없다. 국방부가 그런 역할을 해야 한다. 국가의 임무는 개인의 인센티브를 자극하여 한곳으로 집중하도록 얼라인먼트 하는 일이다. 그러면 개인이 알아서 한다. 개인의 자유와 책임 확대 없이는 새로운 길을 갈 수가 없다.

창조적 파괴, 국가의 존재 이유

어떤 나라가 지구상에 있다. 국민이 세금을 낸다. 그 세금으로 기업이 아니라 국가가 일자리를 만들고 월급을 준다. 그 세금으로 받은 월급에서 다시 세금을 받는다. 그 세금으로 또다시 사람을 뽑는다. 그 사람에게 월급을 주고 세금을 받는다. 그 세금으로 또다시 사람을 뽑고 월급을 준다. 계속해서 무한 루핑을 돌린다. 이 얼마나 신기하고 좋은 모델인가? 힘들게 일할 필요도 없다. 세금이라는 화수분과 세금을 줄 사람만 있으면 된다. 이 모델의 가장 큰 장점은 세금 내는 사람이 단 한 명이라도 있을 때까지 유효하다. 부국강병의 두 번째 나라 스페인의 모델이다. 화수분은 신세계 착취에서 들어온 은에서 나왔다. 우리나라는 어디에서 나올까?

이 모델의 단점은 무엇인가? 이 나라의 정치 지도자는 창조적 파괴의 어두운 면은 숨기고 밝은 면만 이야기한다. 창조적 파괴에는 파괴의 비용이 들어간다. 이 나라의 지도자는 파괴의 '비용'은 아예 없다고 딱 잡아떼고 혜택만 있다고 주장한다. 파괴 없는 성장은 없다. 세금만으로도 충분히 잘살 수 있다고 말하지만, 조금만 살펴보면 국민에게 혜택을 한꺼번에 돌려준 뒤 장시간에 걸쳐 세금을 거두거나, 아예 후세대에 세금을 전가한 경우가 많다. 세금이 투자(인프라)로 가고 투자가 다시 기업으로 가고 기업이 세금을 내는 구조로 바뀌어야 한다.

지구상에서 창조적 파괴의 '파괴'의 어두운 유혹을 가장 잘 극복한 나라 중 하나가 미국이다. 대부분 나라는 이 유혹을 이겨내지 못하고 기득권 탓, 대기업 탓, 신자유주의 경제 탓, 자본가 탓, 혹은 전 정권 탓으로 돌리면서 회피를 한다.

공산주의자들은 창조적 파괴를 자본가의 탐욕으로 돌리고 유토피아만 이야기하다가 결국 들통나서 허무하게 무너졌다. 포퓰리스트들은 창조적 파괴를 사악한 기득권 탓으로 돌렸지만, 결국 돌아온 것은 국가의 부채였다. 유럽식 사회주의자들은 좀 교묘하고 현란한 방법으로 창조와 파괴가 한데 엮여 있고, 파괴를 제거하고 창조만을 확대할 수 있다고 주장했지만, 결국 스테그네이션(economic stagnation, 장기적인 경기침체)을 가져왔다.

많은 사람은 나라의 발전이 그 나라가 보유한 '자원'에 좌우된다고 생각하지만, 중요한 것은 자원이 아니라 그 자원으로 무엇을 하느냐였다. 슘페터는 생산력을 높이는 산업활동과 상업 활동의 세 가지 요소는 혁신, 기업가, 신용이며, 혁신은 발명 그 자체뿐만 아니라 새로운 아이디어의 적용이다. 혁신에는 그 중심에 기업가가 있다. 기업가는 "아직 시험 되지 않은 기술의 가능성을 활용함으로써, 생산의 패턴을 근본적으로 혁신하는 것"이다.

역동적인 기업가가 없는 나라에는 창조적 파괴가 없다. 역동적인 기업가일수록 결함이 많고, 그런 기업가를 그 사회가 용인해야 창조적 파괴가 일어난다. 기업가는 종교 지도자가 아니며 더구나 도덕군자도 아니다. 기업가가 창조적 파괴의 설계자이며 집행자이고, 정부가 창조적 파괴의 후원자가 될 때 부국강병의 길로 나아간다.

찰스 굿이어는 타이어를 발명하여 자동차 산업에 크게 기여하였지만, 경화 고무에 집착한 나머지 어린 자녀 세 명이 죽을 만큼 가난하고 비참한 삶을 살았다. 아이작 싱어는 재봉틀을 발명하여 세상의 모든 여성을 바느질에서 해방시켰지만, 정작 자신은 여성과 바람을 피워 자녀를 방치하고 아내의 목을 졸라 기절시켰으며 동업자를 회사에서 쫓아냈다. 토머스 왓슨은 IBM이라는 이상한 기계를 지구상에 선보였지만, 사이비 종교 집단의 지도자와 같은 추종자를 만들었다. 스티브 잡스는 현실 왜곡에다 남의 아이디어를 가로채는 것은 다반사이고 툭하면 직원을 '골빈놈', '멍청이'라고 모욕을 주며 자신만이 천재라는 인식에 사로잡혔지만, 스마트폰으로 인류의 삶을 변화시켰다.

창조적 파괴는 국가의 존재 이유다. 국가가 창조적 파괴를 두려워 머뭇거린다면, 국가는 쇠락할 것이다. 창조적 파괴는 군살을 빼는 일이고, 썩은 살을 도려내고, 암을 제거하여 새살을 돋게 하는 과정이다. 그 과정은 인기가 없다. 변혁적 리더십만 할 수 있다. 인기 없는 과정을 견뎌야 위대한 나라가 된다.

인류의 삶을 통째로 바꾸는 세 가지 힘

인류의 삶을 통째로 바꾸는 조건, 인간의 문화에 단층을 가져올 조건, 그것은 다음 세 가지가 있어야 가능하며 그것만이 새로운 패러다임을 바꿀 수 있다.

첫째는 에너지 혁명이다. 농경시대에 우주 만물은 오행(五行)인 목(木), 화(火), 토(土), 금(金), 수(水)와 사대인 지수화풍(地水火風)으로 이루어졌다고 여겼지만, 그들을 통제할 수 있는 정교한 기술이 없어 순응하는 삶을 살았다. 오행 중 인간이 사용할 수 있었던 유일한 에너지는 나무(木)에 지나지 않았고, 이용할 수 있는 동력은 자신의 근육이나, 말, 소, 노새 등이었으며 나머지는 다루기가 힘 들어 통제할 수 없었다.

하지만, 산업혁명이 일어나자 바람을 더욱 정교하게 다루어 또 다른 형태의 에너지를 얻었고, 물은 가두어 새로운 에너지로 전환하였으며, 땅속 깊은 곳에 있어 쓸모없었던 수많은 광물질이 기계의 부품으로 사용되었고, 인간에게 커다란 위험을 주었던 불은 새로운 에너지원으로 전환되었다.

인류 역사에서 노예는 기록된 역사가 시작될 무렵부터 발생했다. 섬세한 목화를 따고 씨를 고르는 일에서부터 대규모 토목공사나 장성(長城)을 만드는데 노동력이 필요했다. 정교한 노동력의 공급이 인력밖에 없었다. 영국이 국부를 이룬 대서양 삼각무역에서도 나타났으며, 남북전쟁을 일으킨 미국의 목화밭에서도 나타났다.

그러다가 어느 날 갑자기 노비가 사라졌다. 인류가 도덕적으로 선(善)해서 그런 것이 절대 아니다. 노비의 노동력 대신 석탄이 그 자리를 대신하였기 때문이다. 석탄의 열로 물을 끓이고 그 끓는 물을 이용하여 터빈을 돌려 에너지를 만들었다. 이제 석탄에서 석유로, 다시 원자력으로 바뀌었다. 원자력 에너지로 석유와 석탄 소비가 줄고, 숲이 살아났다. 화석 연료의 에너지 생산량은 원자력 에너지에 비교해 5백만 배나 작다. 원자력의 공포가 과학을 집어삼켰고, 급기야는 핵발전소마저 먹어 치웠다. 무지와 편견의 결과다. 에너지는 안보다. 에너지의 자급자족 없이는 부국강병이 있을 수 없다.

둘째는 운송 혁명이다. 물류 혁명이 인류의 삶을 변화시키고 역사의 패자와 승자를 갈랐다. 실크로드가 역사의 방향을 바꾸었고 대항해가 또다시 역사의 방향을 바꾸었으며, 철도가 전쟁 양상을 바꾸었으며, 누가 먼저 새로운 운송 혁명으로 세상을 바꿀 수 있을는지, 그런 나라가 있다면 패권국 지위를 이어 갈 것이다.

충청남도 논산시에 강경시장(江景市場)이 있다. 강경은 서해에서 들어오는 물류가 내륙으로 분산되는 조선 3대 장터였다. 이제 철도가 들어왔다. 철도가 들어오면서 강경은 평범한 시골 장터로 바뀌었다. 물류의 중심지는 강경이 아니라 군산이 되었기 때문이다. 충주 위쪽 목계나루터도 마찬가지다. 물류의 변화는 운송비에 영향을 주고, 이는 생산단가에 영향을 미쳐 사람의 거주에 변화를 가져온다.

1798년(정조 22) 초정 박제가는 정조의 '왕명에 따라 「북학의」를 지어 올리며〈應旨進北學議疏〉'에서 "지금 만약 수레를 통행시킨다면 10년 안에 백성들이 수레를 좋아하는 정도가 화폐를 좋아하는 수준에 그치지 않을 것입니다. … 농사는 비유하자면 물과 곡식이요, 수레는 비유하자면 혈맥입니다. 혈맥이 통하지 않으면 사람이 살지고 윤기가 흐를 이치가 없습니다. … 유용한 수레는 옛날에는 있었으나 지금은 없습니다"라며 임금에게 수레 사용을 간청할 때, 그때 미국은 이리 운하(Erie Canal)을 설계하고 건설할 회사를 만들었고 시행하였다.

인간이든 사물이든 물리적 한계를 벗어날 수 없다. 유체이탈할 수는 없다. 반드시 이동 매체가 필요하고 이동 매체에 의존하여만 다른 장소로 이동이 된다. 대상(大商)이 낙타에 물건을 싣고 사막을 건넜고, 미국의 목화가 배에 실려 영국으로 건너왔다. 이제 정보는 초고속인터넷망으로 순식간에 전달되지만, 여전히 사물은 자동차나 기차, 비행기에 의존하여 이동한다. 문제는 간선이 아니라 지선이다. 지선의 이동 수단에 혁명이 일어난다면, 또다시 우리 삶을 통째로 바꿀 조건이 성립한다. 시속 100km로 날 수 있는 자율드론이 있다면 구태여 내 집이 서울이어야만 할 필요가 있을까? 강가든 숲속이든 바닷가든 어느 곳에서 거주해도 불편함이 전혀 없다.

셋째는 지능혁명이다. 지능은 지식에서 출발했고, 지식은 무지에서 출발한다. 지식은 고정된 권위의 도전에서 시작한다. 인간은 자연을 숭배했다. 그때는 자연을 알려고 하지 않았고 숭배하려고만 했다. 인간은 종교의 권위를 존중했다. 그때는 경전에 나오는 진리 이외의 지식은 진리라고 여기지 않았다. 이제 숭배와 권위가 허물어졌다. 그 자리에 인간은 인간을 숭배한다. 자신이 경험한 것과 공감한 것이 진리가 되었다. 탈진실 시대다.

대항해 시대는 교역을 위해서 수많은 정보가 필요했다. 생산량과 가격은 물론 폭풍과 가뭄, 상대국의 정치는 물론 군사 상황까지 알아야 했다. 정보가 부족하니 물품이 항구에 들어오고 있음에도 불구하고 또다시 같은 물품을 청구한다. 그 시대에는 언어와 편지로만 소통하였다. 언어는 아주 작은 공간에서만 소통할 수 있었고, 편지는 수일에서 수달, 수년이 걸렸다. 산업혁명이 일어났다. 이제 전신이 발명되고 수천 킬로 떨어진 곳에서도 수초 안에 정보가 전달되었다. 또다시, 인터넷이 발명되고 정보가 모이고 분석

된다. 과거에는 정보가 부족하여 의사결정을 할 수 없었다면, 지금은 정보가 너무 많아 분석에 어려움을 겪고 있다. 스몰데이터에서 빅데이터가 되었고, 순수 데이터에서 불순데이터가 뒤섞인 덩어리 데이터가 되었다.

지식이 아니라 지능혁명이 필요하다. 누가 먼저 지식을 지능화하느냐에 따라 삶이 통째로 바뀐다. 초지능이다. 거대한 데이터의 바다에서 새로운 전쟁이 시작되었다. 데이터를 처리하는 인공지능이다. 인공지능이 인간에게 쏟아지는 데이터를 지능화하여 더 스마트화하게 변화시켜 줄 수 있기 때문이다.

그때가 되면 전쟁의 양상도 달라진다. 전쟁에서 발생하는 수많은 데이터를 누가 더 빨리 더 OODA(군사작전 알고리즘으로 orient, observation, decision, action을 말함) 루프 속으로 돌리느냐가 승패를 결정한다. 아마도 자동화된 인공지능이 수집된 정보를 융합하고 분석하여 의사결정에 개입하여 작전을 수행할 것이다. 그때는 전쟁의 공포에 질린 인간이 수분에서 수십 분 걸리는 시간을 인공지능이 수천 분의 일 초에 안에 모든 OODA 과정을 마치고 승리의 웃음을 짓고 있을 것이다.

자동차와 청바지 그리고 스마트폰

세 사람이 말 한 마리를 함께 사고 보니, 말의 주인을 정하기가 어려웠다. 서로 의논 하던 중 한 사람이 "네가 말의 등을 사지." 하니 또 한 사람이 "나는 머리를 사겠네!"라고 했고, 나머지 한 사람은 "그러면 나는 꽁무니를 사겠네."라고 한다. 이렇게 세 사람이 말을 끌고 거리로 나가서, 말의 등을 산 사람은 말을 타고, 말의 머리를 산 사람은 앞에서 말을 끌고, 말의 꽁무니를 산 사람은 말 뒤에서 채찍질했다.

현대인의 삶, 자본주의를 상징하는 물건은 많지만, 가장 대표적 재화(財貨)가 자동차와 청바지 그리고 스마트폰이다. 자동차는 '자유'를, 청바지는 '반항'을, 스마트폰은 '나'를 이미지화한다. 이미지화 너머에는 거대한 시장이 있고, 거대한 시장은 인간을 이미지화하고, 이미지화된 인간은 가치를 내재한다.

자동차가 부의 상징으로, 청바지가 노동자의 옷으로, 스마트폰이 전화기로만 인식되면 우리는 아직 '자유'라는 가치의 절반도 모른다. 자유란 그런 것이 아니다.

제러미 리프킨는 〈한계비용 제로 사회〉에서 '자동차'는 자신의 영역을 표시하고픈 인간 본능에 자율성과 이동성을 가져다준 가장 강력한 도구라고 표현했다.

“미국인들은 오래전부터 자유사상을 자율성과 이동성에 연관시켜 왔다. 생생한 기계의 힘으로 자신의 육체적인 힘을 확장할 수 있는 밀폐된 차량의 운전석에 앉을 때 최고의 자율성을 감각하게 된다. 자율적이 된다는 것은 자신이 운명의 지배자가 된다는 뜻이고, 자급자족할 수 있다는 뜻이며, 의존적이 되지 않는다는 뜻이자, 타인에게 얽매이지 않는다는 뜻이다.” (p.365)

인간은 물리적 한계로부터 자유로워지려 한다. 말이 이동의 한계를 극복해주었지만, 말의 한계는 말이 길들어져야 하는 단점으로 통제라기보다는 함께라는 개념이 강한반면, 자동차는 완벽하게 통제할 수 있는 물건이다. 또한 자동차는 궁극적으로 ‘인클로저’로 자신만의 섬이 되고자 하는 타인으로부터 배제할 수 있는 권리, 타인으로부터 해방될 욕망을 채워준다.

인간이 그렇게 간절히 타인으로부터 해방을 추구한 일은 그리 오래되지 않았다. 호모사피엔스가 사바나를 탈출한 이래 줄곧 집단화로 함께 공동생활을 하여 물리적 개인 공간을 갖기가 어려웠다. 인간이 배관(파이프) 기술을 발달시켜 집안에 상하수도 시설을 갖추게 되자 방이 분리되고 사생활 공간이 만들어졌다. 이제, SNS의 발달로 정신적 사생활 공간을 찾아보기 힘들다. 가상공간은 "콘텐츠의 접속과 퍼 나르기로 진짜 원본이 어디에 있을까?" 할 정도로 뒤섞인 문화에 연결되어 타인을 배제할 수 있는 공간이 사라졌다. 자발적 강제적 고립이 필요하다.

자동차는 그렇게 진정 내 몸이 되어가고 있는 중이다.

청바지는 젊음과 반항의 상징이다. 청바지가 잘 어울리는 여자를 좋아하는 남자, 그들에게는 그럴만한 이유가 있다. 늘 검은색 터틀넥에 청바지를 즐겨 입었던 잡스, 그래서일까 청바지는 그의 상징물이 되었고 청바지는 혁신의 이미지로 강력하게 자리 잡았다. 무엇이 무엇으로 이미지화된다는 것은 슬픈 일이다. 진달래를 보면 소월을 생각하지 않을 수 없고, 술(酒)을 보면 이태백(李太白)이 떠오르고, 팝송을 들으면 멜라니 사프카가 생각난다.

니얼 퍼거슨은 〈시빌라이제이션〉에서 청바지를 대량 소비의 상징인 '시장'으로 해석했다. 청바지 뒤에 숨겨진 거대한 시장, 이를 쟁탈하기 위한 마케팅, 한번 이미지화되면 밈(meme)으로 각인되고 세대를 지나 전달된다. 그렇게 청바지는 반항과 섹시로 얼룩지고, 급기야 사회주의 국가에서 가장 두려워하는 물건으로 취급되었다.

“1830년대에 모르몬교 지도자 브리검 영은 단추로 앞을 여미는 청바지를 ‘간음용 바지’라며 비난하기도 했다. 1944년 『라이프 life』는 청바지 차림의 일류 웰슬리 여대생 두 명의 사진을 실어 큰 논란을 일으켰다. 리바이스의 경쟁업체 리(Lee)에서 지퍼를 도입했을 즈음에는 청바지가 성적 자극을 야기 한다는 평판이 이미 확립되어 있었다. 딱 달라붙는 청바지를 벗기는 것이 얼마나 힘든지 생각하면 참으로 흥미로운 일이다.” (p.385)

청바지는 미국 의류 산업의 놀라운 이미지 변신에 따라 전 세계로 퍼지면서 각국의 전통 의상이 ‘갑갑하다’, ‘고리타분하다’에 저항하는 반항의 ‘의상’으로 자리 잡았다.

1986년 프랑스 좌익 철학자이자 한때 체 게바라의 동지였던 레지스 드브레는 “록 음악, 비디오, 패스트푸드, 뉴스 채널, 위성 텔레비전은 붉은 군대를 모두 합친 것보다 더 큰 힘이 있다”라고 말했다. 그러자 소련은 체제에 치명적인 위협이 되는 청바지와 로큰롤을 빼앗았다. 그들이 본 것은 시장경제였다.

청바지는 또 그렇게 짝 달라붙어 빈틈없는 몸이 되었다.

스마트폰, 너무나 흔해 쓰레기 처리비용을 내야 버릴 수 있는 이 물건을 최초로 만들기 위해 꿈꾼 천재들은 무슨 생각을 하였을까? 그저 컨베이어 벨트에서 대량생산 하는 하나의 '공산품'에 지나지 않지만, 우리 손에 들어오는 순간 스마트폰은 마법처럼 내 몸의 일부가 되어 간다.

미국만이 IT분야에서 혁신을 만든다. 인터넷, 이메일, 리눅스, 월드와이드 웹, 블로그, 위키피디아, 트위터, 페이스북 등 한 달 지나고 일 년 지나면 목록이 주르륵 추가되며, 이들은 한결같이 메이드인 USA이다.

서양은 지독히 규칙과 권위를 싫어하는 미친 자들, 부적응자들, 반항아들, 네모난 구멍에 둥근 말뚝 같은 자들, 이들은 뿌리 깊은 자유로운 영혼을 추구하면서 새로운 제품을 만든다.

1954년 트랜지스터라디오는 디지털 기기를 통한 최초의 개인화이며, 부모로부터 채널 소유권을 독립하여 지하실이나 해변에서 마음껏 라디오를 켜고 즐겨 들었던 반항아들 이들은 자동차와 청바지, 로큰롤 세대들이다.

어쩌면 지독히 누구에게나 간섭받기 싫어하고 권위를 부정하고, 통제를 원치 않았던 수많은 천재, 이들이 오늘날 새로운 컴퓨터를 디자인하고 새로운 개인화 기기를 설계한다.

스마트폰은 내 안에서 모든 것이 완벽한 '독립'이고 완벽한 '자유'를 누릴 수 있다. 나만의 음악, 나만의 사진, 나만의 글, 나만의 뉴스를 볼 수 있다. 그렇지만, 타인이 걸러주는 음악, 타인이 걸러주는 사진, 타인이 걸러주는 뉴스에서 벗어나 스스로 선택할 때 진정 자유로운 권리를 얻을 수 있다. 자유는 저절로 얻어지지 않는다. 자유란 선택의 문제이고 선택한 결과로부터 자유로울 수 없는 비가역적 행위다.

진짜와 가짜

속 빈 강정이라는 말이 있다. 찹쌀가루로 반죽하여 숙성한 다음 기름에 튀겨 부풀린 후 물엿이나 조청에 쌀가루를 입혀 커다란 누에고치처럼 만든 과자다. 겉모양은 깨끗하고 아름다워 먹음직하게 생겼지만, 속이 텅 비어 아무리 먹어도 배가 부르지 않고, 잘 부스러져 방안이 온통 쌀가루로 뒤덮인다.

인터넷 시대, SNS 시대에서 참지식은 무엇일까? 무엇이 참이고 무엇이 진실인지 헷갈리는 시대에 절대 고수, 진정한 강자가 그리운 시절이다. 절대 고수는 역사에 균열이 생길 때 나타나고, 천 길 낭떠러지에서도 살아남은 자다.

소셜미디어가 난무하는 시대, 텍스트보다 이미지가 판을 치는 시대, 누가 진짜이고 누가 가짜인지 알 수 없는 시대. 자기가 쓴 글인지, 퍼 온 글인지, 퍼 온 글에 덧댄 글인지, 퍼 온 글을 자기 글처럼 행세하는지, 도무지 진실을 알 수 없다.

비전문가가 전문가로 행세하고, 힘 있는 자의 말이 팩트가 되고, 선동꾼의 말이 진실이 되는 시대. 내가 인지한 사실을 타인이 공감하면 진실이 되는 시대, 아마도 우리는 그런 시대 한가운데를 지나가고 있다.

어떻게 하면 진짜와 가짜를 구분할 수 있을까? 그것이 가능은 한 것일까? 뒤섞인 시대에 원본이 존재하기는 할까? 원본이 없다면 진실은 어떻게 구별할 수 있을까? 어떻게 하면 진짜와 가짜의 민낯이 드러나게 할 수 있을까?

한국 지성사의 위대한 스승인 퇴계 이황은 돌아가시기 3일 전에 제자들에게 이런 유언을 했다. 12월 4일. 스승께서 윗옷을 걸치게 한 다음 제자들과 영결하면서 "평소 그릇된 견해를 가지고 제군들과 종일토록 강론한 것 또한 쉬운 일은 아니었다." 얼마나 멋진 자기 고백인가? 퇴계 선생의 권위라면 "아니면 아닌 것이 되고, 틀리면 틀린 것이 되는" 그런 분이 임종을 앞두고 자기 학문에 잘못된 견해가 있을 수도 있다하니 정말 대단한 반성이고 성찰이며 진정으로 학문하는 태도이다.

근래의 또 한 분의 스승, 8년 장좌불와(長坐不臥)의 퇴옹 성철스님 임종게송(偈頌)은 좀 더 파격적이다. "한평생 남녀의 무리를 속여서, 하늘에 가득한 죄업이 수미산을 지나간다. 산채로 무간지옥에 떨어지니 한이 만 갈래나 되는데, 태양이 붉은빛을 토하면서 푸른 산에 걸렸구나." 내가 스님의 임종 게송을 명확히 해석할 수 없지만, 견처(見處)에 대한 자기반성임에는 틀림이 없다.

1918년 노벨 물리학상을 받은 막스 플랑크는 독일 전역에서 강연 요청을 받았는데, 어디에 초대되든 자신의 이론인 양자물리학 개념을 똑같은 내용으로 강연했다. 3개월간 20회 이상 강연이 반복되자 운전사도 내용을 다 외우게 되었다.

어느 날 교수가 피곤해하는 모습을 본 운전사가 "교수님, 뮌헨에서는 교수님 대신 제가 강연을 해보면 어떨까요? 강연 내용은 전부 외우고 있습니다. 사람들의 질문도 대부분 똑같으니 들킬 염려가 없을 것입니다. 교수님은 청중석 맨 앞자리에 제 운전사 모자를 쓰고 계십시오."라고 한다.

그리하여 운전사는 박사급 이상의 수준 높은 청중 앞에서 양자물리학에 대해 긴 강연을 했다. 그런데 강연 끝 무렵에 한 물리학 교수가 뜻밖에 질문을 던졌다. 그러자 그 운전사는 이렇게 대답했다.

"뮌헨처럼 발전된 도시에서 그처럼 단순한 질문을 하리라고는 전혀 생각하지도 못했습니다. 그 정도는 제 운전사도 대답할 수 있으니 그에게 부탁하겠습니다."

지식에는 두 가지 종류가 있다.

하나는 진짜 지식이다. 그것은 오랜 시간 생각하고 연구하고 체험한 노동을 통해서 나온다. 그것은 수많은 독서와 다양한 경험으로 다져진다. 진짜이며 고수다. 또 하나는 일명 가짜지식, '운전사 지식'이다. 여기에서 운전사란 모르는 것을 아는 것처럼 행동하는 사람들이다. 남의 것을 자기 것으로 포장하기 좋은 시대에 힘든 노동을 하지 않고 클릭 몇 번으로 지식인으로 둔갑할 수 있다. 가짜이며 하수다. 인터넷이 난무하는 시대, 누가 진짜이고 누가 가짜인지 모르지만, 눈 밝은 자는 안다.

[쉬어가기]

송충이와 통일벼는 꼰대 감별법

국립국어원에서 꼰대는 은어로, '늙은이', '선생님'을 이르는 말이며, 꼰대질은 "기성세대가 자신의 경험을 일반화하여 젊은 사람에게 어떤 생각이나 행동 방식 따위를 일방적으로 강요하는 행위를 속되게 이르는 말."이라고 풀이한다. 영국 BBC방송이 2019년 9월 페이스북에 '오늘의 단어'로 '꼰대(KKONDAE)'를 소개했다. '자신이 항상 옳다고 믿는 나이 많은 사람'이란 뜻이며 '다른 사람은 늘 잘못됐다고 여긴다.'라는 해설까지 달았다.

꼰대를 감별하는 나이의 기준은 있는 걸까?

우선 가장 가까이에서 함께 사는 아내와 대화다. 아내는 내 보다 여섯 살 아래고 서울에서 태어나 서울에서 자랐다. 반면에 나는 시골에서 자랐고 대학교 때부터 대도시 생활을 하였다.

내가 "초등학교 때 미국에서 원조받은 분유로 만든 우유를 처음 먹었다"고 하니 믿을 수 없는 눈치였다. 또다시 "초등학교 4~5학년 때 미국에서 원조받은 옥수수로 만든 빵을 처음 먹었다"고 하니 이건 약간 이해하는 눈치였다.

오호라, 아내와의 대화에서 꼰대를 판가름하는 나이 기준은 원조 우유와 원조 옥수수빵이구나.

지난 5월 함께 직장을 다니는 몇몇 지인들과 한탄강 지질공원 멍우리길을 트레킹 하였다. 한탄강의 거대한 협곡 사이로 코스를 만들어 울창한 산림과 아름다운 비경을 바라보면서 걸으니 걷는 내내 행복감이 밀려온다.

이런저런 시시콜콜한 이야기가 한없는 이어지는 가운데 김이수(金离洙) 박사가 "보리밭의 추억을 아느냐?"고 묻는다. 김 박사는 경제학 박사로 뜬금없이 '보리밭'을 이야기하는 것을 보면 낭만 세대가 분명하다. 만약에, 이 질문에 희미한 미소가 떠오른다면 분명 꼰대 세대이다. '보리'가 나무에서 나는 줄 아는 젊은 세대에게 이는 청천벽력 같은 시어(詩語)나 다름없다.

봄철 희미한 달빛 아래 사랑의 추억을 나눌 장소가 없던 시절, 탁 트인 공간에서 둘만의 공간이 필요한 그때 '보리밭'만 한 장소도 없다. 지금 보리는 품질 개량으로 키가 작지만, 그 시절 보리는 키가 훌쩍 커서 둘만의 공간이 충분할 뿐만 아니라 향긋한 보리 냄새는 얼마나 코를 간지럽게 하였던가?

나는 가끔 젊은 친구들과 이야기할 기회가 있을 때 '통일벼'를 아느냐고 묻는다. 통일벼를 안다면 꼰대에 가까운 나이일 수 있고, 통일벼를 모른다면 꼰대의 나이가 아닐 수 있다.

김광우의 〈국방을 보면 대한민국이 보인다〉에서 통일벼는 수천 년 이어져 내려오던 굶주림에서 벗어나게 만든 기적의 볍씨였으며, 1977년 우리나라는 쌀 자급률이 113%를 달성했고 역사상 최초로 쌀밥을 먹고도 남았다.

“통일벼 덕분에 눈부신 경제 성장도 가능했다. 배가 든든했기 때문에 열심히 생산활동에 매진할 수 있었고 아까운 외화를 식량 수입에 사용하지 않아도 되었다. 세계적으로 식량을 자급자족하지 못하면서 경제가 성장한 사례는 없다. 멀리 갈 것도 없이 중국의 경우를 보면 농산물 자급이 이루어진 다음에 경제가 성장하기 시작했다. 통일벼가 없었더라면 산업화, 공업화, 그리고 오늘날과 같은 대한민국은 존재하지 못했을 것이다.” (행복한에너지 p.176)

나는 통일벼는 세종대왕의 한글 창제에 버금가는 위대한 업적이라고 생각하는 사람이다. 그래서 꼰대인지도 모를 일이다. “굶는 사람에게는 문제가 하나밖에 없지만 배부른 사람에게는 문제가 많아진다.”라는 서양 속담처럼, 보릿고개로 대표되는 '수천 년 이어진 이 땅의 굶주림은 곡식 한 줌으로 여성의 정조를 요구했고 논에 물을 서로 대려고 이웃과 싸워야 했던 남성의 자존심'을 한방에 먹어 치운 것이 통일벼였다.

나는 소나무를 좋아한다. 소나무를 싫어하는 사람을 보지 못했다. 특히 아름드리 소나무가 군락을 이루어 숲이 된 곳은 신비감을 넘어 경외감마저 든다. 이른 봄날 경주 서삼릉의 굴곡진 아름드리 소나무를 좋아하고, 푹푹 찌는 여름날 울진 소광리 비딱한 대왕 소나무를 좋아하고, 가을날 영월 청령포의 기이하게 기울어진 아름드리 소나무 숲을 좋아하고, 한겨울 매서운 바람이 휘몰아치는 강릉 제왕산 아름드리 금강송 소나무 숲을 좋아하고, 무엇보다도 하얀 눈을 뒤집어쓴 삼척 준경묘 아름드리 금강송 소나무 숲을 잊을 수 없다.

십 리 산길을 한 시간 반 걸어 다닌 중학교 시절, 산에는 나무가 없었다. 산에 있는 초목이라곤 바위틈새 땔감으로도 쓸모가 없는 진달래 나무 군락 지였다. 어쩌다 마주한 소나무에는 송충이가 득실거려, 어린 마음에도 그 가여운 소나무를 위해 발로 차면, 밤송이 떨어지듯 쏟아지는 송충이를 발로 짓이겨 복수 한 기억이 아직도 새록새록 하다.

김동인의 단편 소설 〈붉은산〉에 나오는 '삵'의 마지막 말 "보고 싶어요. 붉은산이… 그리고 흰옷이…" 라는 글을 잊을 수 없었다. 한국의 상징은 붉은산, 민둥산이었다. 이제 전국의 산이 아름다운 숲이 되어 옛 자취를 모두 감추어 그때의 모습을 전혀 상상할 수 없지만, 민둥산의 송충이를 안다면 그대는 진정 꼰대의 지존이 될 것이다.

어찌 꼰대를 나이만으로 가르마 하겠는가?

사람이 공부하지 않으면 완고한 사람, 꼰대로 성장하기 쉽다. 나이와 상관없이 자기가 알고 있는 몇 가지 고정된 신념이나 과거의 경험이 전부라 여겨 말하고 행동한다면 그건 분명 꼰대의 징후다.

상호존중(mutual respect)이다. 젊은이는 "틀딱이니 꼰대이니 하면서 늙은 사람을 멸시"하고, 늙은 사람은 "젊은 사람이 철이 없다, 세상 물정 모른다."고 무시할 것이 아니라, 상호존중이다. 상호존중이 사라진 나라는 쇠퇴의 길로 간다. 나이 든 사람은 젊은이의 '도전'을 존중하고, 젊은이는 나이 든 사람의 '경험'을 소중히 여길 때 국가는 흥한다.

내일이 오늘이 되고 오늘이 어제가 되며, 내일의 늙은이가 오늘의 젊은이다. 뉴턴은 "과거에 있었던 거인들의 어깨에 올라탔기 때문에 더 멀리 볼 수 있었다."라고 자신의 학문 성공이 자신만의 노력으로 얻은 결과가 아니라고 말하였다.

두 가지 시선과 세 가지 틀

예전에 월나라 왕 구천(句踐)이 용맹함을 좋아하자 백성은 죽음을 가볍게 여기는 사람이 많았으며, 초나라 영왕(靈王)이 가는 허리의 여자를 좋아하자 도성 안에는 굶는 사람이 많았다. 그러므로 군주가 어떤 것을 싫어하면 신하들은 싫어할 만한 단서를 숨기며, 군주가 어떤 일을 좋아하면 신하들은 능력 있는 것으로 꾸민다.

북한은 노동당 창건 75주년 기념 열병식에서 대륙간탄도미사일(ICBM)뿐만 아니라 초대형 방사포와 대구경 조종 방사포, '북한판 이스칸데르'로 불리는 단거리 탄도탄 미사일 KN-23, 신형 잠수함발사탄도미사일(SLBM) '북극성-4형' 등 그동안 준비했던 전략무기를 총망라해 선보였다.

그리고 김정은은 연설문에 "사랑하는 남녘의 동포들에게도 따뜻한 이 마음을 정히 보내며 하루빨리 이 보건 위기가 극복되고 북과 남이 다시 두 손을 마주 잡는 날이 찾아오기를 기원합니다."라고 했다.

아니나 다를까, 남한에서 북한을 바라보는 시선이 딱 두 가지 유형으로 양분되었다.

우파는 북한이 남북한 9·19 군사 합의와 판문점 정상회담, 북미 정상회담 등 많은 평화 메시지를 보냈지만, 해수부 민간 공무원의 총격처럼 호전적 행위와 여전히 공격적 전략무기를 개발하여 침략의 야욕(野慾)을 버리지 못하니 믿을 수 없는 나라, 더 심한 말로 깡패 집단이라 생각한다. 그러니 한낱 종잇조각의 '평화'에 의존하려는 행태를 벗어나야 한다고 주장한다.

좌파는 북한이 생존을 위해서 남한의 군사력에 변화를 일으킬 수 있는 전략무기를 선보여도 그것은 자국의 생존 방안이라 생각한다. 남한이 F-35A 스텔스 전투기, KDDX 신형 구축함, 사거리 1,000km 이상 미사일 개발 등 첨단 무기를 도입하는 것과 무엇이 다르냐고 항변한다. 국가 이성과 개인 감성의 혼돈이다.

우리는 북한을 바라보는 두 가지 시선이 늘 존재한다.

하나는 같은 종족으로 동포 의식이다. 같은 말을 쓰고 같은 문화를 공유하고 같은 DNA를 가진 한 핏줄이라 생각하여 애틋한 마음을 금할 수 없다. 국가를 개인과 동일하게 취급하여, 정치적 이해가 극명하게 달라도, 핵무기를 가져도 "무슨 문제가 일어날까?" 하는 온정주의가 자리 잡는다.

다른 하나는 북한이 시장경제, 자유 민주주의 정치 체제를 갖고 있지 않을뿐더러 3대 세습 체제를 갖고 있으므로, 정치적 견해가 완전히 다른 불량 국가로 취급한다. 모양과 핏줄은 같아도 정치적 견해와 사고방식이 완전히 다르며 무엇보다도 우리나라를 침략하거나 도발하려는 의도를 여전히 버리지 못하기 때문에 더 엄격히 다루어야 한다고 생각한다.

우리는 안보를 바라보는 세 가지 틀이 있다.

첫째는 현실주의다. 정치적 견해가 다르고 공격 가능한 무기를 보유한 국가의 궁극적인 '의도'를 모른다고 가정한다. 또한 도발이나 전쟁이 발생해도 이를 중재해줄 국가 위의 최상위 '조직'이 없다. 따라서 힘이 약하면 상대방에게 그들의 의도대로 행할 수밖에 없는 '강제'를 당하는 수모를 겪는다. 따라서 힘만이 국제외교를 결정한다고 주장한다.

둘째는 자유주의다. 다소 이상주의에 가깝지만, 번영되고 경제적으로 상호의존적인 국가들 사이에서, 민주주의 국가들 사이에서는 전쟁이 일어나지 않으며, 국제 제도(조직)가 국가들의 전쟁을 회피할 수 있도록 협력적인 관계를 형성할 수 있다고 생각한다. 아무리 조건을 따져봐도 북한은 이 조건에 해당하지 않는다.

셋째는 구성주의다. 구성주의는 어느 시점에 등장하는 지도자의 성향에 따라 전쟁이 일어나기도 하고 평화가 오기도 한다고 주장한다. 예를 들어

6·25 전쟁은 김일성이라는 도발적 성향에 모택동이라는 모호한 전술가와 스탈린이라는 음흉한 공산주의자 사이에서 발생한 전쟁이라는 설이다.

우리나라 주변의 군사 강대국이 어떠한 정치적, 지정학적 변화를 가져오더라도 자국의 안보는 자국이 지켜야 한다는 자주국방(동맹을 통한 균형 전략 포함)이 최우선이며, 평화는 압도적인 군사 전력으로 전쟁이 '억지'된 결과라는 인식이 필요하다.

우리는 자유 민주주의 국가로서 서방과 경제의존도가 매우 높아 전쟁을 쉽게 결정할 수 있는 구조가 아니다. 그렇지만 북한은 남한의 상황과 관계없이 '세습'에 문제가 있거나, 세습에 위기가 닥치면 국가의 목표에 위기가 왔다고 가정하여 도발하거나 전쟁을 일으키기 쉽다. 더구나 '독재'라는 장점이 있지 않은가?

우리나라가 경제적으로 성장을 하여 나라를 부유하게 만든 이유는 강(強)함을 얻고자 함이다. 중국의 송나라가 부유함으로 강함을 얻지 못하여 요나라(거란)와 금나라(여진)에 굴욕을 당하고 드디어 몽골의 지배를 당했다. 그런 것처럼 북한보다 압도적 군사 우위를 유지하지 않으면서 평화를 원한다면, 북한에 굴욕과 굴종은 물론 참혹한 공포정치를 맛볼 것이다.

유쾌한 반란, 괴짜들이 춤추는 나라

9세기 북유럽의 천하 장수는 시구르드였다. 그는 적장 마엘 브릭테에 각각 40명씩 데리고 싸우자고 요청하여 그가 수락하자, 병사 80명을 데리고 나타나 그의 목을 잘랐다. 그리고는 말안장에 브릭테의 목을 매달고 의기양양하게 귀환했지만, 그의 뻐드렁니가 자신의 허벅지를 계속 긁어대어 상처를 냈고, 그 상처에 감염되어 천하 장수 시구르드도 며칠 만에 죽었다. 그는 자기가 죽인 적에게 죽임을 당한 바보의 주인공으로 전쟁사에 길이 남았다.

인간은 때로는 현명하지만 때로는 어리석을 정도로 바보스럽다. 세상을 바꾸는 일에는 역동적 문화가 필요하다. 역동적 문화는 괴짜의 엉뚱함을 용인하고, 괴짜가 뛰어놀 수 있는 마당이 있어야 하고, 무엇보다 괴짜들이 자기 왕국을 건설하려는 욕망을 억압해서는 안 된다.

역동적 문화는 윗세대가 만들어 놓은 주렁주렁 낮게 달린 과일만 따 먹으려 하지 않는다. 고리타분한 사회와 전례(典例)가 없어 아무것도 할 수 없는 사회를 가장 싫어한다. 부국강병에 이르는 길, 어떻게 역동적 문화를 되살릴 수 있을까? 무엇이든 할 수 있고, 무엇이든 파괴할 수는 있는 생동감 넘치는 문화를 어떻게 만들 것인가? 왜, 1960년대처럼 똘기의 시대, 창조적 낭만의 시대, 역동의 문화로 되돌아가지 못하는가?

첫째, 인간은 3차 산업혁명까지 상상할 수 있는 대부분의 이용후생(利用厚生) 물건은 모두 만들었다. 군사용어로 이를 편제장비(編制裝備)라 부른다. 예를 들어 어느 전투 사단이 창설되면 그 사단 임무에 필요한 장비의 편성표를 인가하여 놓고 그대로 갖춘다. 가령 탱크는 몇 종 몇 대, 야포는 몇 종 몇 대, 통신 장비는 몇 종 몇 대, 트럭은 몇 종 몇 대 등등이다.

이처럼 한 사람이 탄생하여 죽을 때까지 필요한 제품은 편제화 되어있다. 집이 지어지면 집안에 들어갈 편제장비는 고정된다. 세탁기, 냉장고, 에어컨, 청정기, 주방 기구, 욕실 기구 등인데 아무리 소득이 높다 하여도 소득에 비례하여 세탁기를 1,000대, 에어컨은 100대 갖추어 놓고 살지 않는다. 사람은 수분과 단백질로 구성된 한계로 먹을 음식과 입을 옷과 이동할 차가 필요하지만, 아무리 소득이 높다 하여도 소득에 비례하여 옷은 10,000벌, 핸드폰은 1,000대, 차를 100대 갖추어 놓고 살지 않는다. 이것이 소비의 편제장비 개념이며, 하늘 아래 새로운 물건은 없다 할 정도로 3차 산업혁명까지 만들어 놓은 제품을 제외하고 새로운 제품을 상상하기 어렵다. 이제는 제품이 아니라 서비스다.

둘째, 성장의 둔화이고, 성장의 종말이다. 인류는 2차 산업혁명에 버금가는 3차 산업혁명을 기대하였지만, 아주 제한된 정보기술(IT) 범위에서만 혁명이 일어났고 기업의 생산성 향상은 예상만큼 높지 않을뿐더러 아주 짧은 시기에 끝이 났다. 성장이 둔화된 것이다. 어쩌면 자연스러운 과정일 수 있고, 마지막 종착점일 수 있다. 무엇보다도 잘 살고 있다는 증거다.

자본주의 구조상 생산성 향상 없이는 국부도 없고 기업의 매출 증대도 없다. 생산성 향상을 가져오는 인적자본이나 물적자본의 혁신 없이는 성장은 정체되고 부는 느리게 증가한다. 성장이 없으면 남이 가진 부가 더 크게 보인다. 이럴 때 대부분의 나라는 '복지'를 정치에 이용하여 포퓰리즘이 극성을 부리게 되고, 국민은 부의 느린 증가를 부의 감소로 착각한다. 한쪽 차선은 천천히 달리고, 다른 쪽 차선은 빨리 달린다면, 천천히 달리는 차선에서는 거꾸로 가고 있다고 착각한다. 성장이 둔화된 사회의 모습이다. 그러면 포퓰리스트 선동꾼은 부의 편중을 이야기하면서 정의와 공정을 말하고, 상대적으로 절대다수를 차지하는 가난한 계층을 부추겨 창조적 파괴의 '파괴'만을 이야기한다. 그러면 성장 이야기는 사라진다. 나라는 쇠락하고 급기야는 주변국으로 전락한다.

마지막은 내재된 모순이다. 이집트, 로마, 잉카, 마야, 스페인, 네덜란드, 중국, 영국 등 한때 세계에서 찬란한 문명을 이룬 나라가 쇠퇴의 길을 걷듯이 내재된 모순을 스스로 극복하지 못하고, 그 모순으로 붕괴의 길을 걷는 과정이다. 내재된 모순의 대부분은 가장 융성한 시절에 만들어 놓은 제도가 고착화되어, 더 이상 쓸모가 없음에도 불구하고 변혁되지 못하고 이어지는 현상이다.

애벌레는 나비가 되기 위해 자신을 보호하고 있던 고치를 갉아서 겨우 작은 구멍을 만들고 힘겹게 빠져나온다. 인간이 애처롭다고 여겨 고치를 잘라주면 번데기는 날지 못하는 나비가 된다. 번데기가 고치에 구멍을 내기 위해 발버둥 칠 때 허물은 벗겨지고 나비의 형태로 몸이 만들어진다. 내재된 모순의 탈출도 그렇다.

그렇다면, 어떻게 다시 역동적 문화를 되살릴 수 있을까? 비책이 있다. 사실 비책도 알고 나면 뻔한 촌스러운 이야기다. 가령 어느 시대를 막론하고 "성공은 자신감을 가지고 열심히 해보고 끊임없이 배우는 사람에게서 나온다."는 정도다.

첫째도 둘째도 유니콘 기업이다. 유니콘(기업 가치가 1조 원이 넘는 비상장기업)만이 해답이 된다. 유니콘으로 새로운 계층을 만들어야 한다. 정부가 심혈을 기울여야 할 분야는 유니콘 기업으로 성장하도록 금융을 개선하고, 학교를 혁신하며, 시장을 만들어야 한다. 차량승차 공유업체 리프트(Lyft)가 상장하자마자 시가총액 25조 원 기업으로 등장했다. 자동차 한 대를 생산하지 않는 기업이 자동차 800만대를 생산하는 현대자동차에 맞먹는 주가 총액이다. 숙박 공유업체 에어비앤비, 식료품 배달업체 포스트메이츠, 기업용 메신저업체 슬랙, 빅데이터 기술업체 팰런티어 테크놀로지 등 기업 가치가 1조 원이 넘는 비상장기업이 줄줄이 주식공개를 기다리고 있다. 미국이다. 미국의 눈부신 혁신이다.

왜, 남의 나라만 부러워해야 하는가? 역동적 문화는 정형화된 구조주의보다 구성주의일 때 만들어진다. '구조주의'는 어느 때 누가 와도 혁신이 잘 일어날 수 있도록 시스템화된 것을 말하지만, '구성주의'는 등장인물이 누구인가에 따라 역동적 문화가 폭발적으로 증가하기도 하고 쇠락하기도 한다.

우리 역사에서 세종이나 정조 대왕을 많이 이야기한다. 그들이 구성주의의 연출가이며 기획가이고, 그 기획에 따라 춤춘 사람이 장영실이며 실학자들이다. 1960년 산업화 과정에서도 이와 같은 현상이 발생했다. 연출은 박정희 대통령이며, 배우는 삼성 이병철과 현대 정주영 대표였다. 괴짜들이 춤을 추고, 유쾌한 반란이 일어나는 세상. 배운 것을 버리고, 일이 놀이로 바뀌는 세상, 이런 나라에서 혁신이 일어난다. 한계를 뛰어넘는 위대한 나라, 그 첫 걸음은 유니콘이 마음껏 뛰어놀도록 하부구조를 개선하는 일이다.

홍위병, 곡비(哭婢) 그리고 장군의 눈물

역사에는 움직일 수 없는 진실이 몇 가지 있는데 그중 하나가 지식인이 타락하면 나라가 망한다는 것이다. 나라가 망하는 일은 지식인이 홍위병이 되어 좌표를 찍는 일이며, 곡학아세(曲學阿世, 학문을 왜곡하여 세상에 아첨하는 일)하여 곡비(哭婢)가 되는 일이다. 그렇지만 나라가 망하여 붕괴되지 않은 이유는 쓴소리를 마다하지 않는 참지식인과 장군의 눈물이 있기 때문이다.

한 사람은 홍위병(紅衛兵)이 될 수 있다. 누군가에 맹목이 되며, 누군가의 종이 될 수 있으며, 누군가의 딸랑이가 될 수 있기 때문이다. 여러 사람은 홍위병이 될 수 있다. 어느 추종자에 빠져 맹목이 되며, 그의 종이 될 수 있으며, 그의 딸랑이가 될 수 있기 때문이다. 하지만 집단 전체 수천만 명이 홍위병이 될 수는 없다. 그렇지만 홍위병이 되었다. 홍위병이 된 수많은 사례를 보았다. 크게는 나치의 히틀러에서, 캄보디아의 폴포트에서, 중국의 문화 대혁명에서 작게는 민주주의 국가의 수많은 정치 추종 집단에서 볼 수 있다.

어쩌면 인간은 황제와 같은 절대권력을 가진 자의 힘을 그리워하는지도 모르겠다. 사회가 불안하면 불안할수록 괴물처럼, 인간이 나약해지면 나약해질수록, 그것이 사회가 고의로 의도했던, 고의로 의도하지 않았던 그런 싹이 트기가 더 쉽다. 나는 사회에 존재하는 모든 계층은 불연속적 단층이 아니라 아날로그식으로 이어지는 실선으로 해석하지만, 사악한 독재자는 자연스럽게 발생하는 계층을 불연속으로 구분하고 그 틈을 만든다. 그 틈을 계급으로 인식하고 분노를 조장하며 사회의 긴장감을 높인다. 그리고는 그 긴장감을 해소하는 방안으로 폭력을 이용한다.

마오는 자신의 권력에 도전하는 사람을 절대 두고 보지 않았다. 류사오치와 덩샤오핑은 주석이 자리를 비운 동안 공작대를 조직하여 권력을 잡기 시작하자 불안해졌다. 마오는 '계급의 적은 계급, 다수가 소수를 혁파하라'는 전략으로 학생을 주목한다. 학생들은 '공작대'의 희생자였다. 분노로 똘똘 뭉친 수많은 학생을 해방시켜 그들을 전사로 만들어 또 다른 적을 찾기 시작한다.

홍위병(紅衛兵)이다.

1966년 8월 8일 마오 주석과 나란히 연단에 모습을 드러낸 린뱌오는 극도로 흥분한 학생에게 "착취 계급의 모든 낡은 사고와 낡은 문화, 낡은 전통, 낡은 관습"을 타도하라고 호소한다. 홍위병은 광기로 낡은 세상을 타파하라는 마오의 명령에 따라 베이징 제3 여자 중학교 교장이 맞아 죽었고, 학생 주임은 스스로 목을 맸다. 다른 학교에서는 교장을 뜨거운 뙤약볕 아래 세워 놓고 끓는 물을 들이부었다. 생물을 가르치는 한 여교사는 바닥에 냉동이 쳐진 채 구타를 당한 다음 다리를 잡혀 계단을 질질 끌려 내려왔으며 결국 죽었다.

나는 요즈음도 홍위병이라는 말을 자주 듣고 자주 본다. 홍위병이란 아무 생각 없는 어린 학생에게 완장을 채워 상대방을 공격하였듯이, 스스로 합리적 생각 없이 정권이 짜 놓은 프레임에 따라 떼로 몰려 상대방을 공격하거나 분탕질하는 사람을 가리킨다. 그런 홍위병의 말로는 어떻게 되었을까? 모두 하방(下放, 시골에서 노동으로 사회주의를 배워야 한다는 이론) 운동으로 농촌으로 추방되어 학대와 굶주림, 성폭행을 당했고, 결국 잃어버린 10년 동안 사회의 최하층 계층으로 떨어졌다.

〈한비자〉에 오두(五蠹)가 있다. 두(蠹)란 나무 속에 있는 좀 벌레란 뜻으로 오두(五蠹)란 나라를 갉아먹어 황폐하게 만드는 기생충 같은 다섯 부류의 사람을 말한다.

첫 번째 부류는 선왕의 도를 칭찬하며 인의를 빙자하여 변설(辯舌)을 꾸미는 학자, 두 번째 부류는 거짓을 늘어놓고 바깥 나라의 힘을 빌려 그 사사로움을 이루려고 담론을 말하는 무리, 세 번째 부류는 절개를 내세워 그의 이름을 핑계로 법을 어긴 칼을 찬 무리, 네 번째 부류는 사문(私門, 권세 있는 가문)을 만들어 뇌물을 바치고 요직자의 청탁을 받고 전쟁터에 나아가지 않고 권세를 가까이하는 무리, 다섯째 부류는 농부에게 거친 그릇을 값비싸게 팔아 이익을 챙기는 상공업에 종사하는 무리를 말한다.

한마디로 학문에 밝아 곡학아세하는 학자, 도덕을 빙자하여 무법을 일삼는 무리, 올바르지 못한 야바위 장사치 등 한평생 생업에 종사하지도 않고 전쟁터에서 피를 흘리지 않으면서 '부와 권력'을 독차지하려는 무리를 말한다.

요즈음도 이런 사람이 있을까?

곡비(哭婢)처럼 정권의 나팔수가 된 지식인, 세상의 소금을 잃어버리고 권력에 기웃거리는 종교단체, 정부나 기업의 비리를 감시한다면서도 정작 비리가 아니라 자신의 '이익'을 추구하는 시민단체, 능력이 없어 도태된 것을 '평등'과 '공정'으로 포장하고 '절차'의 부당성을 시비하면서 권력에 빌붙어 살아가려는 사람들…

시대에 따라 형태는 바뀌었지만, 본질은 변하지 않은 사람들, 그들은 바로 권력을 지독히 탐하는 사람이다. 시대가 바뀌고 상황이 변하면 방법을 달리해야 한다. 과거의 성공이 미래의 성공으로 이어지리라 생각하고, 과거의 모델에 집착하는 순간 현재가 무너진다.

나는 한비가 모르는 좀 벌레 중 하나를 더하여 육두(六蠹)를 말하고 싶은데 “여섯 번째 부류는 현세대가 배고프다는 핑계로 미래세대의 먹거리를 탕진하고 빚을 잔뜩 후손에게 물려주려는 극단의 선동꾼”이다.

"사공의 뱃노래 가물거리면 … 이별의 눈물이냐 목포의 설움", 너무나 유명한 이난영의 목포의 눈물이다. 목포의 설움은 나라 잃은 한(恨)의 눈물이다. 목포의 눈물은 한의 눈물이기에 언제 들어도 애절하다. 한(恨)이란 그리움이 사무쳐 원망으로 변하지만, 그 누구를 탓하는 것이 아니라 자신을 성찰하며, 안으로 삭이고 또 삭힐 때 나오는 진한 감정이다. 초나라가 망할 때 굴원이 울었고, 당나라가 망할 때 두보가 울었으며, 조선이 망할 때 목포가 울었다. 목포만 운 것이 아니라 장군의 보이지 않은 눈물도 있었다.

임진왜란 4년 을미년(1595년) 7월 1일 “나라의 정세를 생각하니, 위태롭기가 아침이슬과 같다. 안으로는 정책을 수행할 동량(棟樑) 같은 인재가 없고, 밖으로는 나라를 바로잡을 주춧돌 같은 인물이 없으니, 종묘사직이 마침내 어떻게 될 것인지 알지 못하겠다.” (노승석 옮김 〈난중일기〉 민음사 p.256)

전쟁은 중반전으로 치닫았고, 전투는 소강상태로 접어들어 장군은 그저 일상의 이야기를 적고 있다. 하지만, 언제 끝날지 모르는 전쟁으로 달이 휘영청 밝은 날이면 쉼 없이 눈물을 흘린다. 장군의 눈물이다. 나라를 위한 눈물이다. 바람 앞 등불처럼, 언제 꺼질지 모르는 나라의 운명, 그 운명 앞에 장군은 눈물을 흘린다. 곡비의 눈물이나 장군의 눈물이나 눈물은 다 같은 물이지만, 화학성분이 다르다. 장군의 눈물은 기적을 만든다.

위대한 나라, 약자가 강자를 이기는 기술

강자가 언제나 약자를 이길 것 같지만, 역사는 그렇게 흘러가지 않는다. 약자가 강자를 이기는 기술, 우리 역사에서 다윗은 누구이고 골리앗은 누구인가? 한반도는 만주 대륙에서 툭 튀어나온 국가로서 대륙의 한 모퉁이를 차지했다.

작은 나라와 큰 나라가 싸우면 어떻게 될까? 대부분 큰 나라가 이기지만 지금까지 통계 분석에서 경제력과 군사력, 인구가 더 많은 측이 승리한 경우는 겨우 절반을 조금 넘었을 뿐이다.

영국이 에스파냐를, 스웨덴이 신성로마제국을, 프로이센이 합스부르크 제국을, 일본이 러시아 제국을, 북베트남이 미국을, 아프가니스탄이 소련을 굴복시켰다. 경제력과 군사력 간의 관계가 과거보다 훨씬 더 약해졌으며, F-22 스텔스 전투가 한 대도 없는 알카에다는 미국을 상대로 끔찍한 피해를 준 것처럼 승리의 방정식은 매우 복잡하다.

동아시아 역사에서 다윗이 된 나라는 두 나라다. 몽골과 청이다. 몽골은 자국 병력 10만으로 100만 대군 송을 멸망시켰다. 그리고 그 범위를 유라시아 대륙 전체로 확대하였다. 그들의 전략은 단순하다. 점령하기에 앞서 한족과 이민족을 분리하고 이민족부터 정복한다. 만주, 고려, 신장, 티벳 지역을 점령한 후 핵심지역인 중원을 공략하고 멸망시킨다.

청의 전략도 몽골과 다르지 않다. 똑같다. 그와 같은 방식으로 병자호란을 일으켰고 성공했다. 그들도 몽골의 전략을 알기에 선제적으로 주변 지역인 티벳, 대만, 신장 지역을 아예 자국으로 편입시켰다.

작은 나라가 큰 나라를 통치하는 방법은 두 가지다. 하나는 몽골 방식으로 상부 권력만 지배하고 하부권력은 위임한다. 세가 불리하면 언제라도 초원으로 돌아갈 수 있다. 반면에 자국민보다 10배 더 많고 더 우월한 문화를 갖는 만주족은 전체가 뼛속보다 더 중국인으로 동화되어 상부 권력과 하부구조를 장악하였다. 그 결과 대륙을 얻었지만, 자신이 돌아갈 곳이 사라져 말과 글을 잃었다.

2021년 현재 동아시아의 진정한 다윗은 누구이며 골리앗은 누구인가?

언제나 세계 지도를 보면 왜 우리나라는 지도에서 찾을 수도 없을 만큼 작고, 이웃 나라인 중국은 엄청난 크기와 두께로 우리를 감싸 안고 있으며, 그 너머 소련은 유라시아 대륙 전체를 뒤덮으면서 우리나라를 더 초라하게 만든다. 바다 건너 일본은 자세히 살펴보면 볼수록 점점이 흩어져 있는 섬들이 거대한 벨트로 동아시아 대륙 전체를 감싸고 있다.

오호라 우리가 이렇게 작아서 늘 이웃 나라에 침략을 당하고 가난하게 살았구나!

그런 인식은 잘못되었다. 우리가 산업화 과정을 거치면서 둥근 지구를 바라볼 때 컴퓨터 화면 전체를 차지하는 아프리카보다 국내 총생산(GDP)가 더 많고, 유라시아 대륙의 끝과 끝을 차지하는 러시아보다 더 많다. 인구가 2.4 배나 많고 면적이 3.7 배나 더 큰 왜(倭)라고 업신여긴 일본보다는 3배 적고, 인구가 26배나 더 많고 면적이 96배나 더 큰 대륙 전체를 차지하고 있는 중국보다는 고작 8배 적다.

나는 단언한다. 동아시아의 진정한 다윗은 우리라고! 만약에 우리의 인식이 중국과 러시아가 대국이라 하여 옴짝달싹할 수 없는 왜소함에 갇혀있고, 일본에 대해서는 '왜(倭)'라는 인식에 사로잡혀 깔본다면 여전히 내 안에 두려움이 있는 것이다. "두려움을 깨부숴라." 우리가 진정 대륙의 두려움을 걷어내고 해양의 열등의식을 버릴 때 다시 한번 다윗이 된다.

그렇지만 가끔은 공허한 모습을 보인다. 전쟁이다. 임진왜란 때는 20일

만에 한양이 함락되었고, 병자호란 때는 5일 만에 한양이 점령되었으며, 6·25 때는 3일 만에 서울이 점령되었다. 이 정도의 시간은 왜군이 부산에서 한양까지 걸어서 도달한 시간이며, 청의 팔기군이 명마를 타고 내려온 시간이며, 북한군이 전투다운 전투 한번 없이 남하한 속도다. 그만큼 여전히 문치의 조선시대 유산이 강하게 남아 있다. 다가올 미래의 전쟁에서 승패는 몇일 만에 끝날 것인가?

6부 미래를 지배하는 자

<사진 6> 해남 보길도, 세연정(洗然亭), 2017.5.13. “잠을 자기 위해 읽고 쓰는 재미를 포기해야 한다면, 앙상하게 뼈만 남은 내 몸을 무덤 속으로 밀어 넣는 그 와중에도 나는 내 다리뼈를 땅에 박고 버티며 손가락뼈로 여전히 책장을 넘기며, 턱뼈를 딱딱거리며 아직 다 안 읽었어요! 아직 다 안 읽었어요!” 할 것만 같다.

정답이 아닌 해답

그토록 후광 넘치고 찬란한 빛을 발휘한 나라가 벌써 쇠락한 기미를 보인다. 그 찬란한 '똘끼'는 어디로 갔는가? 행복한 집안은 행복한 이유가 모두 엇비슷하고, 불행한 집안은 불행한 이유가 제각각이다. 개발저항사회의 모습이 곳곳에 보인다. 이제 녹이 잔뜩 슨 국부의 열쇠를 다시 찾아야 한다. 정답이 아닌 해답을 찾아가는 길이지만, 첫걸음은 '두려움, 열등의식, 패배감'에서 벗어나는 일이다. 중국의 부상에 대한 두려움, 일본에 대한 열등감, 할 수 없다는 패배감을 극복하자. 1+1=2가 되는 세상은 정답의 세계다. 1+1=1.8, 2.2가 되는 세상은 해답의 세계다. 1+1=0, ∞ 가 되는 세상은 상상의 세상이다. 정답의 세상은 고리타분하고, 상상의 세상은 창조력 확대이다. 둘이 하나가 되는 세상, 하나가 둘이 되는 세상은 상상의 세계이면서 현실의 세계다. '저절로' 흥이 날 때 상상이 춤을 추고 나라가 춤을 춘다. '저절로' 흥이 나는 민족에게 날개를 달아 주자. 개인의 자유와 책임의 확대 없이는 상상이 없고, 공정한 플랫폼 없이는 공정한 결과가 없다.

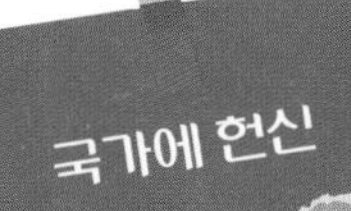

세상에서 가장 용감한 군인

미 해병대는 부상당한 병사가 항복하기보다는 스스로 목숨을 끊는 광경을 보고 경악했다. 절벽에서 뛰어내리는 병사도 있었고, 스스로 매장되려고 죽음을 가장한 병사도 있었다. 미군 장교는 “찔러 죽여 달라고 손짓하는 그들을 보고 우리는 감동의 눈물을 흘렸다.”라고 말했으며 “우리는 그토록 강인하고 용감한 전사들을 본 적도 들은 적도 없었다.”라고 기록했다.

미국은 1871년 6월 평양 감사 박규수가 ‘제너럴셔먼호’을 불태운 보복으로 전함 다섯 척을 한반도에 출동시키고 강화도 초지진 일대에 해병대를 상륙시켰다. 바로 우리 역사에서 신미양요라고 불린 사건이다.

"남북전쟁 때에도 그렇게 짧은 시간에 그렇게 많은 포화와 총알이 쏟아진 적은 없었다. 드디어 마주 선 조선군의 실체. 접근이 쉽지 않은 절벽 위 요새에서 수백 문의 대포로 무장한 천여 명의 정예군. 하지만 선 자세로 1분에 1발 쏘는 조선의 화승총. 엎드린 자세로 1분에 10발 이상 쏠 수 있는 미국의 레밍턴 소총." (역사채널ⓔ 북하우스 p.298)

조정에서 확인한 아군 전사자는 53명, 부상자는 24명이었지만 미군 측의 기록을 보면 조선군은 350명 전사, 미군 3명 전사, 9명 부상이다. 한마디로 교전이 아니라 예견된 조선군 대학살이었다. 조선군은 임진왜란 때 사용한 화승총과 잘 맞지 않는 대포, 아홉 겹 솜으로 두른 갑옷을 입고 전투에 임했다. 반면 미군은 레밍턴 소총에 정교한 대포로 무장하고 있었다.

인간의 신체 구조와 맞물려 총은 그렇게 혁혁한 진화를 하지 못했다. 화승총에서 프로이센의 바늘 총으로 발전하기까지 대략 300년 걸렸으며, 1차 세계대전 때 발명된 M1 소총이 여전히 2차 세계대전 때까지 사용된 것을 보면, 다른 무기의 발전과 비교하여 거북이 행진이었다. 하지만, 전장에서 보병은 작은 성능 차이에도 엄청난 결과로 이어진다.

역사적으로 파괴적 기술이 가장 극명하게 부딪힌 사례가 근대화된 군대와 근대화되지 못한 군대와의 충돌이었다. 지구 어느 곳에서나 항상 같은 결과를 가져왔고, 늘 전투가 아니라 차라리 '학살'이라는 표현이 적절했다.

1893년 11월 아프리카 짐바브웨의 마타벨레족 10만 명은 맥심 기관총 4정을 가진 영국군 400명과 대치하고 있었다. 결과는 누구나 예상한 것처럼 마타벨레 전사에 대한 학살이었다. 마타벨레 전사는 3,500명이 목숨을 잃은, 반면 영국군은 고작 4명이 희생되었다.

마타벨레족은 하늘에서 우박이 떨어지듯 총알을 뱉어내는 기관총에 혼비백산하면서 "이런 기관총에 저항할 수 있는 발가벗은 마타벨레족은 누구냐?"라며 구슬프게 탄식했다.

그럼에도, 조선은 신미양요 이후 외세에 승리하였다 선전하고 척화비(斥和碑)를 세워 쇄국을 더욱 강화하였다. 세계사의 흐름을 이해하지 못한 조선은 너무 끔찍했다. 급기야 일본에 나라를 빼앗기고 수많은 희생자가 발생하고 억압과 착취 과정을 겪은 후 해방을 맞이하였지만, 남한은 극심한 혼란으로 전쟁마저 발생한다.

무엇이 세계에서 가장 용감한 군인을 가장 비참하게 만들었는가? 아무리 용감한 군인을 가진 나라라 하더라도 잘못된 역사의 흐름 앞에 그들의 죽음은 헛된 것이 된다. 미래의 패러다임과 과거의 패러다임이 충돌하는 경계면에서 이런 일이 발생한다. 한때는 세상에서 가장 무능한 지도자를 가진 가장 용감한 군인을 가진 적이 있었다. 이것이 우리의 역사다. 또다시 디지털 혁신 앞에서 우물쭈물한다면 우리의 후손은 '학살'이라는 패배의 어둠 속에 빠질 것이다. 그것을 막는 것이 150년 전 조국을 위해 목숨을 바쳐 국가에 헌신했던 군인에 대한 예의이고, 존중이다.

미래의 정치

민주주의가 폭정으로 치닫지 않으려면

조선 중기 임제(林悌, 1549~1587년)가 말을 타려고 하자 종놈이 나서며 말하기를, "나으리께서 취하셨군요, 한쪽에는 가죽신을 신으시고, 다른 한쪽에는 짚신을 신으셨습니다." 하니 백호가 꾸짖으며, 길 오른쪽으로 지나가는 사람은 나를 보고 가죽신을 신었다 할 것이고, 길 왼쪽으로 지나가는 사람들은 나를 보고 짚신을 신었다 할 것이니, 내가 뭘 걱정하겠느냐." 하였다.

로저 오스본는 "이 세상 그림과 조각, 시, 희곡, 소설, 과학 및 기술적 발명품을 죄다 한자리에 모은다 해도 민주주의만큼 인류의 창의력과 혁신적 사고가 빛나는 작품은 없을 것이다."라고 한다. 그렇지만, 그런 민주주의도 군사 쿠데타로 75%가량이 죽음을 맞았고, 나머지 25%는 국민이 선출한 합법적 지도자에 의해 죽음을 맞았다.

민주주의의 기본 가치는 펠로폰네소스 전쟁사에서 나오는 '페리클레스'의 연설에서 찾을 수 있다. 그의 연설은 '소수'가 아닌 '다수'의 이익을 위해 나라가 통치되어야 하며, 법 앞에 만인이 평등해야 하며, 공직의 진출이 자유로워야 하며, 무엇보다도 나라를 위해 희생한 분의 자녀를 국가가 돌봐야 한다고 주장한다.

지금 들어도 가슴 뭉클한 연설이지만, 민주주의의 아버지인 페리클레스는 그렇게 민주주의 이름으로 추방당했고, 아테네의 현자인 소크라테스도 민주주의 이름으로 사형을 당했다. 직접민주제 투표로 선발된 관료가 무능하고 부패했기 때문이다. 그만큼 민주주의의 가치는 소중하지만, 잘 작동하기 위해서는 탄탄한 하부구조가 필수적이다.

탄탄한 하부구조란 경제적 붕괴가 없는 중산층이 있어야 하며, 관용과 겸손을 베풀 줄 아는 정치력이 있어야 하며, 이는 입법, 사법, 행정의 삼권분립으로 균형과 견제가 뒷받침되어야 한다. 또한, 사회에 건전한 비판을 서슴지 않은 지식인과 노블레스 오블리주를 실천하는 엘리트들도 있어야 한다.

첫 번째, 경제적 붕괴가 없는 탄탄한 중산층이다.

하이에크는 〈노예의 길〉에서 "지나친 평등, 국가의 개입, 개인성의 무시는 인간을 국가의 노예로 만든다."라고 했다. 경제가 무너지면 가난한 사람이 국가에 점점 의존하게 되고, 이를 빌미로 선심 정치가 극에 달하며, 나라는 점점 더 가난한 평등에 빠지고 국가는 쇠락한다.

민주주의가 잘 작동되려면, 그 어떤 짓을 하더라도 국민을 잘살게 만들어야 한다. 그렇지 않고 국민이 가난해지면, 독버섯처럼 엉터리 선동꾼 정치인이 나타난다. 우리나라 정치 시스템은 '선동꾼'을 막을 수 있는 시스템을 만들지 못했다. 여전히 굳건하지 못한 정치 체제와 직접 민주주의를 선호한 결과, 선동꾼에 제동을 걸 만한 그 무엇도 없다. 그 결과 선택되어진 이후에 그들의 본성을 아는 일이 빈번하게 일어난다.

두 번째, 관용과 겸손을 베풀 줄 아는 정치력이다. 권력에 대한 '관용'과 '겸손' 대신 나만 옳다는 '독선'에 빠지는 순간 민주주의는 국민의 이익을 향한 방향으로 가기보다는 자신의 지지집단 이익을 위한 방향으로 나아가 절름발이 민주주의가 되기에 십상이다. 역사는 오만과 독선에 거기에다 무능까지 겹쳐서 파국으로 맞이한 사례가 수도 없이 많다. 권력을 가진 자의 오만과 독선은 인간 본성에 기인한 바가 크기 때문에 개인의 도덕에 의존하기보다는 시스템으로 통제해야 한다. 정치권력의 오만과 독선을 막을 거의 유일한 방법이 입법, 사법, 행정의 3권분립과 이들 간의 '균형'과 '견제'이다. 대통령의 독점을 의회가 막고, 의회의 독점을 사법부가 막으며, 사법부의 독점을 대통령이 견제하는 구조다.

세 번째, 건전한 비판의식을 가진 지식인과 노블레스 오블리주가 있어야 한다. 우리에게 자유와 민주주의 가치를 가르쳐 준 미국조차 1964년이 되어서야 흑인에게 투표권이 주어졌다. 지배계층인 백인은 해방된 노예가 투표에 참여함으로써 권력 구조가 바뀌는 것을 염려하였다. 심지어 읽고 쓸 수 있는 사람만이 투표를 할 수 있다는 조건으로 합격할 수 없는 문제를 수없이 만들었다. 예를 들어 '비누 한 개에서 거품이 몇 개 나올 수 있는지?'를 답하시오. 'vote를 위아래가 뒤집히게 올바른 순서대로 쓰시오.' 등이다.

왜 그랬을까? 이들이 두려워한 것은, 민주주의는 대중에 의한 폭정으로 자연스럽게 귀결된다는 우려다. 바닷물이 썩지 않는 것은 소금이 있기 때문이다. 민주주의가 잘 작동하고, 대중의 선동에 휘둘리지 않기 위해서는 언론의 보장, 지식인의 쓴소리가 있어야 한다. 지식인이 좀비처럼 정권의 나팔수가 된다면, 민주주의는 잘 작동되기 어렵다. 또한 가진 자의 노블레스 오블리주가 없다면, 사회적 불평이 증대되어 국민의 통합하기 어렵고 극단이 횡횡하기 쉬운 구조로 변질된다.

마지막으로 민주주의는 다수결의 합의 원칙에 따라 정책을 결정한다. 즉 절차적으로 합법적인 '선택'하여 결정하였다는 명분으로 정책 결과의 책임을 회피할 수 있는 수단이 만들어졌다. 이것이 가장 위험하다. 책임은 희석되고 권력만 무한 확장되어 되돌이킬 수 없는 파국을 맞이한다.

수레를 아무리 이어도 기차가 되지 않는다

돌이 없어서 석기시대가 끝난 것은 아니다. 돌은 무수히 많다. 청동이 없어서, 청동기 시대가 끝난 것이 아니다. 청동은 무수히 많다. 철이 없어서 철기 시대가 끝난 것이 아니다. 철은 무수히 많다. 산업혁명이 일어난 것이다. 새로운 패러다임으로 산업구조가 변했기에 그런 자원이 없어도 산업은 잘 돌아간다.

"1784년, 새뮤얼 그래그(Samuel Greg)는 영국 맨체스터 변두리의 볼린(Bolin) 강변에 작은 공장을 지었다. 그리고 수력방적기로 불리는 최신식 기계와 한 무리의 고아들, 선대제에 종사하던 주변 지역 노동자들, 카리브산 면화를 그곳으로 긁어모았다." (스벤 베커트 지음 〈면화의 제국〉 휴머니스트 p.111)

영국은 목화를 생산하지 않는다. 특별한 이유가 있어서가 아니라 목화가 자라지 않는다. 목화 한 송이도 자국 영토에서 꽃 피울 수 없다. 영국은 양을 키워 모직 산업으로 먹고사는 나라다. 목화는 모두 유럽이 아닌 다른 대륙인 인도나 남아메리카, 북아메리카, 오스만제국에서 수입한다. 면화는 부피가 큰 상품이라 운송비가 턱없이 비싼 품목이다.

영국은 면직 생산 기술이 형편없는 나라였다. 중국이 실크의 나라라면, 인도는 면직의 나라다. 로마의 귀족에게 실크는 부와 지위의 상징이었다. 오죽했으면, 유라시아 대륙 전체가 목숨을 걸고 실크로드를 확보하려 했을까? 그에 못지않게 인도의 면직 제품은 "믿을 수 없이 거의 완벽한 수준이어서 … 사람의 솜씨가 아니라 요정이나 곤충의 솜씨라 할 만하다." 하였으며, 실제로 인도산 직물은 "바람결로 짠 거미줄"이라는 칭송이 자자했다.

영국 노동자의 인건비는 세계 어느 나라와 비교해도 높았다. 실제로 1770년 랭커셔의 임금은 인도보다 여섯배 가량 높았다. 개량된 기계 덕분에 1인당 생산성이 인도보다 두세 배 높았다고 가정해도 그 정도의 생산성만으로는 인도와 경쟁할 수 없었다.

도대체 최초로 면직물 사업이 승산이 있다고 뛰어든 사람은 무슨 희망을 보았기에 이 일을 시작했을까? 원료는 전량 대서양 건너 북미에서 수입했고, 그 원료로 생산한 면의 품질은 형편없었으며, 그것을 수출할 시장도 없는 상태였다. 하지만 면 사업 이후의 역사는 놀라움을 넘어 경이롭다. 영국이 산업혁명을 일으켜 전 지구의 제조업 국가가 되었으며, 이후 세계 역사는 그 이전과 그 이후로 나뉘게 되었다.

1968년 한 사내가 포항 영일만에 갯벌을 메우고 거기다가 제철소를 짓겠

<그림 10> 빈센트 반 고흐(Vincent van Gogh), 별이 빛나는 밤에(The Starry Night). 1889년, 92.1 x 73.7cm. 미국현대미술관(The Museum of Modern Art). “별은 하늘나라로 되돌아가고 달은 큰 바다로 빠졌다. 상상의 세계에서 초라한 꿈은 위대한 나라가 되지만, 정답의 세계에서 초라한 꿈은 위대한 나라가 되지 않는다.”

다고 한다. 공장을 지을 돈은 외국에서 빌려와야 하고, 용광로에 들어가는 철광석과 코크스는 전량 호주에서 수입해야 한다. 철강석을 운반할 자국의 선박도 없었으며 그 사업이 성공한다는 조건으로 얻을 수 있는 은행 신용장은 더 없었다. 일본과는 경쟁이 되지 않았다. 그 사내는 무엇을 보았기에 갯벌 한가운데 말뚝을 박고 있을까? 그 공장에서 생산된 철로 할 수 있는 것이라고는 호미와 쟁기, 낫밖에 없는 나라에서 왜 그런 무모한 도전을 했을까? 그 무모한 도전이 성공하자 선박과 자동차가 만들어지고 그 나라의 전 산업이 활기를 찾기 시작했다.

혁신의 속도는 점점 더 빨라지고 있다. 절대강자의 지위를 지속하기가 그만큼 어렵다. 300년간 유럽의 전쟁에서 탄생한 화약 혁명은 200년 걸렸으나, 제1차 산업혁명은 150년, 제2차 산업혁명은 40년, 제3차 산업혁명은 고작 30년밖에 걸리지 않았다. 변화의 속도가 빠르다는 것은 미래를 예측하기가 그만큼 어렵다는 뜻이다.

닉 보스트롬은 〈슈퍼인텔리전스〉에서 경제학자 로빈 핸슨의 말을 인용하면서 세계 경제의 규모가 이전보다 2배 증가하는 데 홍적세(Pleistocene)의 수렵채집 사회에서는 22만4,000년, 농경 사회에서는 909년, 그리고 산업 사회에서는 6.3년이 걸렸지만, 앞으로 발생할 새로운 인류의 변곡점에서는 "세계 경제의 규모는 2주일마다 2배씩 늘어나게 될 것이다."라고 한다.

새로운 인류의 변곡점은 디지털 혁명이다. 1년 동안 노래 800만 곡, 책 200만 권, 영화 1만 6,000편, 블로그 포스트 300억 개, 트윗 1,820억 개, 신제품 40만 개가 쏟아진다. 세계 최대의 택시 회사인 우버에는 택시가 한 대도 없다. 세계 최대의 콘텐츠 회사인 페이스북은 콘텐츠를 만들지 않는다. 세계 최대 숙박업체인 에어비앤비(Airbnb)도 호텔이 하나도 없다.

우리 앞에 모습을 보인 괴물은 바로 우리가 가장 잘할 수 있는 SW파워 디지털 혁신이다. 우리는 르네상스를 연 유럽의 콧대를 꺾을 수 있으며, 그토록 우리에게 참담한 패배를 안겨준 일본을 부끄럽게 만들 수 있다.

다가오는 디지털 혁명의 쓰나미에 무엇을 어떻게 해야 하나? 1784년 새뮤얼 그래그와 1968년 영일만에 말뚝을 박은 한 사내처럼 그 어떤 영감을 느끼고 무모한 도전을 하면 그것만으로 성공할 수 있을까? 우리에게는 그런 성공 DNA가 있었다. 똘끼로 뭉쳐진 기업가와 그 기업가의 비전을 실천해 줄 강력한 변혁적 리더십이 존재했었다. 돌이 없어서 석기시대가 끝난 것이 아니며, 데이터가 없어서 디지털 혁명을 못 하는 것도 아니다.

암흑물질과 별밤지기

"왜 그렇게 그날 밤은 별이 많았는지 모르겠다. 그날 밤같이 별이 많은 밤은 내 평생 보지 못했던 것 같다. 주먹만 한 별이 하늘에 주렁주렁 열려 있던 밤. 나는 어머니 몰래 어머니 분을 바르고 그곳에 나갔었다."

공선옥 님의 〈내 기다림의 망루〉다. 유월이 시작될 무렵, 시골 원두막에서 시작된 첫사랑이 뭉클하게 그리운 글이다. 알퐁스 도데의 〈별〉은 별이 쏟아지는 알프스에서 하룻밤을 같이 보낸 주인집 아씨를 생각나게 하고, 빈센트 반고흐의 〈나를 꿈꾸게 하는 밤하늘〉에서는 "왜 죽어야만 별에 갈 수 있느냐"고 서글퍼한다. 우리는 그렇게 별이 빛나는 밤을 그리워한다.

2003년에 이르러서야, 인간은 우주의 나이가 137억 년이고 우주 전체를 구성하는 에너지의 73%가 암흑에너지(dark energy)이고, 23%가 암흑물질(dark matter)로 구성된 것을 알았다. 물리학에서 에너지와 물질은 같다. 따라서 우주 전체의 96%는 아직 알지 못하는 물질로 구성되어 있다는 뜻이다. 밤하늘에 보았던 수많은 별, 은하수, 지구와 달, 그리고 해, 이 모든 것이 고작 우주 전체의 4%밖에 지나지 않으며, 나머지는 알 수 없는 물질로 우주를 가득 메우고 있다. 이 얼마나 광대무변(廣大無邊)한가? 시인에게 별은 그리움이지만 물리학자에게 별은 알 수 없음이다.

인간은 수메르의 점토판 시대부터 현재까지, 3억 1,000만 권의 책, 14억 편의 글, 1억 8,000만 곡의 노래, 3조 5,000억 장의 이미지, 33만 편의 영화, 10억 시간의 동영상과 단편 영화, 60조 쪽의 공개 웹 페이지를 만들었다.

검색보다 사색이고, 사색보다 탐색이라 했지만, 이 모든 것이 인터넷으로 연결되어 검색하면 찾을 수 있다. 하지만 아직도 제목만 검색되고 내용은 검색되지 않는 것이 있다. 동영상 속에 담긴 내용, 사진 속에 숨겨져 있는 이야기는 여전히 알 수 없다.

빛바랜 사진 속에는 치기 어린 나이의 한껏 겉멋 들린 소녀도 있고, 슬픔 가득한 사진 속에는 그리움이 물씬 묻어나기도 한다. 짧은 청바지에 바람 잔뜩 들어간 뽕을 담고 있는 어여쁜 아가씨도 있고, 숨 막힐 듯 아름다운 일출도 있다. 하지만, 여전히 인터넷 검색으로는 알 수 없으며, 지식이 공유되지 않아 알 수 없는 지식으로 되었다. 인터넷 속의 암흑물질은 무엇인가? 바로 동영상과 사진 속 이야기다.

우리는 몇 년 안에 인공지능을 통해서 인터넷 속의 동영상과 사진 속의 이야기를 검색할 수 있다. 그러면 인류의 지성이 또 한 번 폭발한다. 사막의 원유가 고갈되어 문명사회가 소멸될 것을 걱정하였지만, 기술은 더 빨리 발전하여 그 부족함을 채우고도 남았다. 인류는 인터넷 속에서 발굴되지 않은 수많은 지식을 채굴하여 더 풍성한 초지능 혁명을 만들어야 한다. 그러면 인간사 수많은 난제가 해결될 수 있다.

스탠퍼드 인공지능 연구소의 페이페이 리(Fei-Fei Li) 소장은 "지금 우리는 인터넷 암흑물질을 조명하기 시작하고 있습니다."라고 당당하게 말한다.

우리는 짧은 미래 혹은 먼 미래에 인터넷 속에서 아직 알려지지 않은 수많은 별을 볼 수 있다. 아마도 그 별에는 인간만이 가질 수 있는 오묘한 감성이 있다. 글이 인간의 드러난 이성이라면, 이미지는 인간의 감추어진 감성이다. 이성의 호모 사피엔스(sapiens)는 기계가 지배하는 세상에 물려주고, 감성의 호모 센티언스(sentience)는 별밤 지기에 물려주자. 이 얼마나 아름답고 행복한 지구인가!

협력하는 괴짜

장자(莊子)는 「천도편(天道篇)」에 제 나라 임금인 환공(桓公)과 수레바퀴 깎는 노인 윤편(輪扁)의 이야기를 한다. 근본 원인(root cause)에 대한 질문이다.

제 나라의 환공이 당상(堂上)에서 책을 읽고 있었는데, 윤편이 당하(堂下)에서 수레바퀴를 깎고 있다가, 몽치와 끌을 놓고 올라가 환공에 물었다.

"전하께서 읽으시는 건 무슨 책입니까?"
"성인의 말씀이지."
"성인이 지금 살아 계십니까?"
"벌써 돌아가셨다네."
"그럼 전하께서 읽고 계신 것은 옛사람의 찌꺼기이군요."

환공이 벌컥 화를 내면서 임금이 책을 읽고 있는데 바퀴 만드는 목수 따위가 어찌 시비를 건단 말이냐. 이치에 닿는 설명을 하면 괜찮되 그렇지 못하면 죽이겠다.

윤편은 대답했다. 저는 제 경험으로 보건대, 수레를 만들 때 너무 깎으면 구멍에 바큇살을 꽂기에 헐거워서 튼튼하지 못하고, 덜 깎으면 빡빡하여 들어가지 않습니다. 더 깍지도 덜 깎지도 않는 일은 손짐작으로 터득하여 마음으로 수긍할 뿐 입으로 말할 수 없습니다. 거기에 비결이 있어 제가 제 자식에게 깨우쳐 줄 수 없고 제 자식 역시 제게 이어받을 수가 없습니다.

프랑스 철학자 드니 디드로(1713~1784년)는 "나는 감각 중에서 시각이 가장 천박하고, 청각이 가장 오만하며, 후각이 가장 방탕하고, 미각이 가장 허무맹랑하고 변덕스러우며, 촉각이 가장 심오하고 가장 철학적임을 깨달았다."라고 했다. 맛집의 주인은 맛의 비밀을 말로 다 할 수 없고, 경영의 신은 경영의 묘미를 말로 다 할 수 없고, 리더는 리더의 통찰을 말로 다 할 수 없다. 말로 글로 다 할 수 없는 거칠거칠한 손으로만 알 수 있는 장인의 영역이 있다.

춘추전국시대에 왕수가 책을 짊어지고 가다가 주나라 땅에서 서풍을 만났다. 서풍이 "일이란 실행이고, 실행은 때에 따라 결과를 만들며, 그 결과는 상황에 따라 항상 같지는 않다. 책은 옛사람의 말을 기록한 것이고, 말은 지혜로부터 생겨난 것이다. 그래서 지혜로운 자는 책을 소장하지 않는다. 지금 그대는 어찌해서 책을 짊어지고 가는가?" 하고 묻자, 이에 왕수는 그 책을 불사르고 춤을 추었다.

경영에 빠른 추격형(fast follower)과 선도형(first mover) 전략이 있다. 빠른 추격형은 모범사례(best practice)가 있고, 대량생산이며, 지배적 기술 1~2개가 생산을 좌우하며, 규정 준수가 최고의 미덕인 순응형 인재가 판을 치는 평범(normal) 왕국이다. 역사적으로는 나라를 건국한 이후 안정기에 접어 들어 표준화에 승부하는 시기이다. 반면에 선도형(First Mover)은 실험적이고, 소규모이며, 우세한 기술 1~2개보다는 다수의 기술이 융합되는 세상이며, 규정과 절차가 파괴되고, 개인의 인격은 무시되는 창의적 인재들이 득실대는 극단(outlier)의 세계이다. 역사적으로는 나라를 건국하는 시기로 변곡점의 시기이다.

인류의 변곡점은 새로운 파괴적 기술로 폭풍우가 몰아치는 시기이며, 협업하는 괴짜가 지배하는 선도형 전략의 세상이다. 배우는 법을 새로 배워야 한다. 몰라서 문제가 아니라 너무 많이 알아서 문제다. 이동규 교수의 두줄칼럼 #28 "배운 것을 버리고, 아는 것을 역분해하라"가 정답이다. 결국, 통찰이다. 인간의 통찰력은 아주 오묘하여 얽혀 있는 인과관계를 단박에 풀 수 있다.

통찰은 질문을 품고 평생 공부의 끈을 놓지 않는 사람한테서 나온다. 전문지식을 바탕으로 다양한 경험이나 꾸준한 독서를 통하여 지식의 한계를 돌파한다. 공부에는 누구나 임계치가 존재한다. 근기(根氣)가 높은 사람은 임계치가 낮지만, 근기가 낮은 사람은 많이 공부해야 한다. 어떤 사람은 수백 권으로 족하지만 어떤 사람은 수천 권은 읽어야 임계치를 돌파한다. 임계치를 돌파하면 양이 질로 변화된다. 그 단계가 되면 관점이 새로 만들어지고 통섭형 인간이 된다. 아마도 상위 1, 2%에 해당할 것이다. 디지털 시대의 인간상은 학제를 넘나드는 통섭형 인간만이 생존할 수 있다.

[쉬어가기]

책의 사람과 화면의 사람

인간은 굉장히 이성적이지만, 때로는 비이성적인 행동을 더 많이 한다. 2007년 잡스가 스마트폰을 발표한 이후 어느 순간 구글에서 신문을 검색하고, 블로그를 통해서 정보를 얻고, 페이스북에서 친구를 찾는다. 그러면서 점점 더 '화면의 사람'이 되고 있다.

어디를 가나 코를 스마트폰에 처박고 다닌다. 전철에서도, 걸어가면서도, 심지어 계단을 내려가면서도 스마트폰에 코를 박고 있다. 책의 사람과 화면의 사람 간의 차이는 맥락적 사고와 단편적 사고, 깊은 사고와 즉흥적 사고, 이성적 판단과 감성적 판단이 다르다.

책의 사람은 보여주는 화면의 제한이 없어서 맥락적 사고로 지력을 키워줄 수 있는 장점은 있지만, 오랫동안 읽어야 끝마칠 수 있다. 반면에 화면의 사람은 순간적인 정보의 흐름, 퍼 나르기, 편집하기, 공유하기를 중요하게 생각한다. 책의 사람은 보여주는 제한이 없어 여백에 끄적끄적 자기 생각을 적어 놓아 이성적 판단을 즐기지만, 화면의 사람은 보여주는 화면의 제한으로 전체 중 한 부분을 편집하여 유통함으로써 지나치게 감성적 판단을 자극한다. 책의 사람은 옛 어른들이나 철학자, 전문가들이 적어 놓은 글을 읽고 이해하고 사색하여 자기 것으로 만드는 재창조에 능숙하지만, 화면의 사람은 다른 사람이 만들어 놓은 글이나 사진을 즉시 자르고 붙이고 편집하여 유통하는 데 능숙하다. 책의 사람은 정보를 받아들여 오랜 시간 경험으로 숙성시켜 지식과 지혜로 만들었지만, 화면의 사람은 보는 즉시 실천하고 상대방도 그렇게 하기를 요구한다.

니콜라스 카는 〈생각하지 않는 사람들〉에서 우리의 뇌는 가소성으로 딱딱하지 않다고 한다. 즉 책을 읽지 않으면 책을 읽는 뇌 신경회로가 사라져서 다시는 책을 읽기가 힘들어진다. 책을 읽는다는 것은 정지된 화면을 오랫동안 봐야 하고 쉽게 달아나는 정신을 붙들어 매야 하는 고도의 집중력을 요구한다. 인간은 본능적으로 움직이는 물체는 민감한 반응을 보이지만, 정지된 화면은 거의 인식하지 못한다.

"온라인상에서 우리의 습관은 오프라인에서도 우리 시냅스의 작동에 지속적으로 영향을 미칠 것이다. 훑어보고 건너뛰고, 멀티태스킹을 하는 데 사용되는 신경회로는 확장되고 강해지는 반면, 깊고 지속적인 집중력을 가지고 읽고 사고하는 데 사용하는 부분은 약화되거나 또는 사라지고 있음을 짐작할 수 있다." (청림 p.211)

샤를 단치는 〈왜 책을 읽는가〉에서 누런 책의 묘미에 빠진 19세기 프랑스 철학자 빅토르 쿠쟁(Victore Cousin)이 "잠을 자는 시간은 내게 단두대에 오르는 순간과 같다."라는 말을 전했다. 그리고 단치는 "잠을 자기 위해 읽고 쓰는 재미를 포기해야 한다면, 앙상하게 뼈만 남은 내 몸을 무덤 속으로 밀어 넣는 그 와중에도 나는 내 다리뼈를 땅에 박고 버티며 손가락뼈로 여전히 책장을 넘기며, 턱뼈를 딱딱거리며 아직 다 안 읽었어요! 아직 다 안 읽었어요!" (p.142)라고 외칠 것이라 한다. 지독한 악취미다. 어쩌면 먼 미래에는 그런 사람만이 살아남는다.

지금 우리 사회는 많은 문제가 있지만, 거대 담론으로 이어지지 않아 본질을 논하는 일이 드물게 되었고, 점점 더 일회적 감성 마케팅으로 문제를 해결하려는 경향이 심해지고 있다. 이는 책의 사람이 점점 줄어들어 읽으면서 얻을 수 있는 느리고 깊게 생각하는 사색의 힘이 사라진 반면, 화면의 사람이 점점 더 늘어나 모든 문제를 즉시(on demand) 해결하기를 요구하는 목소리가 커지고 있고, 거기에 반응하여 임시방편이 춤을 춘다.

조약돌이 돌무더기가 되고

2021년 우리는 새로운 산업혁명을 맞이하고 있다. 우리가 그것을 받아들이든 받아들이지 않든 혁신의 파고는 끊임없이 몰려올 것이다. 하지만, 우리가 그것을 거부할 경우 우리 자신이 되었든 우리 후손이 되었든 우리는 또다시 새로운 산업혁명으로 무장한 국가의 무기에 '학살'을 당하든지, 경제적 지배를 받든지, 구한말(舊韓末)과 같은 수모를 당하든지 할 것이다.

역사가 선형으로 변화될 때는 아무런 문제가 없다. 하지만 어떤 기술은 생산성을 수 배, 수십 배, 수백 배 가져온다. 파괴적이다. 역사를 파괴한다. 역사가 불연속적으로 점프한다. 승자는 독식하고 패배자는 종속당한다. 그런 불연속 변곡점을 '블랙 스완', '게임 체인저' 등 다양하게 불리나 본질은 같다. "파괴적 기술의 쓰나미가 몰려오고 있다"는 뜻이다. 역사에서 늘 파괴적 기술이 먼저고 우리의 인식은 뒤따라온다. 눈 밝은 자만이 그 기술의 가치를 안다.

파괴적 기술이라 하여 첨단 기술로 이루어진 복잡한 기술만이 아니다. 하잘것없이 보이는 등자(鐙子)도 파괴적 기술이다. 기원전 2세기에 인도에서 만들어진 등자는 5세기경에 중국으로 전파되고, 다시 8세기경 유럽으로 전파되어 전쟁의 혁신을 만들었다.

어떤 기술이 그 나라에 스며들기까지는 많은 장애가 존재한다. 사람은 본능적으로 기술이 사람의 태도를 바꾸고 사회의 체제를 변형시킨다는 것을 안다. 그렇지만 거부한다. 사람의 본성은 익숙한 것을 벗어 던지기까지 오랜 시간이 걸리기 때문이다. 불편해도 익숙하면 불편하지 않다. 평범한 기술일 때는 그저 얕은 계곡을 건너는 수준의 짧은 시간이 걸리지만, 파괴적 기술일 때는 깊은 계곡을 건너는 수준의 오랜 시간이 걸린다. 그 깊은 계곡을 건너야 선진국이 되며, 그런 깊은 계곡을 '사회적' 기술이라 말한다.

사회적 기술이란 이런 것이다. 영국이 자동차를 발명하였지만, 자동차 산업은 미국에서 일어났다. 영국은 마차 산업의 기득권에 파묻혀 '적기조례(The locomotive Act 1865)'를 만들고 파괴적 기술을 막았지만, 미국은 자동차를 몰고 변방으로 전진했다.

적기조례는 증기 자동차가 시속 40킬로의 성능을 보유했음에도 교외에서는 최고속도를 4마일(6km/H)로, 시가지에서는 2마일(3Km/H)로 제한했다. 또한 자동차에는 운전사, 기관원, 기수 등 세 사람이 탑승하도록 규정하였으며, 기수는 자동차가 아주 위험한 운송 수단이라는 것을 알리기 위해, 마차에 붉은 깃발이나 붉은 등을 달고 자동차 앞 77m에서 달리게 하였다.

경제학자 타일러 코웬 말처럼 "규제를 하기 전에 우리가 성장의 한계에 달했다는 현실부터 받아들여야 한다."고 말한다. 과거의 경험에 비추어 규제를 만들면 적기조례 현상이 발생한다. 경제학자 마이클 맨델은 규제를 실개천 조약돌에 비유한다. 조약돌 하나가 물의 흐름을 방해하진 않는다. 그러나 조약돌이 쌓이고 쌓이면, 어느 순간 물의 흐름을 방해하고 물길을 다른 데로 돌린다. 혁신의 흐름을 막은 것이다.

사회적 기술에는 규제만 있는 것이 아니다. 교육도 있고, 투자도 있고, 특허도 있고, 벤처도 있으며 무엇보다도 실용과 다양성으로 실험정신, 도전정신, 실패를 용인하는 문화가 필요하다. 획일적 사회가 아니다. 개인의 자유와 책임의 확대다.

무엇을 어떻게 할 것인가?

이 질문에 내가 답을 할 수 있는 분야는 많지 않다. 나는 1960년대를 1차 국가혁신의 시대였다면, 지금은 다시 국가혁신을 해야 할 때라고 생각한다. 1차 국가혁신은 기존 산업이 없었기 때문에 강력한 리더십과 실행전략이 필요하였지만, 다가올 국가혁신은 개인의 자유와 책임의 확대로 이루어져야 한다.

우리나라는 실패로 덕지덕지 붙은 이력서를 들고 다니는 취업준비생을 보지 못했다. 조직 내에서 '또라이'를 받아들일 준비가 되어 있지 않다. 실패로 가득한 이력서보다는 수십 년 전 졸업한 대학교 이름이 더 중요하고, "너만 가만있으면 돼, 그러면 아무 문제 없잖아"라는 현상 유지가 강한 조직에 살고 있다. 1차 혁신 때 만들어 놓은 제도가 덕지덕지 붙어 실개천의 흐름을 방해하는 돌무더기가 되었다. 이제 돌무더기를 치우고 새로 놓자.

다가올 국가혁신은 디테일이다. 강 한자가 디테일에 강하고, 디테일에 강하니 강자가 되었다. 강대국과 협상은 디테일로 승부한다. 창업자는 비전으로 먹고살지만, 국가는 디테일로 먹고산다. 디테일에 목숨을 걸어야 한다. 작은 규정 한 줄이 세상을 바꾼다. 그렇지만, 디테일이 화석처럼 고정되어 움직이지 않는다면 변곡점에서 화석 같은 나라가 된다. 디테일이 살아 움직이는 유연성의 날개를 달 때 그 나라는 지속 성장한다.

이제는 국가가 혁신을 리딩하는 시대는 지났다. 기업가, 혁신가가 마음껏 뛰어놀 수 있도록 규제를 옵트 인(opt-in, 체크박스에서 체크 한 것만 적용, 즉 모든 것을 허락받아야 가능)에서 옵트 아웃(opt-out, 체크박스에서 체크 한 것만 제외, 즉 언급이 없으며 모두 허용)으로 바꾸어야 한다. 규제만 그런 것이 아니다. 우리의 문화, 생각도 그렇게 변해야 한다. 새로운 생각, 최초의 생각이 살아 숨 쉴 숨구멍이 필요하다. 아무리 한겨울 날 매서운 추위에 호수가 꽁꽁 얼어도 숨구멍은 언제나 존재한다.

기술의 대폭발과 부의 대확산

허버트 사이먼(Herbert Simon)은 노벨 경제학상을 수상하였으며 "풍요의 세계에서, 희소성을 띠는 것은 인간의 주의(attention)뿐이다."라는 통찰을 남겼다. 이 말의 속뜻은 참으로 복잡하며, 슈퍼마켓에서 진열된 참외와 수박 가운데 하나를 고르라고 할 때 느끼는 감정과 같다.

지금 인터넷에는 각종 데이터가 쏟아지고 있다. 세간의 이야기처럼 '검색만 하면 모든 것을 알 수 있다' 할 정도로 많은 데이터가 사이버 공간에 쏟아부어 지고 있다는 표현이 더 적절하다. 그 가운데서 내가 원하는 데이터를 어떤 기준으로 어디서 찾으며, 내가 진정으로 원하는 데이터라는 것을 어떻게 검증할 것인가?

사실, 우리가 검색한 모든 데이터는 플랫폼 기업이 필터링한 데이터다. 따라서 진정으로 우리에게 필요한 가치 있는 기술이 무엇인지를 기술이 거꾸로 우리에게 강력하게 요구하고 있는 시대로 접어들었다. 역설적으로 허버트 사이먼이 우리에게 통찰을 주었던 명제 '인간의 주의'는 인간에게 진정으로 희소한 가치가 무엇인지를 묻고 있는 질문과 같다. 정보기술(IT)은 점점 더 검색을 통하여 맛집, 여행지, 상품, 취업, 수업, 학교, 심지어 결혼 상대마저 보이지 않는 기술로 우리의 인지력을 지배하고 있다.

케빈은 〈인에비터블〉에서 생물의 캄브리아기에 해당하는 기술 대폭발의 문턱에 와 있다고 한다. 캄브리아기 대폭발은 5억 4,200만 년 전에 아주 짧은 기간 동안 이전에 존재하지 않았던 다양한 종류의 생물이 갑작스럽게 지구에 폭발적으로 출현한 지질학적 사건을 일컫는다. 기술 대폭발, 말만 들어도 가슴이 설레는 단어다.

에릭 브린욜프슨은 〈제2의 기계시대〉에서 기술의 발명이 경제 발전의 핵심이라는 사실에는 모두가 동의하지만 어떤 기술이 그런 역할을 하려면, 그 기술은 대부분 산업에 사용되어야 한다고 주장한다.

"경제학자들은 증기기관이나 전력 같은 혁신사례들에 범용기술(GPT: General Purpose Technology)이라는 이름을 붙였다. 경제 사가인 캐빈 라이트는 범용기술을 '많은 경제 분야에 중요한 충격을 미칠 수 있는 잠재력을 지닌 심오한 새로운 아이디어나 기술'이라고 간단하게 정의한다. 여기서 '충격'은 생산성을 크게 향상시킴으로써 생산량을 대폭 늘린다는 의미다. … 즉 범용기술이란 어디에나 있고, 시간이 흐르면서 개선되며, 새로운 혁신을 낳을 수 있는 기술이라는 것이다." (청림 p.100)

5억 4,200만 년 전 지구가 스스로 생명의 대폭발을 가져왔듯이, 지금은 인간이 인위적으로 지구에 기술 대폭발을 가져오려 한다. 기술만 대폭발이 아니라 기술에 편승한 부(富)도 덩달아 대확산이 일어난다. 다시 한번 역사는 요동을 칠 것이며, 보다 더 거대한 변곡점에 이를 것이다.

1897년 말, 타히티의 푸나아우이아에서 고갱은 커다란 캔버스에 그의 마지막 작품을 그리고 있었다. 그는 급성 심근경색과 매독으로 기력이 점점 쇠해졌고 딸마저 프랑스에서 폐렴으로 죽었으며 돈마저 없었다. 그리고 자살하기 위해 산으로 올라갔다. 그가 그린 작품이 「우리는 어디에서 왔는가? 우리는 누구인가? 우리는 어디로 가는가?」이며, 마지막 목숨이 남아 있는 순간까지 간절히 원했던 것이 인간의 존재에 관한 물음이었다.

이제 우리는 고갱의 질문에 답을 할 차례이다. 인류는 아프리카 사바나 지역에서 탄생한 이래로 도구를 너무 좋아했다. 산업혁명 이후에는 스스로 기계를 만들기 시작했고, 기계를 만들자마자 너무나 사랑한 나머지 금세 기계에 중독되었다. 이제 그 기계에 지능을 입히자 순식간에 기계에 종속되었다. 지능을 가진 기계와 인간의 간의 대충돌, 과연 이런 일이 발생할 것인가? 기계에 중독된 인간은 어디로 갈 것인가? 그리고 그즈음 인간 해석을 어떻게 해야할 것인가?

지락과 노예

2,300여 년 전 인간의 지락(至樂)은 무엇일까? 지금의 우리와 같은 행복의 본질은 가졌을까? 아니면 본질은 변하지 않았는데 형식만 바뀐 것일까?

장자가 살았던 전국시대는 "내가 너를 죽이지 않으면 네가 나를 죽이는 시대"였다. 이제 막 청동 무기에서 벗어나 철제 무기로 대량 살상이 가능한 시대로 진입하던 때였다. 무기가 바뀌면 전쟁 양상도 바뀌고, 전쟁 양상이 바뀌면 국가의 지배구조가 바뀌어, 영토 크기에 변화를 가져온다. 전국시대는 그렇게 큰 나라가 작은 나라를 잡아먹어 더 큰 나라로 되어 가는 과정이었다. 기술은 가치 중립이라 누가 사용하느냐에 따라 목적을 달리하지만, 역사의 변곡점에서는 기술이 결정주의로 바뀌어 새로운 세상을 만들고 강대국 지위에 오른다.

장자는 「지락편(至樂篇)」에서 "천하에 지극한 안락은 있는 것일까? 사람에 지극한 안락은 있는 것일까?" 하고 질문한다. 그리고는 무엇을 선택하고 무엇을 버리고, 무엇을 즐기고 무엇을 꺼려야 되는가? 하면서 스스로 "대저 천하 사람이 숭상하는 것이란 부(富)와 귀(貴), 수(壽)와 예(譽)이다."

라고 답한다. 즐기는 것이란 몸의 편안함, 맛난 음식, 아름다운 옷, 예쁜 여자, 황홀한 음악이고, 또 꺼리고 싫어하는 것이란 가난과 비천(卑賤), 요절(夭折), 비방(誹謗)이라 한다.

몸의 편안함, 이제 한 평생 육체노동으로 나이가 들어 근육과 뼈가 짓이겨지는 삶을 살아가는 사람은 거의 없다. 맛있는 음식, 먹을 음식이 지천으로 있어 다이어트하다 굶어 죽는 세상이 되었다. 예쁜 여자, 잘 먹고 잘 자라서 못난 여자 없이 모두 예쁘다. 황홀한 음악, 케이블 TV에서 24시간 내내 모든 음악이 쏟아지고 있다. 장수, 오늘 아침 지인이 보내준 카톡에 김형석 교수님의 "100년을 살다 보니"라는 글을 받았다. 부(富), 우리 모두 가장 잘 사는 4단계 부유한 나라에 살고 있다. 1단계 나라는 걸어서 1시간 거리에 있는 더러운 우물에서 물을 길어 오려고 하나뿐인 양동이를 이고 맨발로 걷는 나라다. 귀(貴), 장자가 말한 귀는 타고난 핏줄이 신분을 결정하는 차별을 말하며 이제 핏줄이 신분을 결정하는 시대는 지났다. 이런 관점에서 지락(至樂)은 지금 거의 마무리 되었다.

조선 중기 때 박홍미(朴弘美, 1571-1642년)는 과거에 급제하여 도승지와 참판을 지내 벼슬로는 성공하였지만, 양반이라도 녹봉으로 살아가 벼슬의 부침에 따라 늘 배고픔을 걱정해야 했다. 어느 날 양양 부사로 떠나는 길, 홍천 촌가에 이르러서는 곡식 10여 말과 땔감이 넉넉히 있는 농가를 부러워하면서 몽포(夢飽)라는 글을 짓는다.

꿈속에서 밥과 떡이 넘쳐 나는 성대한 밥상을 받아 배부르게 먹고 나니 너무 기뻐 노래를 불러 진짜 꿈만 같았다. 그렇게 배도 든든하고 기분이 좋았는데 꿈을 깨고 나니 오히려 더 허망하였다. 차라리 꿈이라도 꾸지 않았으면 하고 스스로 한탄한다.

1775년 파리, 28살 구두 수선공 펠리페 코르들르와라는 부엌에서 흰 바게트(baguette) 빵을 감춰 놓은 죄로 경찰에 체포된다. 윤덕노의 〈음식이 상식이다〉에 나오는 이야기다. 평민은 희고 부드러운 빵을 먹을 수가 없었다. 신이 부드럽고 흰 빵을 만든 이유는 귀족의 연약한 소화 기능을 돕기 위해 만들었다. 이러한 이유로 농부가 희고 부드러운 빵을 먹으면 신의 뜻에 어긋날 뿐만 아니라 사회 질서를 해치는 중대한 범죄로 취급되어 처벌받았다.

사실 유럽에서 빵의 역사는 계급투쟁의 한 장면으로 묘사된다. 신분에 따라 집의 크기와 옷의 색깔을 차별한 것은 동서양 모두 같았지만, 빵으로 신분을 엄격하게 구분한 것은 서양이었다. 이탈리아도 비슷했다. 농부는 딱딱하고 검은 빵만 먹을 수 있었고, 희고 부드러운 빵은 귀족과 로마 시민의 몫이었다. 로마 시대는 죄수에게 검은 빵을 주었는데 검은 빵에 진흙, 도토리, 나무껍질 등을 몰래 집어넣었다. 이는 빵이 검은색이라 그렇게 되었는지, 빵에 이를 넣어 검은색이 되었는지 구분하기가 힘들었다. 검은 빵은 너무나 딱딱하여 도끼로 잘라야만 했다.

1793년 11월 프랑스 혁명이 일어난 지 4년 후 앙시엥 레짐(ancient reginme) 즉 프랑스의 구제도를 해체한 국민의회는 드디어 '빵의 평등권(The Bread of Equality)'을 선포하고 누구나 같은 빵을 먹을 수 있게 한다.

1928년 케인즈는 서구의 젊은이들이 소련의 횃불 즉 공산주의가 되는 것을 막기 위해, 약 100년 후 2030년이 되면 지복(至福, Bliss) 상태, 하루 3시간만 일하고 나머지는 여가생활을 할 수 있는 에덴동산이 온다고 예측했다. 하지만, 그 예측은 보기 좋게 실패할 것 같다. 케인즈는 인간 본성을 너무 안일하게 해석했다. 필요(needs)와 욕구(wants)다. 좋고 안락한 삶을 위한 객관적 조건인 '필요'는 물리로 한정되어 있지만 '욕구'는 심리로 양적으로나 질적으로 무한히 늘어날 수 있다.

자~ 이제, 인공지능(AI)과 무인 자율 로봇은 노동이 거의 없는 세상으로 만들어 우리를 다시 한번 더 지락(至樂)의 세계로 이끌어 갈 것이다. 만약에 그렇게 된다면, 인류 역사는 변곡점이 없는 상태로 수천 년을 보낼 것이며, 만약에 그렇지 않다면 인류 역사는 또다시 급격한 변곡점을 맞이하여 결정적 분기점을 선택할 것이다. 어느 나라는 이쪽으로 가고, 어느 나라는 저쪽으로 가서, 시작은 미약하였지만, 결과는 창대한 변화를 가져올 것이다. 그 판단 기준은 인간 본성은 절대적 부가 가져다주는 행복보다는 부가 가져다준 상대적 차별에 관심이 더 많기 때문이다. 어느 길을 선택하든, 선택한 자는 기존의 가치를 송두리째 버릴 용기와 그에 따른 행운이 있어야 된다.

참새와 부엉이

참새는 둥지를 짓는 계절을 맞아, 온종일 고되게 일하고, 밤이 되어서야 저녁노을 가에 둘러앉아 느긋하게 쉬며 수다를 떨었다.

"우리는 다들 너무 작고 연약해요. 둥지를 짓는 걸 도와줄 부엉이 한 마리가 있다고 생각해보세요. 삶이 얼마나 편해질까요?" "맞아요!" 다른 참새가 외쳤다. "그리고 우리 어르신과 새끼를 돌보라고 맡길 수도 있고요." 또 다른 참새가 동의하며 말했다. "부엉이는 우리에게 조언도 해줄 수 있을 거고, 근처에 고양이가 나타나는지 감시도 해줄 수 있을 거예요."

오로지 외눈박이 스트롱크핀클만이 이 일에 회의적이었다. 그는 이렇게 말했다. "이것은 틀림없이 우리에게 재앙이 될 거예요. 부엉이 같은 생물을 우리가 사는 곳으로 데리고 오기 전에 부엉이를 가축화하거나 길들이는 방법을 먼저 생각해봐야 하지 않겠어요?" (까치 p.9)

위 이야기는 닉 보스트롬의 〈슈퍼인텔리전스〉 서문에 나온다. 인간은 끝을 생각하지 않고 먼저 행동하는 습성 그대로 인공지능(AI)을 먼저 만들기

〈그림 11〉 뽈 끌레로(Paul Klee), 세네치오(Senecio). 1922년, 40.5×38cm. 스위스 바젤 미술관. "인간은 안다. '전쟁의 방법이 부를 창출한다.'는 것을. 그리고 드디어 부엉이를 키우려고 한다. 뒷일을 생각하지 않고 저지르는 본성 그대로!"

를 원하고, 나중에 발생 될 문제를 고민한다는 내용을 참새와 부엉이를 통해서 비유했다.

우리가 우물쭈물하는 사이에 중국은 패권국의 지위에 야욕을 드러내기 시작했다. 현대의 패권국이란 기술이 없는 패권국은 유효기간이 너무 짧다는 것을 안다. 중국은 기술이 기술만으로 이루어지지 않는다는 사실도 너무나 잘 알고 있다. 기술을 뒷받침하는 교육, 금융시스템, 노동유연성, 진입장벽 등등 이런 것을 무섭게 제거하고, 아편전쟁의 치욕을 씻으려는 야수의 심장을 드러낸다.

이 세상에서 가장 거친 자본주의가 중국이다. 그렇게 디지털 혁명을 하고 있다. 정말 혁명이다. 피카소는 "하수는 베끼고 고수는 훔친다."고 했듯이, 중국은 카피캣(copycat)의 천국이다. 진짜가 없는 가짜 천국이며, 어느새 기술을 발전시켜 가짜가 진짜로 둔갑하는 나라다.

중국은 16세기 유럽의 '전쟁 자본주의'처럼 총과 대포, 음모와 모략으로 전쟁하듯이 벤처를 원형경기장 검투사로 내몬다. 거기서 승리한 벤처만 살아갈 수 있다. 철저한 '시장 중심(market-driven)'이고 돈 잘 버는 벤처가 최고다. 그 외의 진리는 없다. 정의, 평등, 공정, 52시간, 최저임금, 개인정보와 같은 우리를 옥죄는 제도는 없다. 우리가 제도에 속박되어 아무것도 실험할 수 없을 때, 중국은 제도가 없는 것처럼 실험한다. 우리가 내재된 모순으로 정체의 늪에서 허우적거릴 때 중국은 주변국에서 중심국으로 나오려고 한다. 중국은 부엉이를 키우려고 한다.

아마 1819년 산업혁명 초기 영국처럼 면화 공장에서 9세 이하의 아동 고용을 금지하는 법이 만들어지지 않았다면 하루 16시간 노동을 시킬 만큼 가혹한 노동환경이 중국이라 생각하면 된다.

"세상은 발견(discovery)의 시대에서 실행(implementation)의 시대로, 전문가(expertise)의 시대에서 인공지능(Artificial Intelligence)의 시대로 바뀌었다."

어디에나 임계점이 있다. 지식에도 있고 기술에도 있다. 중국은 기술의 임계점을 양으로 돌파하려 한다. 양이 임계점에 다다르면 질로 바뀐다. 수많은 작은 요소 기술이 어울려 거대한 범용기술로 탄생한다. 그 과정이 실험이고 도전이며 경쟁만이 그 일을 할 수 있다. 동기는 부자가 되고자 하는 욕심이며 결과는 계층의 이동이다.

디지털 혁신은 조합 혁신(combinatorial innovation)이라 한다. 수많은 기술이 모여 하나의 제품으로 완성된다. 제품을 만들 때 수많은 조합이 필요하며, 무한대에 가까운 경우의 수가 필요하다. 양이다. 절대적 양, 임상시험을 거쳐서 신약이 탄생하듯 수많은 실험에 사용되는 얼리어댑터 소비자가 필요하다. 데이터가 쏟아지고 축적된다. 이 데이터는 인공지능의 먹잇감으로 사용된다. 인공지능은 기술 숲의 정글 왕이며, 이 왕은 유별난 식성으로 데이터만 먹는다.

"나는 절대 실패하지 않았다. 나는 전구가 작동되지 않는 10,000가지 방법을 발견한 것이다."

토머스 에디슨이 전구를 발명하기 위해 사용한 수많은 조합을 말한다. 2차 산업혁명의 기술은 전기다. 지금은 단순하게 보이는 그 '전기'라는 기술도 그렇게 탄생하여 범용기술로 발전했다. 인공지능도 그 과정을 밟을 것이다. 우리가 부엉이를 길들여 우리가 원하는 일을 할 수 있도록 희망을 품듯이 그렇게 인류는 무서운 기술을 길들이는 중이다.

중국에서 인공지능 벤처 수가 얼마인지 그 수를 알 수조차 없다. 우리가 이념에 사로잡혀 많은 것을 놓친 사이 중국은 무섭게 달려가고 있다. 다가올 미·중 패권 전쟁은 군사력 패권이 아니라 기술 패권 전쟁이 될 것이다. 압도적 기술 우위야말로 영원히 상대방을 종속시킬 수 있는 거의 유일한 방법이다.

자, 과연 중국이 아편전쟁의 모욕을 이기고 기술 패권에서 최종 승리자가 될 수 있을까? 우리는 어떻게 될 것인가? 미래는 꿈꾸는 자가 승리하는 것이 아니라, 설계하고 만드는 자가 승리한다고 했다. 떠오르는 중국을 두려움으로만 바라볼 것인가? TV 한 대 없는 나라에서 반도체를 만들었고, 자동차 한 대 없는 나라에서 제철소를 만든 나라가 우리다. 할까 말까 망설일 때는 하고, 갈까 말까 망설일 때는 가라는 말이 있다. 그냥 하면 된다. 그러다 보면 길이 만들어지고, 길이 이어지고, 길이 보인다.

황제, 패권주의의 걸림돌

로마 원형경기장에서 검투사가 무자비한 싸움을 한다. 자비란 있을 수 없다. "내가 너를 죽이지 않으면 네가 나를 죽인다."는 원칙만 적용된다. 중국의 실리콘 밸리, 혁신이 일어나는 곳 선전의 스타트업 벤처의 이야기다. 속도는 검투사의 칼이고 모방(복제품)은 검투사의 방패다. 속도와 모방의 전쟁으로 혁신의 '씨앗'을 만들고 원천기술을 확보한 다음 시장을 바탕으로 임계치는 넘으려 한다.

덩샤오핑 이후 중국 지도자들은 우리가 부러워할 만큼 실용적 유연한 사고를 가졌다. 하지만, 이제 중국이 경제가 성장하였다 하여 황제와 같은 못된 사고방식을 갖게 된다면 중국 혁신은 또다시 불연속의 늪(chasm)에 빠질 수 있다.

중국은 화약, 종이, 비단, 도자기, 나침판, 운하, 주철합금, 인쇄, 선미 방향타, 외바퀴 손수레 등을 만든 민족이다. 그런 중국이 지속 혁신을 수행하여 근대화를 성공시켰다면, 우리는 영어를 배우지 않고 중국어를 배우게 되었을 것이고 세상은 동양 중심이 되었다. 송나라 때 코크스를 이용한 제철산업, 현대와 같은 금융 시스템, 1억 명이 넘는 내수시장을 갖춘 중국이 조금만 더 혁신을 밀어붙였다면 영국을 대신하여 산업혁명을 이루었을 텐데, 혁신의 길목에서 무엇이 잘못되어 주저앉았을까? 인적자본의 실패인가, 아니면 물적자본인 에너지 혁명의 실패인가? 혁신의 기본 속성은 그 사회에 새로운 생각의 불씨를 만드는 이단의 사상가와 이들의 사상을 실행에 옮기는 행동가들이 살아 숨 쉴 여지와 새로운 계층을 형성하여 상층부로 진입할 공간이 있어야 한다.

임건순은 〈순자, 절름발이 자라가 천리를 간다〉에서 중국의 이데올로기와 사회 체제를 군거화일지도(群居和一之道)라고 설명하였다.

"종(縱)으로 사람으로 나눠 상하로 세우고 횡(橫)으로 사람을 나눠 세로로 줄을 세우고, 그 위치에서 가장 알맞은 의무와 권리를 정하고 그것을 예(禮)라는 이름으로 통치하고자" (p.414) 하는 이데올로기였다.

이런 문화 속에서는 사상적으로 유연한 사고(思考)를 가진 성군이 나타날 때 잠시 혁신이 일어나는 구성주의(시스템이 아니라 사람에 의존하는 형태)라서 불연속 혁신을 반복한다. 대표적인 사례가 세종과 정조, 청의 강희제와 건륭제였다. 이때는 가히 국가혁신이 폭발하여 무엇이라도 할 수 있는 지경에 이르렀지만 딱 거기까지였으며, 그 후대는 혁신으로 발아된 계층의 싹을 아예 잘라버렸다.

데이비드 랜즈는 〈국가의 부와 빈곤〉에서 중국이 반복적으로 혁신에 실패한 원인을 중국의 고착된 문화에서 찾았다. 모든 것을 황제가 통제한다. 옷 입는 법부터 음식 만드는 법까지, 태어나서 죽을 때까지, 죽어서조차 무덤을 만드는 방식까지, 하늘 아래 황제의 통제를 받지 않은 것은 아무것도 없다. 일시적으로 혁신이 일어나더라도 계층의 변화가 자연스럽게 이루어지지 않아 혁신이 지속되지 않는다. 결국 중국의 기술적 진보를 막은 것은 바로 황제였다. 황제의 이익에 반하거나 반하리라 여겨지는 무엇이든 초기에 싹이 잘렸고, 황제의 대의가 최우선이다. 이러한 사회 시스템에서 무엇을 혁신할 수 있을까? 지금은 공산당이 그 자리를 차지하고 있다.

재레드 다이아몬드는 〈나와 세계〉에서 세척의 배로 아메리카 대륙을 발견한 콜럼버스와 수십 척의 배로 아프리카 동부 해안을 탐험한 중국의 정화함대를 비교하면서, 중국 혁신의 불연속은 만성적 통일국가에서 기인한 것이라 한다. 만성적 통일국가에는 황제의 능력에 따라 혁신이 요동(lurching, 搖動)을 친다고 단언했다. 정화는 콜럼버스처럼 이웃 나라로 도망가서 신대륙으로 가는 대항해를 지속할 수도 없었다. 설사 신대륙을 발견한다 한들 어디에 사용할까? 황제의 넓은 도량을 알리는 일 이외는 없었다.

윌리 톰슨은 〈노동, 성, 권력〉에서 영국에서 일어난 산업혁명의 성공 요인을 분석하면서 중국과 다른 점이 있다면 “적절한 지리적 위치와 자연환경, 탐욕스러운 사업가들과 풍부한 저임금 노동력, 대서양과 아프리카에서 수탈한 자원들, 그리고 협조적인 정부 등”(p.395) 이라고 서술하였지만, 여전히 국가 간 경쟁이 없는 중국에서는 쉽지 않은 구조이며 언제나 획일적인 관료와 정부 구조로는 기대하기 힘든 일이다.

혁신을 위한 필요조건이 실험의 양과 축적의 시간이다. 중국은 엄청난 내수시장을 바탕으로 임계치에 넘어서려고 발버둥 치고 있다. 이런 식으로 20~30년 지나면 분명히 새로운 산업혁명이 중국에서 발생할 수 있다고 예측된다. 하지만 지금의 최고 권력자인 시진핑이 보여준 유연하지 못한 사고방식, 그리고 지금의 정치 체제로는 이러한 행태들이 반복되리라는 예측한다. 또한 아직도 정착되지 못한 시장경제, 정부의 비효율성, 부패의 고리로는 ‘산업혁명’에 버금가는 국가혁신을 이룰지 의심스럽다. 무엇보다도 공산당이 혁신가, 자본가가 체제를 위협한다고 생각하는 순간 정화(鄭和)함대의 함선이 불타는 것처럼 순식간에 사라질 것이다.

우리나라도 1960년대 혁신의 시대에 성공하여 살아남은 삼성, 현대와 같은 대기업을 국가 특혜, 노동 착취, 권력 유착이라 하면서 '삼성이 망해야 나라가 산다.' 등 반기업 정서가 이렇게 팽배한 데, 중국인들도 우리와 비슷한 특유의 사농공상 사고체제 아래에서 혁신을 지속하여 산업혁명에 버금가는 성과를 이루기란 하늘의 별만큼 잠시 잠깐 반짝 빛날 가능성이 크다.

충격과 공포의 도가니

〈한비자〉는 해로편(解老篇)에 "무릇 가고자 하는 길을 잃고 헛되이 행동하는 것, 이를 가리켜 갈피를 못 잡는다고 한다. 사람이 갈피를 못 잡으면 이르고자 하는 곳에 이를 수 없다." 만약에 미래 전쟁의 모습을 상상하는데 갈피를 못 잡는다면 영원히 이르고자 하는 곳에 이를 수 없다.

미래는 어떤 모습으로 전쟁을 할까?

원시부족사회에서 전쟁은 여자와 돼지로부터 시작할 만큼 자원전쟁이 주를 이루었지만, 때로는 이념을 위해, 때로는 상업적 이익을 위해, 때로는 지배자의 욕망을 위해 전쟁이 발생했다. 무엇보다도 전쟁은 전략적 모호성으로 상황에 따라 평화와 긴장이 순식간에 뒤바뀌는 과정에서 발생한다. 인간은 선하지도 않고 악하지도 않다. 상황에 따라 전술이 바뀔 뿐이다.

우리는 지금까지 수많은 전쟁을 드라마나 영화를 통해서 보았다. 그때 본 장면을 다시 경험하는 '충격과 공포'가 될 것인가? 아니면 영화감독이나 시나리오 작가의 과도한 상상력이 허무하게 무너지는 장면을 보게 될 것인가? 나는 분명히 우리가 한 번도 경험하지 못한 '충격과 공포'가 되리라고 말할 수 있다.

자, 다가올 미래의 전쟁이 어떤 '충격과 공포'가 될 것인가? 안이비설신의 중, 의(意)에 집중된 기술로 전쟁을 시작할 것이다. 가령 지능형 CCTV와 자율드론, 로봇의 결합은 천 개의 손과 천 개의 눈을 가진 전지전능한 인간을 만들 것이다. 수 킬로 심지어 수십 킬로 안에 있는 모든 사물을 살살이 볼 수 있으며 모든 상황에 자율적으로 대처할 수 있는 능력을 갖춘 인간. 또 사물인터넷(IoT)으로 연결된 수많은 센서는 사방 수 킬로 심지어 수십 킬로 안에 있는 온도와 습도, 냄새와 진동을 느낄 수 있는 능력을 갖춘 인간. 이제 인간은 거대한 괴물과 같은 존재로 변할 것이다. 만약 이 모든 기술을 인공지능이 통제하여 '똑딱' 하면 작동되도록 한다면 인간은 가히 괴물에서 신(神) 같은 존재로 둔갑한다.

과거에는 군사기술이든 상용 기술이든 대부분 미 국방성에서 나왔고 지금도 여전히 미 국방성의 연구개발로 나오기도 하지만, 지금의 혁신사를 살펴볼 때 민간에서 더 많은 파괴적 기술이 쏟아지고 있다. 아~, 과거에 골방에서 천재들이 만들던 발명품이 이제는 미 국방성마저 두려워할 정도의 거대 IT기업에서 만들어진다.

그 결과 미국과 적대적 경쟁국 사이의 기술적 격차가 급격히 줄어들면서 그동안 미국이 누려왔던 '기술적 우위'의 강점이 상실되고 있다. 이를 만회하기 위한 전략이 3차 상쇄전략(offset strategy)이다. 3차 상쇄전략은 속도(speed)와 민첩성(agility)으로 누가 더 빨리 파괴적 기술을 만드냐에 따라 게임 체인저가 결정된다.

미 국방성의 전략가들은 민간기술을 군사적으로 '재목적화' 하는 데 초점이 맞추어져 있다. 첨단 기술을 도입하기 위한 가장 좋은 방법은 기획 단계에서부터 최종 제품에 이르기까지 민간과 협업하는 것이다. 이를 위한 그들의 생각은 미 국방성 지하 벙커의 어두침침한 연구소가 아니라 실리콘밸리, 보스턴, 텍사스 오스틴의 거대 IT 기업의 브레인스토밍 방에서 시작된다.

미국의 전통적 군사전략은 위협적인 규모의 병력과 어마어마한 무기로 지상에 펼치는 파월 독트린(Powell Doctrine)이다. 이 전략은 스텔스 전투기, 미사일, 무인기, 레이저 유도 폭탄 등을 한꺼번에 퍼부어 '충격과 공포'를 적에게 준다. 하지만 충격과 공포의 전략은 병력 소모와 비용이 많이 드는 단점이 있다.

만약에 미국이 인간의 인지력이 가장 약한 어둠이나 짙은 안개, 비바람

속에서도 병력 손실이 없는 '정밀한 지상 작전'을 수행할 수 있다면, 다시 한번 더 패권국의 지위를 이어갈 것이다.

이 시기에 우리는 무엇을 어떻게 준비할 것인가?

우리는 이웃 나라의 '의도'를 모른다. 우리나라에 가장 위협적인 나라는 한반도의 핵심부인 서울을 기점으로 가장 가까운 거리에 가장 많은 지상군을 가진 북한이 일 순위이며 그다음이 중국이며, 그다음이 일본 순이 된다. 이 순위를 놓쳐서 한양이 20일 만에 5일 만에, 서울이 3일 만에 점령당하는 수모를 겪었다.

그래도 미래의 파괴적 기술은 희망적이다. 우선 인공지능으로 만들어진 자율주행 무기는 반드시 알고리즘과 데이터를 기반으로 운용된다. 이 두 가지를 외국에서 가져와도 데이터는 우리 것을 사용해야 한다. 그래야 작전의 완성도를 높일 수 없다. 이는 인공지능에 서울말로 학습시키면 서울말을 하고, 조폭 말로 학습시키면 조폭 말만 하는 이치와 같다. 아직도 희망적인 상황은 이러한 기술이 성숙하지 않아 누구나 동일 출발선상에 있다는 사실이다. 누가 먼저 실험하고 누가 먼저 성공하느냐가 승패의 갈림길이 된다.

우리는 최초로 금속 활자를 만들었고, 최초로 철갑선을 만들었으며, 가장 높은 수준의 상상력이 동원되는 한글을 창제했다. 우리 DNA에는 장인의 거칠거칠한 통찰이 숨어 있다. 충격과 공포의 전략, 그 이후 전쟁은 우리 것이 되어야 한다. 중국이 드론 수백만 대로 서울을 공격하고 또 공격하여도, 6·25전쟁 때처럼 3일 만에 서울이 점령되는 일은 다시 없어야 한다.

적이 비록 천 척이라도 감히

제나라 위왕(威王)은 수수께끼를 좋아하고 밤새도록 음탕하게 놀며, 술에 빠져 나랏일을 다스리지 않았다. 관리는 문란해지고 제후는 나라를 침탈하여 국가의 존망이 아침저녁으로 절박한 지경에 이르렀다.

이에 순우곤(淳于髡)은 "나라 안에 큰 새가 있는데, 왕의 뜰에 멈추어 3년이 지나도록 날지도 않고 울지도 않습니다. 왕께서는 이 새가 어떤 새인지 아십니까?" 하고 수수께끼를 낸다. 왕은 "이 새는 날지 않으면 그만이지만, 한번 날았다 하면 하늘 높이 날아오르고, 울지 않으면 그만이지만 한번 울었다 하면 사람들을 놀라게 할 것이다."라고 한다.

그리고는 지방관리인 현령을 조정으로 불러들이고, 대부를 사형시키기도 하고 상을 주기도 한다. 곧 병사를 일으켜 출정하여 그동안 빼앗겼던 땅을 모두 되찾았고 36년 동안 임금 자리에 있으면서 위엄을 떨쳤다.

구글에서 '리더십'을 검색하면 천 이백 만개(12,200,000)의 검색 결과가 나온다. 그만큼 리더십에 관심이 많고 훌륭한 리더를 기다린다는 뜻이다.

수많은 이론과 논문, 사례와 에세이, 도서들이 검색되겠지만, "리더가 설치면 될 것도 안된다."라는 말보다 더 명쾌하게 본질에 접근한 문장도 찾기가 어렵다.

리더십은 양파껍질 같아 본래 본 모습을 찾기가 어렵지만, 내가 가장 좋아하는 비유가 양치기 소년이 아니라 '양치기 개'다. 양치기 개는 지켜야 할 몇 가지 원칙이 있다. 언제나 뒤에서부터 이끌어야 하고, 시끄럽게 짖어대는 것은 괜찮지만 절대로 양을 물어서는 안 되며, 마지막은 양을 한 마리도 놓쳐선 안 된다.

역사의 변곡점에서 나라마다 그 나라를 구한 영웅이 있고 그 영웅에서 보편적인 리더십을 찾으려고 많이 노력한다. 미국의 링컨, 인도의 간디, 남아프리카공화국의 만델라, 우리의 이순신이다. 이들의 공통점 중 하나가 성장 과정 중에는 뚜렷한 발자국을 남기지 못했다. 가난했으며 옷은 남루했고 못생긴 얼굴로 조롱을 받기도 했으며, 학력도 변변치 않았다.

무엇이 이들을 위대하게 만들었는가?

첫째, 리더는 미래를 이끌어야 한다. 양이라는 동물은 한군데만 머물기를 좋아한다. 초원의 풀이 아무리 무성해도 그리로 가지 않고 굶어 죽는다. 양치기 개는 양을 새로운 풀밭으로 인도한다. 리더십은 새로운 풀밭, 미래를 다루는 일이다. 미래에 대한 비전, 희망이 없다면, 리더십이 없는 것이다.

링컨은 한 치의 앞도 분간할 수 없는 전쟁 속에 미국을 미래로 이끌었다. 역사상 가장 짧은 시간에 가장 많은 희생자를 낸 전투는 로마의 칸나이 전투, 1차 세계 대전의 솜 전투, 미국의 게티즈버그 전투다. 칸나이 전투는 전투 반나절 만에 7만 명, 솜 전투는 첫날 5만 8천 명, 게티즈버그는 3일 만에 5만 명의 희생자를 냈다.

"명예롭게 전사한 분들이 마지막 힘을 다해 죽기까지 지키려고 했던 그 대의에 더 크게 헌신하려고 합니다. 우리는 여기서 굳게 다짐합니다. 이분들의 죽음이 절대 헛되지 않게 될 것을"

링컨은 미국 역사상 가장 많은 사상자를 낸 전투를 추모하면서 이들은 미래를 위해 고귀한 희생을 했으며, 전쟁에서 죽은 군인을 추모하는 일은 국가의 기본 임무임을 분명히 했다.

둘째, 리더는 자신이 아니라 다른 사람의 능력을 최고로 이끌어 내는 사람이다. 간디는 식민지 속에서 방향을 잃은 4억 명의 인도인에게 무엇을 어떻게 해야 하는지 분명한 행동으로 보여주었다. 명량 해전의 이순신은 배

12척이면 숨겨진 부하의 역량을 최대로 이끌어 내기에 충분했다.

명량 해전 당일 난중일기다.

"맑음. 여러 장수를 불러 거듭 약속할 것을 밝히고 닻을 올리고 바다로 나가니, 적선 백서른 세 척이 우리의 배를 에워쌌다. 상선(지휘선)이 홀로 적선 속으로 들어가 포탄과 화살을 비바람같이 쏘아 대지만 여러 배는 바라만 보고 진군하지 않아 … 배 위에 있는 군사들은 서로 돌아보며 놀라 얼굴빛이 질려 있었다. 나는 부드럽게 타이르면서 '적이 비록 천 척이라도 감히 우리 배에는 곧바로 덤벼들지 못할 것이니, 조금도 동요하지 말고 힘을 다해 적을 쏘아라.'" (노승석 옮김 〈난중일기〉 민음사 p.400)

이것이 우두머리다. 우두머리의 권위는 구중궁궐 깊은 옥좌에서 나오는 것이 아니라 적선 133척 한가운데서 홀로 남겨진 상선에서 나온다.

셋째, 리더는 타협할 수 없는 원칙이 있어야 한다. 리더가 원칙을 지키고 역사를 바라보고 나랏일을 했을 때 변혁의 길을 걸었다. 넬슨 만델라는 인종 차별이라는 어두운 역사를 '분노와 복수'가 아니라 '진실과 화해'로 치유하여 모든 인류가 공감하는 감동을 만들었다.

"나는 대중을 선동하고 싶지 않아요. 나는 대중이 우리가 지금 무엇을 하고 있는지 이해하기를 바라고, 그들에게 화해의 정신을 불어넣고 싶어요. … 나는 분명히 부드러워졌어요. 젊을 때는 아주 급진적이고, 거창한 말을 쓰고, 모든 사람과 싸우려고 했지요. 그러나 지금은 사람들을 이끌어야 하고 … 따라서 대중을 선동하는 연설은 적절하지 않아요." (넬슨 만델라 지음 〈나 자신과의 대화〉 RHK p.414)

우리는 역사의 발전 경로에 어두운 수많은 경로를 밟고 여기까지 왔다. 국가들이 소멸하고 인종이 학살당하고 심지어 멸종당하기도 했다. 하지만 조금씩 조금씩 앞으로 나아간 것은 위대한 변혁적 리더가 있었기 때문이다.

부국강병, 그 위대한 여정

천범경발(千帆競發), 수천 척 배가 동시에 앞을 다퉈 출발하는 형국, 이것이 중국이 인공지능을 바라보는 시각이다. 압도적 우승 후보가 없는 상태에서, 누가 먼저 많이 실험하고 누가 먼저 성공 모델을 만드느냐가 승패를 결정한다는 뜻이다. 중국은 아편전쟁 이후 백 년 동안 굴욕의 세기를 보냈다. 1차 산업혁명을 놓쳤다는 회한이다. 그것을 말끔히 씻어줄 기술이 인공지능이라 여기고 서양 열강에 도전장을 내밀고 있다.

미 공군은 2040년대 후반까지 'OODA(Observe Orient Decide Act, 탐지하고, 결정하여 실행하는 군사 정보전략)'을 수행하는 시간을 마이크로초(100만 분의 1초)나 나노 초(10억 분의 1초)까지 줄이는 기술을 만들 수 있다고 예측했다. 만약 이 단계에 이르게 되면 또 다른 질문 "왜 굳이 인간이 '시스템' 위에 있어야 하는가?"라는 질문에 봉착한다. 이에 대한 대답도 명확하다. 선택의 여지가 없기 때문이다. 국제연합은 소위 치명적인 자율주행 로봇(Lethal Autonomous Robotics)의 연구를 중단하라고 요구한 바 있다. 인간의 통제를 벗어나 스스로 공격하는 자율무기를 말한다.

만약에, 2050년경 초음속 전투기들이 맞붙게 됐었을 때, 10억 분의 1초로 OODA를 수행하는 인공지능이 수분 안에 OODA를 끝마치는 인간과 전투를 벌인다고 상상할 때, 그런 논쟁은 잠잠해질 것이다. 인류가 군사혁명 과정에서 신무기를 만들었던 것은 "내가 그렇게 하지 않으면 적이 그것을 만들기 때문"이라는 단순명료한 준칙 때문이다.

한국의 AI 벤처인 센티언스가 개발한 OODA 모델이다. 걷잡을 수 없는 속도로 진행되는 미래전쟁에서 AI가 어떤 역할을 하는지 보여준다.

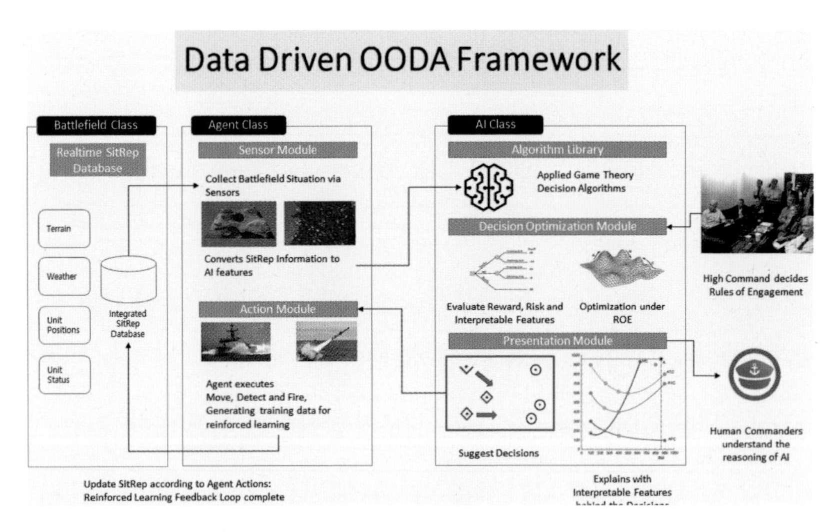

<그림 12> 센티언스, 데이터 드리븐 OODA 프레임워크. 2020.3.,
인류가 싫어하든 좋아하든 미래 전쟁은 이 프레임 위에서 전쟁을 하고 평화를 지킨다.

미래의 무기는 "빨라지고 경량화되고 복잡해짐에 따라 이미 인간의 통제 범위를 넘어섰다."라고 진단하는 것이 타당하다. 또한 공격용 자율무기는 “우리가 원치 않았던 곳으로 우리를 데려가고 있지만 이를 피할 방도가 없다.”는 판단도 타당하다. 미래에는 사람 한 명과 개 한 마리, 그리고 컴퓨터 한 대만 있으면 모든 전투를 치를 수 있다는 농담도 있다. 사람이 하는 일은 개에게 먹이를 주는 것이고, 개는 인간이 컴퓨터를 만지지 못하도록 지키는 일이다.

어디엔가 방대하고 정교한 양자 컴퓨터로 운영되는 군사작전 사령부가 적의 물리적 공격과 사이버 공격을 피할 수 있는 장소에서 정교한 로봇과 전투원에 명령을 내려 전쟁을 지휘할 것이다.

미래의 전쟁에서 적의 심장부, 클라우제비츠가 말한 '무게중심(Scheerpunkt)'은 ‘사이버’로 이동될 것이라는 진단에도 이의(異議)가 없다. 인간이 자율무기에 의존하면 할수록 첨단화, 복잡화, 지능화, 네트워크화되며, 이는 기술이나 운용에서 취약점이 드러나고, 사이버 공격의 빌미가 된다. 사이버 무기는 진입 비용이 턱없이 낮고 은밀하게 적을 타격하는 비대칭성으로 국가 기반 시설이나 첨단 무기를 불능화시킨다.

사이버 공격은 경제학 용어로 부정적외부효과(negative externality

〈그림 13〉 조르지오 데 키리코(Giorgio de Chirico), 우울한 의문의 거리(The Mystery and Melancholy of a Street). 1914년, 88×72cm. 개인소장. "텅 빈 도시에 한 아이가 달린다. 어쩌면 인간은 자신만의 매트릭스(Matrix) 속에 살고 있는지도 몰라, 미래세계는 더욱 그렇다."

effect)에 해당된다. 부정적 외부효과란 자동차가 있으면 매연이 있고, 핵 발전소가 있으며 폐기물이 있듯이 디지털혁명이 가속화되면 될수록 사이버 취약점은 증가되고 취약점은 위기로 변한다.

레이 커즈와일은 〈특이점이 온다〉에서 2045년에 특이점이 올 것으로 예측했다. 특이점(singularity)은 "미래에 기술 변화의 속도가 매우 빨라지고 그 영향이 매우 깊어서 인간의 생활이 되돌릴 수 없도록 변화되는 시기"라고 정의했다. 이제 인간이 컴퓨터와 협업하거나, 컴퓨터의 지시에 따라 말하고 행동하는 시대가 도래함을 뜻한다. 이 시대는 더 지독한 승자독식 시대가 되리라 예측하기도 하지만, 지금보다 더 탈권위의 시대가 되리라 예측한다.

국가를 혁신해야 할 시간이 점점 더 짧아지고 있다. 구한말은 변화의 낌새를 알아차리지도 못한 채 허무하게 무너졌지만, 이제는 세계 12위의 경제 대국에 막강한 군사력, 잘 갖추어진 사회 인프라를 갖추고 있다. 옥신각신 말도 많고 탈도 많지만, 우리는 엄연한 자유와 시장경제의 민주주의 국가다. 세상에는 두 종류의 나라밖에 없다. 문제가 많은 나라와 문제가 더 많은 나라다. 우리는 문제가 많은 나라다.

몇 가지 가설이 필요하다.

우선 성장이 둔화된다. 성장이 둔화되면 부가 정체되어 상대적 박탈감에 빠진다. 이틈을 노려 극단의 선동꾼이 판을 치게 되고 포퓰리즘이 등장하기 쉬운 구조로 정치권이 변한다. 부의 분배를 둘러싸고 치졸한 정치권력의 다툼이 장기화가 된다. 지독한 '이념'싸움으로 성장지향사회가 아니라 성장저항사회가 된다. 창조적 파괴의 '파괴'를 두려워하고, 거래적 리더십으로 임시 땜질식 처방이 국정의 중심이 되어, 나라를 점점 쇠락의 길로 몰고 간다.

두 번째는 한반도의 지정학적 가치의 변화다. 한반도가 일본과 러시아에 대한 지정학적 가치는 여전히 변함이 없지만, 우리가 일본 안보에 위협이 되지 않는다면, 일본 역시 의심의 눈초리로 한반도를 감시하지 않을 것이다. 이제 영토를 점령하여 노동이나 자원을 착취하는 제국주의 방식에서 벗어나 기술 중심 동맹을 가속화하는 방식으로 변화된다.

우방과 연합작전에는 상호운용성이 필요하여 동맹국 무기 간 데이터를 주고받는다. 따라서 자국 무기의 침해를 방어한다는 목적으로 '사이버'의 우산 아래 동맹국의 무기를 묶으려 한다. 사이버 특성상 1%의 기술력 차이에도 모든 것을 빼앗기는 구조이기에, 자국의 무기체계가 동맹국의 무기체계에 종속될 수 있다. 여전히 안보 딜레마인 연루(連累)와 방기(放棄)에서 벗어날 수는 없다. 연루(entrapment)는 강대국의 중력에 빠져 그들의 하수인 노릇을 하는 것이고, 방기(abandonment)는 강대국에 버림을 받을 수 있어 사대주의에 빠지는 딜레마를 말한다.

세 번째는 인구의 감소이다. 경제학, 사회학, 심리학, 인류학을 망라한 그 어떤 학문을 연구하여도 출산율 증가를 이룰 수 없었다. 잘 사는 나라의 여성 출산율은 낮다. 인구가 감소한다. 일할 수 있는 인구가 줄어들고, 비용이 많이 드는 연금을 받는 인구가 늘어남에 따라, 성장이 둔화될 것이다.

인적자본의 성장에는 많은 시간이 걸리고 오랫동안 투자를 해야 한다. 일당백이 되지 않으면 안 되는 변화를 요구하고 있지만, 교육 서열화를 통한 특권계급의 세습이 문제라면서 '영재' 교육은 사라지고 있다. 인구 감소와 기술의 발달로 징병제의 효용성은 점차 감소할 것이다. 사회의 모든 구조를 저출산 인구 감소에 맞게 변화시켜야 한다.

마지막으로 미·중이 특이점(singularity)에 도달하기 전까지는 기술 패권 경쟁을 지속할 것이다. 이 시기에는 기술이 곧 안보가 되며, 안보가 곧 기술이 된다. 보이지 않은 주먹이 보이지 않은 손 뒤에 숨어 있는 구조다. 우리의 핵심 기술이 무엇인지와 핵심 기술의 전략적 가치를 살펴봐야 한다.

당장 드러난 핵심 기술은 반도체와 배터리지만, 결국 양자 컴퓨터, 인공지능, 인공지능과 자율주행(Autonomy)의 결합, 5G~6G의 네트워크, 사이버 기술 등으로 발전할 것이다. 1960년대 일본이 기술을, 미국이 시장을 제공하여 한강의 기적을 만들었듯이, 이제 새로운 기술을 바탕으로 다시 한번 도약할 기회를 맞이하자.

무엇을 어떻게 할 것인가?

우리가 마주한 현실이 녹록지 않다는 것을 잘 안다. 그렇지만, 전쟁의 잿더미에서 물적자본이나 인적자본, 첨단 기술 하나 없는 나라에서 '한강'의 기적을 만들었다. 철 지난 고리타분한 이야기로 들릴 수 있지만, '부국강병'과 '창조적 파괴'가 국가의 존재 이유이어야 한다.

제2의 국가혁신이라 불릴 정도의 새로운 시대를 만들자. 태평양 전쟁에서 일본이 패망한 이유는 적응에 실패한 것이 아니라 너무 적응되었기 때문에 실패했다. 우리 사회는 압축성장, 집단주의, 여유 없는 사회에 너무 길들어져 있다. 이제 새로운 변화가 밀려오자 어쩔 줄 몰라 하며 과거의 익숙한 방식인 '도덕' 지상주의로 회귀하려 한다. 고종이 공자의 등 뒤에 숨어 열강의 군사 우위를 도덕 우위로 맞서려 했던 것과 같은 현상이다. 고착화 된 것이다. 또다시 정신력으로 실력을 극복하려는 정신승리를 강조하고 있다.

새로운 시대는 개인의 자유와 책임의 확대를 통한 실용, 관용, 다양성이다.

첫번째는 '기업을 통한 부의 분배' 확대이다. 조선시대에는 권력을 잡아야 부를 축적할 수 있었다. 나라 인구의 50%가 과거시험에 몰렸다. 한번 잡은 권력을 놓치지 않으려 했으며, 권력을 통한 부의 축적을 자행했다. 조세를 부풀려 착복하고, 송사를 통해서 가로채고, 병역 의무를 빌미로 겁박하였다. 이제 그런 부패는 사라졌다. 하지만, 기업의 일자리가 감소하자, 공시족(공무원 취업 준비생, 2021년 기준) 인구가 50만 명에 육박하며, 9급 국가직 공무원 응시자 수가 19만 명에 이르렀다. 공무원은 직접 생산성에 이바지하는 인구가 아니다. 공무원 숫자 많으면 많을수록 정부의 효율성은 떨어진다. 가뜩이나 관료주의가 심한 나라에서 더 관료화된 조직은 공룡이 되어 변혁을 주도하기보다는 방해가 되기가 십상이다.

우리나라에 러스트 벨트(Rust Belt)화 되는 지역이 있다. 이 지역의 산업구조 재편 없이는 새로운 일자리가 만들어지지 않는다. 산업구조를 지능화해야 하고 서비스 산업을 확대해야 한다. 이 모든 것이 정부가 해야 할 일이다. 무엇보다도 기업의 일자리를 가로막는 가장 큰 방해요인은 국민의 '반기업' 정서다. 반기업 정서는 반 시장주의와 맞물려 점점 더 이념화로 고착화되고 있다. 이런 정서로는 기업의 투자가 어려울뿐더러, 리쇼어링

(Reshoring, 해외에 이주 기업이 국내로 돌아오는 현상)도 되지 않는다.

두 번째는 '가치 중심 통일'이다. 같은 핏줄이니 통일이 되어야 하고, 같은 말을 쓰니 통일이 되어야 한다고 말하지 마라. 그런 통일은 물리적 통일 비용보다 더 지독한 화학적 통일 비용을 지불한다. 나는 한반도에 평화를 가져오는 유일한 길은 순진한 '평화협상'이 아니라, 힘과 경제력을 바탕으로 한 '전쟁의 억지' 결과라고 여긴다. 북한을 대적하는 유일한 전략은 옵트아웃(opt-out) 정책이다. 이것 이것은 절대 허용 안 되지만, 나머지는 모두 '허용'하는 전략이다. 이런 정책에 일관성을 보일 때 북한은 변할 것이다. 절대 해서는 안 되고 용납이 안 되는 행위는 '영토침해와 국민의 살해 그리고 국격의 모독'이다.

어느 제국도 인구 1%의 정규군을 운영하는 황금률을 벗어나지 못했다. 북한은 인구 2,500만 명에 100만 명 군대를 운영하는 나라다. 4% 수준이다. 전시가 아닌 평시에 이 정도의 군사력을 유지하기 위해서는 경제적-군사적 악순환에 갇혀 저절로 붕괴한다.

세 번째는 '실용 중심 정치'다. 정치권력이 너무 비대하여 민주주의의 균형과 견제가 무너지고 있다. 민주주의가 비틀거리고 있다. 민주주의의 가치는 소중하지만, 잘 작동하기 위해서는 탄탄한 하부구조가 필수적이다.

탄탄한 하부구조란 경제적 붕괴가 없는 중산층이 있어야 하며, 관용과 겸손을 베풀 줄 아는 지도자가 있어야 하며, 잘짜여진 탄탄한 삼권분립이 있어야 가능하다. 우리는 정치권력이 시장 권력을 쥐락펴락하여 중산층을 무너뜨리고, 사법 권력을 자기 정치 신념에 맞도록 길들이는 과정을 지켜봤으며, 건전한 비판의식을 가진 시민단체를 권력 비호 곡비 단체로 만들려는 것도 보았다.

무엇보다도 정치권력은 '절차적 정당성을 가장한 합리적 나쁜 행동'을 서슴없이 저질러 국민을 파탄 나게 만들 수 있다. 권력자의 지대추구다. 국가보조금과 연계된 수많은 정책 사업은 모두 새로운 형태의 지대추구다. 하지만, 국민이 그런 선택을 하였기에 그런 행동을 한다. 인과관계의 원인은 국민이다. 국민이 깨어 있지 않으면 정치권력에 굴종당한다.

네 번째는 '창의적 인적자본 확대'이다. 인구가 줄어드니, 생산성이 낮아진다. 일당백(一當百) 인재, 창의적 인재, 통섭형 인간이 필요하다. 노동 인력이 부족하다. 노동의 유연성과 재교육 없이는 노동 인력을 공급할 수 없다. 교육의 평등은 계층의 이동을 막아 계층을 고착화하고, 사회의 역동성을 소멸시킨다. 정답보다는 해답이고, 해답보다는 상상력이다. 문제가 고착화되었을 때는 아무리 정답을 찾아봐도 정답이 보이지 않는다. 상상력이 부족하기 때문이다. 상상력은 인문학에서 나온다. 상상력은 인지력을 확대시켜 문제의 해답을 보여준다. 이제 과학기술은 인문학이 만들어 준 해답 속에서 정답을 찾으면 된다. 인문학이 죽으면, 봉착된 거대한 문제를 풀 수 없다. 집집마다 있을 것은 다 있어, 더 이상 물적자본을 확대시킬 수 없다. 서비스 확대 없이는 생산성 확대가 없고, 생산성 확대 없이는 발전이 없다. 인문학이 절대 필요하지만, 인문학은 죽어가고 있다. 국가의 봉착된 문제는 사람의 '재해석'과 가치의 '재발견'으로 해결할 수 있다. 프랑스 혁명도 그랬고, 레닌 혁명도 그랬고, 산업혁명도 그랬다. 다가올 미래, 디지털 혁신 시대에 맞는 인간 재해석 그리고 기술이 가져다주는 가치의 재해석이 단단히 막혀있는 한계의 돌파구를 뚫을 수 있다.

마지막은 '과정 중심 공정'이다. 왜 그런지 알 수 없지만, 우리 민족은 흥(興)이 있는 민족이다. 어쩌다 '세상에서 가장 재미있는 일을 가장 재미없게 하는 민족'이 되었을까? 한 가지 분명한 사실을 '멍석'을 깔아주면 저절로 흥이 난다는 사실이다. 우리는 산업화과정을 거치면서 서구의 절차를 가져왔다. 하지만 서구의 절차는 과학적이고 합리적이라 매우 타당하지만 우리한테는 늘 2% 부족하다. 나는 그것을 공정한 플랫폼의 결여라 부른다. 플랫폼은 누구나 참여할 수 있고 누구나 즐길 수 있는 현대판 '멍석'이다. 멍석은 둘둘 말아 다른 곳에 펼치면 똑같은 역할을 한다. 트로트 경연은 기존 제도권으로 도저히 얻을 수 없는 수많은 가수를 얻었다. 참여자인 국민은 즐겁다. 우리 민족은 '경쟁'을 두려워하거나 '경쟁'을 싫어하는 민족이 아니다. 경쟁을 즐기는 민족이며 좋아하는 민족이다. 어디에서나 '내기'가 흥행한다. 내기 바둑이나 내기 장기는 말할 것도 없고 내기 고도리, 내기 골프, 내기를 하면 재미가 있고 저절로 흥이 난다. 단 그 내기가 공정할 때 말이다. 다양성이 폭발하고 그때 재미를 느낀다.

이제 또다시 가보지 않은 길의 갈림길에 섰다. 라틴어로 Pax는 평화를 뜻하며 평화와 관련된 여신의 이름이기도 하다. 역사적으로 팍스 로마나(Pax Romana, 로마 제국), 팍스 몽골리카(Pax Mongolica, 몽골제국), 팍스 브리타니카(Pax Britannica, 대영제국), 팍스 아메리카나(Pax Americana, 미국)가 있었다. 이제 팍스 테크놀로지카(Pax Technologica) 시대가 도래할 것이다.

파괴적 기술은 개인의 자유와 책임의 확대를 통해 활짝 꽃을 피우는 식물이다. 누가 이 파괴적 기술의 용에 올라타고 하늘을 훨훨 날지는 이미 출발을 알리는 총소리가 저만치 들리고, 자욱한 연기가 걷혀갈 무렵 선두 그룹이 서서히 모습을 드러낼 것이다. 거기에 대한민국이 있어야 하며, 반드시 있을 것이다.

에필로그

20·5·3. 범의 아가리 속을 나오며

천하의 도둑 도척(盜跖)의 개가 천하의 성인 공자(孔子)를 보고 짖는다. 왜 그럴까? 개의 본성이기 때문이다. 개는 주인만을 위해 충성을 다한다. 국가는 영속하는 존재다. 회사가 망하면 다른 회사로 가면 되지만, 국가가 망하면 갈 곳이 없다.

왜 어떤 나라는 파괴적 기술로 부국강병의 길을 걷고 왜 어떤 나라는 그 기술로 다른 나라의 지배를 받을까? 궁극적 요인을 찾아 떠나는 그 길에서 만난 역사와 문화, 경제 이야기, 천년 전 본성이나 지금의 본성이나 인간의 본성은 변하지 않고 시대에 따라 달라질 뿐이다.

세상에는 세 부류의 사람이 존재한다. 일류는 겉에 드러난 현상만으로 세상을 이해하는 사람이며, 이류는 그 사회가 만들어 놓은 프레임에 갇혀 행동하는 사람이며, 삼류는 사회나 국가가 만들어 놓은 거대한 프레임에서 탈피하여 팩트와 팩트를 선으로 연결하여 새로운 관점을 만드는 사람이다.

우리나라는 임진왜란 때 20일, 병자호란 때 5일, 6·25전쟁 때 3일 만에 서울이 점령되었다. 또다시 미래에 전쟁이 발생한다면 며칠 만에 서울이 점령당할 것인가? 수치는 점점 짧아지고 있다. 2022년 1월 11일 북한은마하 10 초음속 미사일을 발사했다. 1분 안에 서울이 폭격당한다. 3일후 동아일보 1면 머리기사에 "美, '北미사일' 즉각 제재 '모든 수단 동원해 대응'"을 실었다. 여기에 주어인 대한민국이 없고 미국만 있다. 한없는 서글픔을 느낀다. 국가여, 그대는 얼마나 더 인내심으로 우리를 시험할 것인가?

전쟁은 속이는 도이다(兵者詭道也). 적이 이로움을 좋아하면 유혹하고, 적이 혼란하면 공격하고, 적이 튼튼하면 대비하고, 적이 강하면 피하고, 적이 편안하면 수고롭게 만들고, 적이 결속하면 이간질한다. 국가 간 경쟁은 힘만이 존재한다. 내가 강할 때는 적이 웃음 지으며 기다리지만 내가 약할 때는 적이 나를 공격한다. 우리를 조롱하는 20·5·3의 광기는 얼마나 더 오래 갈 것이며, 그 방종한 뻔뻔스러움은 언제 끝날 것인가?

2,400년 전 〈펠로폰네소스 전쟁사〉에 나오는 '멜로스 대화'는 강대국 사이에 놓인 현실을 가장 극명하게 보여주는 사례이다. 투키디데스는 "과거가 미래를 비추는 거울"이라 하였으며, 처칠은 "더 길게 되돌아볼수록 더

멀리까지 내다볼 수 있다."라고 했다.

멜로스는 그리스에서 동쪽으로 110킬로미터쯤 떨어진 에게해의 섬나라로 전쟁 당시에는 중립을 지키고 있었다. 아테나는 멜로스에 쳐들어가 중립을 그만두고 델로스 동맹에 가담하던지 속국이 되어 평화를 얻으라고 요구한다.

아테네 협상단은 "현실 세계에서는 그저 강자는 자신이 원하는 대로 행동하고 약자는 어쩔 수 없이 고통을 감내할 수밖에 없는 법"이라 말한다. 멜로스 협상단은 '정의와 도덕이 자기 편'이라면서 아테나 협상단을 설득하나, 아테나는 "힘이 있어야 하고 힘을 갖춘 다음에야 비로소 '정의'를 말할 수 있으며, 강자가 약자를 지배하는 것이 신의 법칙이며 인간의 보편적인 도덕"이라고 반박한다. 멜로스는 거부했고, 거부 결과는 참혹했다. 영토는 식민지가 되었고, 성인 남성은 학살되었으며, 여자와 아이는 노예로 팔렸다.

부국강병의 길, 2,400년 전 멜로스 대화는 우리가 약소국이 되는 순간 한반도에 닥칠 상황과 매우 유사하다. 약소국이 아무리 평화와 정의를 외쳐봐도, 평화와 정의는 늘 강자 편이었다.

국가의 존위가 국민의 삶에 직접적인 영향을 미치는 것은 두말할 나위가 없다. 우리는 유럽의 계몽주의처럼 개인주의가 스며들기 전에 식민지와 해방, 전쟁, 산업화를 이루어 국가주의가 강하다. 국가가 너무나 쉽게 개인의 '자유'와 '권한'을 침해해도 민감한 반응을 하지 않는다. 코로나19 팬데믹에서 다시 한번 그런 현상을 보았다. 앞으로 미래는 국가의존형에서 개인의 존형으로 변화되지 않으면 발전이 없다. 개개인의 능력 합(合)이 전체의 평균보다 늘 많아야 국가는 생산성 향상이 있다.

이제, 중진국의 함정에서 벗어나 다시 한번 더 선진국으로 발돋움하려 한다. 성장이 정체되었다고 하지만, 정부의 효율성과 서비스 산업 확대, 디지털 혁신을 준비한다면, 다시 한번 도약할 저력은 충분하다. 그럼에도, 누구 하나 다가올 국가 '혁신'을 이야기하지 않는다. 무슨 짓을 하든 그것이 비록 나라를 쇠퇴의 길로 몰아넣던 인기를 끌어야 한다는 극단의 거래적 리더십이 횡행한다. 길이 끝나야 길이 이어졌다는 것을 알며, 숲이 끝나야 숲이 보이듯이, 혹여, 혁신은 '파괴'만을 동반하고, 공정은 '열매'만을 가져간다고 착각하고 있지 않은가?

이제 나는 아내의 질문에 답을 할 차례다. "자기는 상위 1%의 직위에 속하는데, 왜 부는 상위 1%는커녕, 상위 5%에도 못 드느냐?" 물음이다. 부가 극소수 상위계층에서 다수계층으로 확산되었기 때문이다.

만약에 내가 흑기사(KBS 2TV 수목 드라마)처럼 1737년에 태어나 죽지 않고 지금까지 산다면, 부는 벼슬길에 오른 양반이 독점한 것을 본다. 그러다가 부가 친일 앞잡이에서 잠시 잠깐 이동된 사이, 다시 전 국민이 극도의 가난 속에 허덕이는 것을 본다. 부가 사라진 것이다. 그러다가 여기저기서 굴뚝이 생기면서 성실한 사람은 누구나 부를 축적하는 과정을 몰래 지켜 본다. 부가 상공업으로 이동한 것이다. 이제, 스포츠 스타는 물론 트로트 천재, 영화배우에서 프로그래머, 금융 컨설턴드에 이르기까지, 누구나 자신의 부를 축적하고 그 부를 남에게 빼앗기지 않는 시대가 되었다는 것을 알고 깜짝 놀란다. 그러다가 성장이 멈추고 부의 증가가 정체되니 계층 간 이동은 사라지고 부의 고착화가 드문드문 보인다. 내가 가진 부와 이웃의 부를 비교한다. 결과는 늘 만족스럽지 못하다. 그래서 아내가 내게 질문을 한 것이다.

"당신, 잘 살았느냐고?"

내 삶을 내가 결정하는 듯하지만, 사실 많은 것은 내가 결정할 수 없다. 특히 국가의 부는 더욱 그렇다. 공정과 정의! 이 시대의 지배적 가치인 것은 분명하지만 이것만이 전부가 아니다. 분배 없이 성장만으로 문제를 해결할 수 없고, 성장 없이 분배만으로는 문제를 더 해결할 수 없다. 혁신으로 발생한 생산성 이익을 누가 가져갈 것인가? 생산에 참여 한 자는 분배에 불만이 없으나, 생산에 참여하지 않는 자는 분배에 늘 불만이다. 그것이 인간 본성이다.

어느 나라도 범의 아가리는 존재한다. 모든 기회에는 어려움이 있고, 모든 어려움에는 기회가 도사리고 있다. 어느 길을 선택하든 선택할 자유는 개인에게 있지만, 분명한 사실은, 선택한 결과로부터는 자유로울 수는 없다. 부국강병은 국가의 존재 이유다. 그 길을 선택할 용기와 함께 따라 올 행운이 함께 하기를…

참고문헌

〈1부〉

1. 김형오 지음 〈술탄과 황제〉 pp.163-169
2. 니얼 퍼거슨 지음 구세희, 김정희 옮김 〈시빌라이제이션〉 pp.88-92
3. 다니엘 R 헤드릭 지음 김영태 옮김 〈테크놀로지〉 pp.143-145
4. 대런 애쓰모글루, 제임스 A. 로빈스 지음 〈국가는 왜 실패하는가〉 pp.33-35, 153-155
5. 데이비드 S. 랜즈 지음 안진화, 최소영 옮김 〈국가의 부와 빈곤〉 pp.93, 129-131, 190, 196, 206-209, 249-251
6. 로널드 핀들레이, 케빈 H. 오루크 지음 〈권력과 부〉 pp.201-202, 230-231, 278-280, 241, 244-245, 429-431, 528-536
7. 리처드 가브리엘 지음 박리라 옮김 〈수부타이, 칭기즈칸의 위대한 장군〉 pp.119-143
8. 로버트 L. 하일브로너, 윌리엄 밀버그 지음 홍기빈 옮김 〈자본주의, 어디서와서 어디로 가는가?〉 pp.169-171, 183-185
9. 마틴 자크 지음 안세민 옮김 〈중국이 세계를 지배하면〉 pp.101-102
10. 박지원 지음 김혈조 옮김 〈열하일기2〉 pp.517-523
11. 박지원 지음 김혈조 옮김 〈열하일기3〉 pp.337-345
12. 박제가 지음 정민 등 옮김 〈정유각집(하)〉 pp.393-400, 443-445
13. 맥스 부트 지음 송대범 옮김 〈전쟁이 만든 신세계〉 pp.121-123
14. 서울공대 지음 〈축적의 시간〉 pp.50-56
15. 성제환 지음 〈피렌체의 빛나는 순간〉 pp.93-95, 123-125, 134-136
16. 이주희 지음 〈강자의 조건〉 pp.133-138, 165-168, 219, 272, 312, 316-317, 411
17. 윌리엄 번스타인 지음 박홍경 옮김 〈무역의 세계사〉 p.146, 179-238, 241-305, 309-329, 333-371, 337-345, 354-369
18. 윌리 톰슨 지음 우진하 옮김 〈노동, 성, 권력〉 pp.393-395
19. 잭 웨더포드 지음 정영목 옮김 〈칭기스칸, 잠든 유럽을 깨우다〉 pp.41-42, 109-113
20. 재레드 다이아몬드 지음 김진준 옮김 〈총,균,쇠〉 p.103
21. 존 J. 미어셰이머 지음 이춘근 옮김 〈강대국 국제정치의 비극〉 p.96
22. 케네스 포메란츠 지음 김규태 등 옮김 〈대분기〉 pp.47-55
23. 크리스토퍼 백위드 지음 이강한·류형식 옮김 〈중앙유라시아 세계사〉 p.89, 65-89, 346-357
24. 클레이튼 M. 크리스텐슨 등 지음 송영학 등 옮김 〈이노베이터 DNA〉 pp.34-35
25. 한창욱 지음 〈에너지와 문명〉 pp.222-240
26. 헨리 앨프리드 키신저 지음 이현주 옮김 〈헨리 키신저 세계질서〉 p.33, 243-245

〈2부〉

1. 김문기, 〈청미(淸米), 여역(癘疫), 대보단(大報壇): 강희제의 해운진제(海運賑濟)와 조선의 반응〉 역사학연구 제77호 2020.2.
2. 맥스 부트 지음 송대범 옮김 〈전쟁이 만든 신세계〉 p.886
3. 바버라 터치먼 지음 초석현 옮김 〈바보들의 행진〉 pp.10-60
4. 박지원 지음 신호열, 김명호 옮김 연암집(상) pp.43-44, 142-143, 147-153
5. 새뮤얼 헌팅턴, 로렌스 해리슨 엮음, 이종인 옮김 〈문화가 중요하다〉 pp.107-114

6. 숙종실록(1697년) 숙종 23년 4월 22일, 4월 29일
7. 윌리엄 번스타인 지음 김현구 옮김 〈부의 탄생〉 pp.354-355
8. 유몽인 지음 신이철 등 옮김 〈어유야담(於于野談)〉 pp.499-500
9. 오구라 기조 지음 조성환 옮김 〈한국은 하나의 철학이다〉 pp.131-137
10. 최완수 외 지음 〈진경시대〉 pp.25-26, 30
11. 한국민족문화대백과사전 '명분론(名分論)', '이름'
12. 헨리 키신저 지음 이현주 옮김 〈헨리 키신저의 세계 질서〉 p.33
13. 하름 데 불레이 지음 유나영 옮김 〈분노의 지리학〉 p.60

〈3부〉

1. 김대식 지음 〈그들은 어떻게 세상의 중심이 되었는가〉 pp.189-193
2. 안대회, 이현일 편역 〈한국 산문선 7〉 p.259
3. 김원중 지음 〈한비자의 관계술〉 p.258
4. 박제가 지음 정민 등 옮김 정유각집(하) p.103, 121-123, 126-128, 146-147, 202, 202, 306-307, 413-414, 499
5. 박종채 지음 박희병 옮김 〈나의 아버지 박지원〉 p.34-35, 238, 34-35, 183, 238
6. 박지원 지음 신호열, 김명호 옮김 〈연암집(상)〉 pp.23-29, 64-68, 122-128, 333-338, 339-344
7. 박지원 지음 신호열, 김명호 옮김 〈연암집(중)〉 pp.53-60, 113
8. 박지원 지음 신호열, 김명호 옮김 〈연암집(하)〉 pp.49-52, 77, 328, 347
9. 박지원 지음 고미숙 등 옮김 〈열하일기(하)〉 pp.106-108
10. 박지원 지음 박희병 옮김 〈고추장 작은 단지를 보내니〉 p.46-47
11. 새뮤얼 헌팅턴 지음 이희재 옮김 〈문명의 충돌〉 pp.94-98
12. 안대희 지음 〈조선의 명문장가들〉 p.214-217
13. 앨런 그린스펀 등 지음 김태훈 옮김 〈미국 자본주의의 역사〉 p.51
14. 이언 모리스 지음 〈왜 서양이 지배하는가〉 pp.56-58
15. 장하준 지음 김희정 옮김 〈장하준의 경제학 강의〉 pp.168-171
16. 한정주 지음 〈이덕무를 읽다〉 pp.58-61, 169, 499-500, 537

〈4부〉

1. 강종일 지음 〈고종의 대미외교〉 p.111
2. 노나카 이쿠지로 외 6명 지음 〈왜 일본 제국은 실패하였는가〉 p.310, 318, 354, 400
3. 니얼 퍼거슨 지음 구세희 김정희 옮김 〈시빌라이제이션〉 pp.144-147
4. 데이비드 랜즈 지음 안진환·최소영 옮김 〈국가의 부와 빈곤〉 pp.189-197, 534-560
5. 루스 베네딕트 지음 김윤식 등 옮김 〈국화와 칼〉 pp.12-13
6. 마이클 브린 지음, 장영재 옮김 〈한국, 한국인〉 p.83, 197
7. 맥스 부트 지음 송대범 옮김 〈전쟁이 만든 신세계〉 pp.396-397
8. 박훈 지음 〈메이지 유신은 어떻게 가능했는가〉 pp.60-71, 182-189
9. 박지원 지음 고미숙 등 엮음 〈열하일기 上〉 pp.235-243
10. 박지원 지음 신호열, 김명호 옮김 〈연암집(하)〉 pp.92-94
11. 신복룡 등 역주 〈하멜 표류기, 조선전, 금단의 나라 조선〉 p.9, 38-39, 42-53
12. 신순철, 이진형 지음 〈실록 동학농민혁명사〉 pp.158-164

13. 신유한 지음 김찬순 옮김 〈해유록〉 p.366
14. 스벤 베커드 지음 김지혜 옮김 〈면화의 제국〉 pp.365-370
15. 에른스트 폰 헤세-바르텍 지음 정현규 옮김 〈조선, 1894년 여름〉 p.19, 24, 53, 83-84, 145-152, 232, 265, 281-282
16. 아자 가트 지음 오숙은, 이재만 옮김 〈문명과 전쟁〉 pp.616-618
17. 안동림 역주 〈장자〉 pp.503-504
18. 윌리엄 번스타인 지음 김현구 옮김 〈부의 탄생〉 pp.354-355,
19. 유홍준 지음 〈나의 문화유산답사기 규슈〉 pp.234-241, 254-256
20. 유발하라리 지음 김명주 옮김 〈호모 데우스〉 pp.201-203, 373-374
21. 이사벨라 버드 비숍 지음 신복룡 옮김 〈조선과 그 이웃 나라들〉 p.24, 74-76
22. 이언 모리스 지음 김필규 옮김 〈전쟁의 역설〉 pp.26-27, 534
23. 일본사학회 지음 〈아틀라스 일본사〉 126-127, 134-135, 140-141, 148-149
24. 재래드 다이아몬드 지음 강주헌 옮김 〈대변동-위기, 선택, 변화〉 pp.70-74, 129-174
25. 정진홍 지음 〈인문의 숲에서 경영을 만나다 3〉 pp.44-45
26. 조용준 지음 〈메이지 유신이 조선에 묻다〉 pp.295-297, 327-338, 346-355, 475-479
27. 존 J. 미어셰이머 지음 이춘근 옮김 〈강대국 국제정치의 비극〉 p.36, 54-55, 148-150
28. 최문형 지음 〈한국을 둘러싼 제국주의 열강의 각축〉 pp.89-143
29. 최진석 〈국가란 무엇인가 최진석〉 페이스북, 2019.7.1.
30. 케네스 포메란트, 스티븐 토픽 지음 박광식 옮김 〈설탕, 커피 그리고 폭력〉 pp.189-190, 245-247, 262-267
31. 필립 T. 호프먼 지음 이재만 옮김 〈정복의 조건〉 pp.32-33
32. 헨리 앨프리드 키신저 지음 이현주 옮김 〈헨리 키신저 세계질서〉 p.33

〈5부〉

1. 니얼 퍼거슨 지음 구세희, 김정희 옮김 〈시빌라이제이션〉 pp.384-396
2. 다니엘 R 헤드릭 지음 김영태 옮김 〈테크놀로지〉 pp.104-106, 183-184
3. 대니얼 카너먼 지음 이진원 옮김 〈생각에 관한 생각〉 pp.397-401
4. 대런 애쓰모글루, 제임스 A. 로빈슨 지음 최완규 옮김 〈국가는 왜 실패하는가〉 pp.114-117
5. 로버트 L. 하일브로너, 윌리엄 밀버그 지음 홍기빈 옮김 〈자본주의 어디서 와서 어디로 가는가〉 pp.183-185
6. 로버트 J. 고든 지음 이경남 옮김 〈미국의 성장은 끝났는가〉 pp.457-463
7. 롤프 도벨리 지음 두행숙 옮김 〈스마트한 생각들〉, pp.74-78
8. 마틴 자크 지음 안세민 옮김 〈중국이 세계를 지배하면〉 pp.101-102
9. 박제가 지음 정민 등 옮김 〈정유각집(하)〉 pp.393-400
10. 박지원 지음 신호열, 김명호 옮김 〈연암집(상)〉 pp.30-32,
11. 실비아 나사로 지음 김정아 옮김 〈사람을 위한 경제학〉 pp.294-297
12. 스벤 베커트 지음, 김지혜 옮김, 〈면화제국〉 pp.282-285, 601-602
13. 시어도어 리드 페렌바크 지음, 최필영, 윤상용 옮김 〈이런 전쟁〉 pp.21-24, 36-39
14. 안대희 지음 〈조선의 명문장가들〉 p.87
15. 이정동 지음 〈축적의 시간〉 p.23
16. 앨런 그린스펀, 에이드리언 울드리지 지음, 김태훈 옮김 〈미국 자본주의의 역사〉 p.40, 51, 62-80, 492
17. 에릭 브린욜프슨·앤드루 맥아피 지음 이한음 옮김 〈제2의 기계시대〉 pp.12-33, 99-101, 103-105
18. 에릭 바인하커 지음 안현실, 정성철 옮김 〈부의 기원〉 pp.35-40
19. 윌리엄 번스타인 지음 박홍경 옮김 〈무역의 세계사〉 pp.397-398, 444-457, pp.497-515

20. 월터 아이작슨 지음 정영목,신지영 옮김 〈이노베이터〉 pp.377-379
21. 웨이드 앨리슨 지음 강건욱 등 옮김 〈공포가 과학을 집어 삼켰다〉 p.40
22. 정태순 지음 〈송의 눈물〉 p.105
23. 재레드 다이아몬드 지음 강주헌 옮김 〈문명의 붕괴〉 pp.591-593
24. 제러미 리프킨 지음 안진환 옮김 〈한계비용 제로시대〉 pp.365-366
25. 존 J. 미어셰이머 지음 이춘근 옮김 〈강대국 국제정치의 비극〉 p.36, 45, 50
26. 토머스 L. 프리드먼 지음 장경덕 옮김 〈늦어서 고마워〉 pp.66-73
27. 타일러 코웬 〈분배의 실패가 문제? 본질은 성장에 달려〉 조선일보, Weekly BIZ 인터뷰, 2011.06.11.
28. 프랜시스 후쿠야마 지음 함규진 옮김 〈정치질서의 기원〉 pp.233-235
29. 피터 자이한 지음 홍지수 등 옮김 〈21세기 미국의 패권과 지정학〉 pp.86-90
30. 최진석 지음 〈탁월한 사유의 시선〉 pp.46-62
31. 프랑크 디쾨터 지음 고기탁 옮김 〈문화 대혁명〉 pp.408-462
32. 헨리 키신저 지음 권기대 옮김 〈중국 이야기〉 pp.59-70, 84-107, 160-189
33. 헨리 키신저 지음 이현주 옮김 〈세계질서〉 pp.323-330
34. DBR 103호 〈도저히 성공할 수 없는데〉 (2012.4월 이슈2)

〈6부〉

1. 강유원 지음 〈역사 고전강의〉 pp.123-133
2. 국사편찬위원회·EBS 지음 〈역사채널ⓔ〉 pp.298-308, 302-308
3. 그레이엄 앨리슨 지음 정혜윤 옮김 〈예정된 전쟁〉 p.78
4. 넬슨 만델라 지음, 윤길순 옮김 〈나 자신과의 대화〉 p.414,
5. 니얼퍼거슨 지음 구세희 김정희 옮김 〈시빌라이제이션〉 pp.144-147
6. 니콜라스 카 지음 최지향 옮김 〈생각하지 않는 사람들〉 p.211,
7. 닉 보스트롬 지음 조성진 옮김 〈슈퍼인텔리전스〉 pp.18-19
8. 다니엘 R 헤드릭 지음 김영태 옮김 〈테크놀로지〉 pp.183-184
9. 대니 로드릭 지음 이강국 옮김 〈그래도 경제학이다〉 pp.105-107
10. 데이비드 S. 랜즈 지음 안진환, 최소영 옮김 〈국가의 부와 빈곤〉 pp.108-109
11. 디트리히 볼래스 지음 안기순 옮김 〈성장의 종말〉 pp.256-268
12. 로널드 핀들레이 등 지음 하임수 옮김 〈권력과 부〉 pp.478-479
13. 로버트 L. 하일브로너, 윌리엄 밀버그 지음 홍기빈 옮김 〈자본주의 어디서 와서 어디로 가는가〉 pp.505
14. 로버트 스키델스키, 에드워드 스키델스키 지음, 김병화 옮김 〈얼마나 있어야 충분하가〉 pp.39-77
15. 로렌스 피터, 레이먼드 헐 지음 나은영, 서유진 옮김 〈피터의 원리〉 pp.25-26
16. 로저 오스본 지음 최완규 옮김 〈처음 만나는 민주주의〉 p.16
17. 리처드 돕스 등 지음 고영태 옮김 〈미래의 속도〉 pp.34-36
18. 리처드 세넷 지음 김홍식 옮김 〈장인〉 pp.336-341
19. 리카이푸 지음 박세정·조성숙 옮김 〈AI수퍼파워〉 p.33, 38
20. 마이클 브린 지음, 장영재 옮김 〈한국, 한국인〉 p.186, p.334
21. 맥스 부트 지음 송대범, 한태영옮김 〈전쟁이 만든 신세계〉 p.315
22. 맥스 테그마크 지음 백우진 옮김 〈라이프, Life 3.0〉 pp.55-57
23. 바실 리델 하트 지음 주은식 옮김 〈전략론〉 pp.23-28
24. 박문호 지음 〈뇌 생각의 출현〉 p.31, 454-456

25. 박지원 지음 김혈조 옮김 〈열하일기2〉 pp.494-500
26. 사마천 지음 김원중 옮김 〈사기열전〉 p.703
27. 서울대학교 공과대학 지음 〈축적의 시간〉 pp.48-49
28. 센티언스, 맥스 테그마크 지음 백우진 옮김 〈라이프, Life 3.0〉 pp.419-420
29. 스벤 베커트 지음 김지혜 옮김 〈면화의 제국〉 p.43, 111-145
30. 스티븐 레비츠키, 대니얼 지블랫 지음 박세연 옮김 〈어떻게 민주주의는 무너지는가〉 pp.8-12, 13-16, 77, 102
31. 안동림 역주 〈장자, 다시읽은 원전〉 pp.364-365
32. 앤드루 맥아피 지음 이한음 옮김 〈제2의 기계시대〉 pp.99-101,
33. 에드워드 오스본 윌슨 지음 이한음 옮김 〈지구의 정복자〉 p.6
34. 에릭 바인하커 지음 안현실, 정성철 옮김 〈부의 기원〉 pp.93-95
35. 에릭브린욜프슨, 앤드루 맥아피 지음 정지훈, 류현정 옮김 〈기계와의 경쟁〉 pp.122-123
36. 유몽인 지음 〈어우야담〉 p.674
37. 윤덕노 지음 〈음식이 상식이다〉 pp.225-227
38. 이민화 지음 〈통념 깨고 파격적 모험하는 '협력하는 괴짜'만 살아남을 것〉 서울신문, 2017.10.10.
39. 이언 모리스 지음 김필규 옮김 〈전쟁의 역설〉 pp.529-537, 588-596, 608
40. 이순신 지음 노승석 옮김 〈난중일기〉 pp.400-401
41. 이종묵 엮음 〈글로 세상을 호령하다〉 pp.283-284
42. 임건순 지음 〈순자, 절름발이 자라가 천리를 간다〉 p.414
43. 윌리엄 번스타인 지음 김현구 옮김 〈부의 탄생〉 pp.346-348
44. 윌리 톰슨 지음 우진하 옮김 〈노동, 성, 권력〉 pp.393-395
45. 전국국어교사모임 엮음 〈문학시간에 수필 읽기 2〉 pp.54-57
46. 정민, 이승수, 박수밀 외 옮김 〈정유각집(하)〉 pp.103-105
47. 장자 지음 안동림 역주 〈장자〉 지락편 p.477
48. 장하준 저 〈그들이 말하지 않은 23가지〉 pp.20-21
49. 재레드 다이아몬드 지음, 강주헌 옮김, 〈대변동〉 pp.564-565
50. 재레드 다이아몬드 지음 강주헌 옮김 〈나와 세계〉 pp.93-95
51. 잭 웨더포드 지음 정영목 옮김 〈칭기스칸, 잠든 유럽을 깨우다〉 pp.256-257
52. 최완수 외 지음 〈진경시대1〉 pp.13-23
53. 케빈 켈리 지음 이한음 옮김 〈인에비터블〉 p.148, 132-136, 249, 264-272, 302
54. 클레이튼 M. 크리스텐슨, 할 그레거슨, 제프 다이어 지음 〈이노베이터 DNA〉 p.98
55. 클레이튼 M. 크리스텐슨·게리 해멀 등 구세희 옮김 〈혁신의 어떻게 일어나는가〉 pp.63-64
56. 투키디데스 지음 박광순 옮김 〈펠로폰네소스 전쟁사 하〉 pp.86-97
57. 헬렌 켈러 지음 안기순 옮김 〈행복해지는 가장 간단한 방법〉 p.163